农村失能老人
照护问题研究

RESEARCH ON THE CARE OF THE DISABLED ELDERLY IN RURAL AREAS

高利平 著

中国社会科学出版社

图书在版编目（CIP）数据

农村失能老人照护问题研究 / 高利平著. —北京：中国社会科学出版社，
2020.5

ISBN 978-7-5203-6128-6

Ⅰ.①农… Ⅱ.①高… Ⅲ.①农村—老年人—社会保障—研究
—中国 Ⅳ.①D669.6

中国版本图书馆 CIP 数据核字（2020）第 041651 号

出 版 人	赵剑英	
责任编辑	许　琳	
责任校对	鲁　明	
责任印制	郝美娜	

出　　版	中国社会科学出版社	
社　　址	北京鼓楼西大街甲 158 号	
邮　　编	100720	
网　　址	http://www.csspw.cn	
发 行 部	010-84083685	
门 市 部	010-84029450	
经　　销	新华书店及其他书店	

印　　刷	北京君升印刷有限公司	
装　　订	廊坊市广阳区广增装订厂	
版　　次	2020 年 5 月第 1 版	
印　　次	2020 年 5 月第 1 次印刷	

开　　本	710×1000 1/16	
印　　张	16.75	
字　　数	241 千字	
定　　价	88.00 元	

目　　录

第一章　研究背景……………………………………………………… 1

　第一节　国际背景…………………………………………………… 4

　　一　世界人口老龄化………………………………………………… 4

　　二　人口老龄化理念………………………………………………… 6

　　三　国外老年健康与失能相关研究………………………………… 8

　第二节　国内背景…………………………………………………… 13

　　一　中国人口年龄结构和老龄化形势……………………………… 14

　　二　中国老年人健康及相关研究…………………………………… 18

　　三　中国老年人失能及相关研究…………………………………… 22

　第三节　研究设计…………………………………………………… 28

　　一　研究目的………………………………………………………… 28

　　二　研究意义和价值………………………………………………… 30

　　三　研究方法和框架………………………………………………… 32

第二章　相关概念及界定……………………………………………… 35

　第一节　生活自理能力和失能……………………………………… 35

　　一　生活自理能力…………………………………………………… 35

　　二　失能的界定、测量和评估……………………………………… 36

　第二节　照护………………………………………………………… 40

　　一　概念……………………………………………………………… 40

　　二　内容……………………………………………………………… 42

　　　三　方式……………………………………………………… 43

　第三节　社会支持…………………………………………………… 49

　　　一　概念………………………………………………………… 49

　　　二　类型………………………………………………………… 50

　　　三　作用机制…………………………………………………… 51

　第四节　农村………………………………………………………… 52

第三章　农村老年人失能及照护依赖……………………………… 54

　第一节　城乡老年人健康水平……………………………………… 54

　　　一　中国老年人总体健康水平………………………………… 55

　　　二　老年人健康水平的变化…………………………………… 58

　第二节　农村老年人失能状况分析………………………………… 61

　　　一　农村老年人完全失能率…………………………………… 61

　　　二　农村老年人失能规模……………………………………… 64

　　　三　农村老年人失能的影响因素……………………………… 66

　第三节　农村老年人的照护依赖…………………………………… 74

　　　一　老年人照护依赖持续上升………………………………… 74

　　　二　照护者以配偶和子女为主………………………………… 76

　　　三　照护地点首选家庭………………………………………… 77

　　　四　对社区上门看病的需求最大……………………………… 78

　第四节　结论与讨论………………………………………………… 79

　　　一　农村老年人的失能程度高于城镇………………………… 79

　　　二　发扬老年人生活自理能力的保护性因素………………… 79

　　　三　控制老年人生活自理能力的危险因素…………………… 80

　　　四　重点关注农村失能困难老人群体………………………… 80

第四章　农村老年人医疗卫生服务和保障………………………… 82

　第一节　农村老年人医疗卫生服务可及性………………………… 82

　　　一　农村老年人医疗卫生服务需求…………………………… 83

二　农村老年人患病情况 ……………………………… 85

三　农村老年人就诊情况 ……………………………… 87

第二节　农村老年人医疗卫生服务可得性 ……………… 89

一　农村老年人医疗支出情况 ………………………… 89

二　农村老年人医疗费用报销情况 …………………… 90

第三节　农村老年人的医疗保障 ………………………… 91

一　从新型农村合作医疗到城乡居民基本医疗保险 …… 92

二　商业健康保险 ……………………………………… 93

第四节　结论与讨论 ……………………………………… 94

一　农村老年人慢性病患病率高 ……………………… 94

二　高龄、失能农村老人疾病经济负担沉重 ………… 95

三　收入和医疗保障影响老年人疾病经济负担 ……… 96

第五章　农村失能老人不同照护方式比较 ……………… 97

第一节　被访失能老人及照护者基本情况 ……………… 98

一　被访失能老人的特征 ……………………………… 98

二　被访失能老人照护者分析 ………………………… 104

第二节　农村失能老人居家照护 ………………………… 105

一　居家—家庭照护 …………………………………… 106

二　居家—社会（社区）照护 ………………………… 112

三　农村居家照护的特点 ……………………………… 114

第三节　农村失能老人社区照护 ………………………… 117

一　社区—家庭照护 …………………………………… 118

二　社区—社会照护 …………………………………… 123

三　农村社区照护的特点 ……………………………… 127

第四节　农村失能老人机构照护 ………………………… 129

一　机构—家庭照护 …………………………………… 130

二　机构—社会照护 …………………………………… 133

三　农村机构照护的特点 ……………………………… 136

第五节　结论与讨论……………………………………… 141

一　家庭和子女是农村失能老人主要照护资源………… 141

二　农村社区尚未发挥对失能老人的照护作用………… 143

三　农村养老和照护机构很匮乏………………………… 144

四　不同照护方式各有优劣，因人而异………………… 145

五　失能老人照护依靠政府重视和经济发展…………… 147

第六章　失能老人照护的国内外经验……………………… 149

第一节　国外失能老人照护模式…………………………… 149

一　建立长期照护保险制度……………………………… 149

二　国家卫生服务模式下的老年长期照护保障制度模式… 150

三　社会保险型老年长期照护保障制度模式…………… 150

第二节　韩国老年福利设施发展经验……………………… 151

一　韩国老年福利设施发展状况………………………… 152

二　韩国老年福利设施给我们的启示…………………… 154

第三节　国内外失能老人照护的经验借鉴………………… 156

一　政府在失能老人照护方面发挥重要作用…………… 156

二　建立长期护理保险制度……………………………… 156

三　合理安排居家照护、社区照护和机构照护………… 157

四　鼓励、支持居家照护老年人………………………… 158

五　重点发展社区照护…………………………………… 159

六　民间力量广泛参与老年健康服务…………………… 160

七　建立老年津贴制度…………………………………… 161

第七章　农村失能老人照护的社会支持路径……………… 164

第一节　对失能老人居家照护的社会支持………………… 165

一　弘扬孝文化，强化子代对亲代的照护责任………… 166

二　为失能老人发放失能和护理补贴…………………… 167

三　支持家庭照护人员…………………………………… 168

　　四　开展上门探望和照护服务……………………………170

第二节　对失能老人社区照护的社会支持………………………171

　　一　加强农村社区公共服务设施建设……………………171

　　二　发展农村社区服务组织和机构………………………173

　　三　引导、组织社区邻里互助……………………………174

　　四　营造良好的社区爱老敬老文化………………………175

第三节　对失能老人机构照护的社会支持………………………176

　　一　拓展乡镇敬老院功能…………………………………176

　　二　鼓励并扶持社会投资兴办养老和照护机构…………177

　　三　宣传和引导养老观念的转变…………………………178

　　四　对失能老人入住养老机构给予补贴…………………179

第四节　结论与讨论………………………………………………180

　　一　发动社会力量为失能老人提供社会支持……………180

　　二　不同照护方式的社会支持有差异，应有效结合……181

　　三　政府补贴部分应综合考虑老人的失能程度和经济状况……184

　　四　社会支持应惠及照护人员……………………………185

第八章　思考与建议………………………………………………187

第一节　补齐农村养老和照护短板………………………………187

　　一　农村养老和照护面临严峻挑战………………………188

　　二　构建农村老年人健康支持体系………………………190

　　三　高标准制度设计，实现医养结合……………………193

　　四　提高农村养老和照护服务水平………………………197

第二节　家庭的责任………………………………………………200

　　一　传承孝文化…………………………………………200

　　二　供养和照护…………………………………………201

　　三　精神慰藉……………………………………………203

第三节　政府的义务………………………………………………205

　　一　政策支持……………………………………………205

二　制度安排···206

三　构建长期照护服务体系·······························207

四　福利、补贴或救济·································207

五　宣传和引导·······································208

第四节　社会的参与······································210

一　照护主体社会化···································210

二　照护资金筹措社会化·······························211

三　照护服务队伍社会化·······························211

参考文献··213

附录1　《农村失能老人照护方式及社会支持》调查问卷··········224

附录2　《农村失能老人照顾者》调查问卷·················234

附录3　《山东省老年人口状况》调查问卷·················238

后　记··259

第一章　研究背景

　　人口老龄化是个世界范围的重要议题。当今世界绝大多数发达国家基本都是老龄化社会，日本、德国、意大利是老龄化程度非常高的国家。很多发展中国家也进入老龄化社会。美国人口普查局 2016 年发布《老龄化的世界：2015》（*An Aging World: 2015 International Population Reports*）报告称，全球人口正以前所未见的速度老龄化，目前 65 岁及以上人口占全球总人口的 8.5%，达到 6.17 亿人。到 2050 年全球 65 岁及以上人口将达到 16 亿，将占总人口的 17%，那时将有 94 个国家的老龄人口占比超过 21%，其中有 39 个国家的老龄人口比例将会达到 28% 以上。报告还预测在未来 5 年之内，65 岁以上人口数量将会超过 5 岁以下幼儿的数量，这在人类发展历史上尚属首次。

　　中国自 1999 年进入老龄化社会以来，老龄化发展速度很快。近年来，随着人口预期寿命的增加和生育率大幅度快速下降的影响，老年人成了我国数量增长最快的人群，这使得我国进入了老龄化和高龄化速度最快的国家行列。2010 年第六次全国人口普查数据显示，全国 60 岁及以上老年人已达 1.7765 亿，占总人口的比重达到 13.26%。根据《中华人民共和国 2019 年国民经济和社会发展统计公报》，截至 2019 年底，全国 60 周岁及以上的老年人达到 2.5388 亿，占总人口的比重达到 18.1%；65 岁及以上的老年人口达到 1.7603 亿，占总人口的比重达到 12.6%。中国不仅老年人口数量多、所占比例高，而且由于预期寿命的延长，高龄老人也呈增长趋势。根据《2016 世界卫生统计》，中国的人均预期寿命是 76.1 岁 [①]。我国老龄化已经进入快车道，人口老龄化越来越成为重大的社会问题，对中国的经济发展、社会生活和文化发展都将产生重大影响。

人口老龄化除了引起人们对未来如何养老的经济方面的担忧以外，还因为老年人身体、心理和社会适应等健康问题的存在而引起人们对于老年人如何实现健康又长寿问题的担忧。生活自理能力（ADL）是衡量老年人健康状况的重要指标。在庞大的老年人群体中，失去生活自理能力的老人是最需要关注的弱势群体。世界卫生组织将"失能"定义为："日常生活中主要活动的长期受限"。无疾而终是人类的亘古梦想，而晚年失能则是老年人之大不幸，青山不在、独立丧失、依赖他人、尊严受损，老年人一旦丧失生活自理能力，便会给家庭和社会带来沉重的照料和护理负担。人口老龄化浪潮中最汹涌的洪峰是失能老年人口规模的迅速增长。联合国《2002 年国际老龄化行动战略》指出，"身体损伤与残疾的发生率随着年龄的增长而上升"，国际社会对老年人口的长期照护问题非常关注。联合国《世界人口老龄化（2009）》报告指出，"未来的挑战是，确保世界各地的人们在日益老去的时候有安全和尊严相伴，并且在参与社会生活时还拥有作为公民的全部权利。"

中国是世界上失能老年人口最多的国家，根据第四次中国城乡老年人生活状况抽样调查，2015 年失能、半失能老人大约 4063 万人，占全部老年人的比例为 18.3%。已有研究表明，随着经济社会的发展，我国的人均预期寿命增加了，但老年人的健康预期寿命并没有相应地延长。目前，全国 80 岁以上丧偶的老人大约占到一半，生活不能自理的也大约占一半。一人卧床全家忙，一旦家里有个生活不能自理的老年父（母），不仅子女的工作和生活会受到严重影响，而且整个大家庭的生活方式和生活节奏都会彻底改变，主要照护者可能会心力交瘁，甚至积劳成疾。在一个国家里，如果只是一个家庭遇到这种情况，这只是个人烦恼或者家庭烦恼，

---

① 央视网，http://news.cctv.com/2016/05/20/ARTIXGREKHU4dMzszK42OzD3160520.shtml。

但这种家庭如果多了，无疑就是一个严峻的社会问题。

在中国，农村是失能老年人的"重灾区"，缓解人口老龄化窘境最为困难的将是农村失能老人的照顾和护理问题。近三十年来，随着免征农业税以及最低生活保障制度（简称"低保"）、新型农村合作医疗制度（简称"新农合"）、新型农村社会养老保险制度（简称"新农保"）等重大措施出台，中国农村居民包括老年人生活总体上有了一定改善，但农村老年人的养老保障形势依然严峻。相对于城镇来说，中国农村的失能老年人问题更加突出。中国 70% 以上的老龄人口分布在经济基础薄弱、居住分散的农村地区，农村人口老龄化的程度高于城市，已经达到 15.4%，比全国 13.26% 的平均水平高出 2.14 个百分点。近年来，随着农村青壮年人口大规模向城市流动，农村的养老人力资源缺失，传统的家庭养老方式无论从经济实力、人力资源还是观念制度等方面都遭遇着严峻挑战。与此同时，农村的社会养老和医疗保障制度还很不完善，面向失能老人的社会支持基本空白，因此农村失能老人的养老和照护问题更加令人堪忧。

目前，在我国绝大多数农村地区，失能老年人的照护方式主要是以家庭提供照护服务为主。然而，随着我国家庭结构日益趋向核心化、小型化，家庭的养老和照护功能弱化，农村失能老年人照料和护理的客观需求与实际供给之间存在着巨大缺口。在这样的背景下，我们首先需要认真思考和面对的就是农村失能老人的照护问题。我们需要在深入分析农村老年人的生活自理能力、患病等问题的基础上，研究农村失去生活自理能力老年人的照护方式，比较不同照护方式的优劣，分析不同照护方式适宜的农村失能老人群体，从而为农村失能老人不同的照护方式和照护需求构建社会支持网络以有效解决其照护问题。

尽管对于老年人口而言，随着年龄的增长，生理和心理的老化是客观规律无法消除，慢性病的增长和活动能力的日益受限也是不可避免的，但是我们可以通过主观的努力尽量维护和促进亿万老年人的健康水平，延长老年人的健康预期寿命，减缓老年医疗卫生和老年服务保障的压力，建立健康而和谐的老龄化社会。

第一节　国际背景

继 19 世纪中后期法国、瑞典和挪威相继成为人口老龄化国家以来，仅一个世纪的时间，人口老龄化就迅速席卷了世界三分之一强的国家和地区。如今，人口老龄化已是世界性趋势。

一　世界人口老龄化

世界卫生组织（WHO）关于老龄化的定义是指一个国家（地区）65 岁以上的人口占总人口的 7% 以上即称为老龄化社会（Aging Society）；达到 14% 以上即称老龄社会（Aged Society）；而达到 20% 以上则称为超老龄社会（Hyper-aged Society）。

人口老龄化主要是由于两个因素造成的，一个是人口出生率下降，另一个就是人口寿命延长。人口老龄化已经困扰了人类多年，并且还将会一直困扰下去，这是不可避免的。2000 年时全球 60 岁及以上的老年人口占总人口的比例为 9.8%，从数量上看约有 6 亿人；2005 年占总人口的比例则达到 13.79%，数量上升到 8.2 亿人。

2010 年，联合国人口司发布《世界人口老龄化（2009）》报告（*World Population Aging 2009*），该报告称，全球范围内 1950—2009 年，60 岁以上老年人口所占比例已经从 8% 上升至 11%，而 65 岁以上老年人口所占比例则从 5% 上升到接近 8%。日本是高度老龄化的国家，《世界人口老龄化（2009）》显示，日本每 3 个劳动力供养 1 位老年人。在欧洲，为减轻养老财政压力，2010 年的法国政府已下定决心推迟退休年龄。2010 年 10 月美国《纽约时报》（*New York Times*）的一篇文章称，瑞典和德国为应对人口老龄化危机也准备降低养老福利水平，"某些欧洲国家在养老支出方面无节制的增长是今年欧元区债务危机的重要原因之一"。同一时期，"标准普尔"（Standard & Poor's）发布《全球老龄化

2010：不可逆转的事实》（*Global Aging 2010: An Irreversible Truth*）时就判断，如果继续保持当前养老支付水平，那么到 2050 年时，大多数发达国家的政府债务将高达 GDP 的三倍；至于未富先老且养老责任主要由家庭承担的发展中国家，问题可能会更加棘手[①]。

　　2017 年联合国发布《世界人口展望》修订版报告称，世界人口数量自 2005 年以来增加了 10 亿，目前已经达到 76 亿，预计 2030 年将达 86 亿，2050 年将达到 98 亿[②]。全球老龄化趋势难以逆转：2017 年全球 60 岁以上老年人口约 9.62 亿，占全球人口的比例为 13%，而且老年人口每年以 3% 左右的速度增长；老龄人口数量在 2030 年将达 14 亿，2050 年达 21 亿；欧洲 60 岁及以上的人口占 25%，所占比例最大；在世界其他地区同样存在快速老龄化的问题，到 2050 年，除非洲以外的世界所有地区 60 岁及以上的老年人口将接近甚至超出 1/3[③]。另据预测，到 2050 年，发展中国家中无法照料自己的老年人数量将是现在的四倍。许多高龄老人将因行动能力有限、身体虚弱或其他生理或精神卫生问题而丧失独立生活的能力。许多人需要某种形式的长期护理，例如家庭护理、社区关爱和辅助生活、居家护理和长期住院等。[④] 美国社会学家尤尼娜·加博－托尔曼（Yonina Garber-Talmon）的研究表明，"在老年人所占比例很低的绝大多数社会里，他们是受人尊敬的，但是，当老年人口的稳定增长日渐成为年轻人的负担时，老龄群体的形象就会变得消极。"[⑤]

　　近些年，人口老龄化的相关信息时常见诸报端和新闻媒体，人们担心如何为未来庞大的老年人群养老，更会担忧老龄化将导致社会的医疗

---

　　① 高利平：《山东省老年人口健康状况及影响因素研究》，博士学位论文，山东大学，2011 年。

　　② 《人民日报》2017 年 6 月 30 日，第 22 版，http://paper.people.com.cn/rmrb/html/2017-06/30/nw.D110000renmrb_20170630_1-22.htm。

　　③ 联合国网站，http://www.un.org/zh/sections/issues-depth/ageing/index.html。

　　④ 世界卫生组织网站，http://www.who.int/world-health-day/2012/toolkit/background/zh/index2.html。

　　⑤ 新浪网，http://news.sina.com.cn/c/sd/2010-12-08/091621602038.shtml。

费用快速上涨。国外研究发现，人口老龄化使疾病谱发生较大变化，大约 80% 的老年人口至少患有一种慢性疾病，这使得他们比健康人更脆弱[1]。年老体衰是自然规律，但是，正如联合国《世界人口老龄化（2009）》报告中所指出的，"未来的挑战是，确保世界各地的人们在日益老去的时候有安全和尊严相伴，并且在参与社会生活时还拥有作为公民的全部权利。"这就要求我们必须付出更多努力，运用更多智慧，为老年人口创造物质和精神上都有尊严的生活，尽量保证他们能够优雅地老去。

二 人口老龄化理念

应对老龄化需要有先进的理念作为指导。尽管有学者指出，在老龄化的研究中，有四种理念：健康老龄化、积极老龄化、成功老龄化和生产性老龄化，各自有不同的政策蕴意[2]，但是其中健康老龄化与积极老龄化是受到更多关注并影响深远的主要理念。

"健康老龄化"。关于健康老龄化的最新定义是世界卫生组织在 2015 年《关于老龄化与健康的全球报告》中所给出的：发展和维护老年健康生活所需的功能发挥的过程。其实，"健康老龄化"的概念是 1987 年 5 月在世界卫生大会上首次提出的，这个理念伴随着社会经济发展和人口老龄化进程的加快而逐步得到完善。1990 年世界卫生组织在提及"健康"的概念时，结合老龄化问题，进一步提出"健康老龄化"的目标，1993 年第 15 届老年学会再次重申了这个目标，这表明老年人的健康和保健问题已经成为世界范围内的重要课题。健康老龄化有三项标准：生理健康、心理健康、适应社会的良好状态。其实，就老年人个体而言，健康老龄化是指在身体、心理、智力、社会和生活等五方面的功能都保持正常状态，老年人能够较长时期参与有意义的社会活动。生物老化是一

---

[1]　Aldrich N, Benson WF, "Disaster preparedness and the chronic disease needs of vulnerable older adults" [J], *Prev Chronic Dis*, 2008, 5 (1): A27。

[2]　林卡、吕浩然：《四种老龄化理念及其政策蕴意》，《浙江大学学报》（人文社会科学版）2016 年第 4 期。

种普遍现象，它在多方面影响到生命有机体，但老化并不是一种疾病，老化是生命历史的一部分。老龄化社会是客观存在的，我们无法阻止它的到来，但是我们可以积极引导人们正确面对老龄化，正确认识老龄化对社会经济的影响，尽可能地实现健康老龄化，这无论对于国家、对于社会、对于家庭和对于老年人自身都有非常积极的意义。联合国要求将"健康老龄化"作为全球范围内解决老龄问题的奋斗目标。"健康老龄化"的理念在先期进入人口老龄化的欧美、日本等发达国家普遍受到高度重视，早已经成为政策焦点。许多国家为了实现健康老龄化、提高老年人口的健康预期寿命，制定了为老年人提供健康服务（Old Age Allowance Scheme）和长期照护的相关政策（Long-Term Care），从制度发展的角度，为老年人提供健康支持，都取得了积极效果。实现健康老龄化是未来经济社会平稳发展的重要条件，是老龄社会的重要目标。世界卫生组织《关于老龄化与健康的全球报告》还指出，促进健康老龄化的干预措施可以有很多着手点，尽可能改善功能发挥是共同的目标，这个目标可以通过两种方式来实现：一是增强和维护"内在能力"（是指个体在任何时候都能动用的全部体力和脑力的组合）；二是使机能衰减的个体能够做其认为重要的事情。世界卫生组织呼吁，每个国家都要采取行动，建立促进健康老龄化的公共卫生体系。[①]

"积极老龄化"。随着老龄化进程的加快，国际社会在前期"健康老龄化"理论基础上，适时提出了"积极老龄化"的理论。1997年召开的西方七国丹佛会议，就曾初步提出过"积极老龄化"的主张。欧盟在1999年召开了"积极老龄化"国际研讨会。1999年世界卫生日，世界卫生组织提出"积极老龄化"的口号：尽可能增加健康服务、社会参与和保障机会的过程，以提高老年人的生活质量，强调了"健康、参与和保障"这三个支柱。之后，世界卫生组织在全球范围内号召推动一场"积极老

---

①　世界卫生组织：《关于老龄化与健康的全球报告》，http://apps.who.int/iris/bitstream/10665/186468/2/WHO_FWC_ALC_15.01_chi.pdf。

龄化全球行动"。"积极老龄化"的概念表达了比"健康老龄化"更为广泛的意思和更为深刻的内涵。"积极"这个词不仅仅是指老年人要积极维持生活自理能力，而且是指老年人可以不断地参与社会、经济、文化和其他事务，以更加积极主动的姿态度过老年期。正如世界卫生组织所强调的，要以生命全程的观点来看待老龄化，因为老年人不是一个均一的群体，而是内部差异性非常大的群体。随着年龄增长，老年人的个体差异也在加大。很多前期的研究表明，一些老年人易患的慢性疾病（比如糖尿病、心脏病等）的初始危险，在一个人的童年早期甚至更早时期就已经开始了，因此，"积极老龄化"的目的是：使所有年龄组的人们（包括年少者、年长者、体弱者、残疾和需要照料者）都能延长健康的预期寿命和提高生活质量，而不是带病生存。因此，实现积极老龄化要求全社会以积极的老龄化理念来解决现实中存在的问题，在一个人生命的各个阶段都进行干预，并为之创建支持性的优良环境，以便在老年期促进健康。

总之，从"健康老龄化"概念发展到"积极老龄化"理念，是一个发展的变化的过程，包含着十分丰富的内涵。"健康老龄化"强调的是老年人处于疾病的高发期，必须关注身心健康和良好的社会适应能力，也就是说，目标是人在步入老年后在身体和心理等各方面都尽可能长久地保持良好状态，能够健康地走完人生，主要是从健康的角度而言的；而"积极老龄化"则进一步引申了健康老龄化的内涵，从而表达了比健康老龄化更为广泛的含义，它强调的是一个发展过程，在这个过程中，老年人为了提高老年生活质量，在保持身体健康的同时，积极参与社会发展，尽可能获得社会保障，以更加积极的态度、积极的政策和积极的行动主动应对人口老龄化。

三 国外老年健康与失能相关研究

因为较早进入老龄化社会，因此发达国家在更广的范围和更深的层面上对老年人的健康、生活自理能力和照护等问题都进行了深入研究。

1. 国外关于老年人健康及影响因素的研究

在老龄化的社会，如何让老年人实现健康长寿是很多国家和国际组织所认真思考的，国际社会积极开展了对老年健康的相关研究。欧盟投资开展了 Genetics of Healthy Aging — GEHA 研究项目（老龄健康的遗传学），该项目是典型的跨学科综合交叉项目，参与的专家涉及多学科，包括人口学、老年医学、遗传流行病学、生物信息与统计学、分子生物学等，其研究目标在于确定与老年人的生理与心理健康相关的诸多基因、社会和环境等因素，以便控制危险因素，实现健康老龄化。他们的研究样本来自 11 个欧盟国家，2650 对 90 岁以上的长寿兄弟姐妹，同时有2650 个平均年龄为 62 岁的长寿老人的子女配偶作为研究对照组。该项目组的研究结果认为，兄弟姐妹连锁研究（Linkage Study）与更大样本的关联研究（Association Study）相比较各有利弊，前者更有利于寻找和控制较少的对老年人健康长寿影响力度大的一些基因；后者则更有利于寻找较多的对老年人健康长寿影响力度中等的一些基因。

日本是世界上人口老龄化最为严重的国家。2007 年日本 65 岁以上老年人口的比例就已经超过了 21%（世界卫生组织所评定的"超老龄社会"红线是 20%），是目前世界上唯一一个步入"超老龄社会"的国家。根据《2015 年日本老龄社会白皮书》的数据，1.27 亿总人口中，65 岁以上老年人口约 3392 万，老龄率 26.7%。1987 年日本就启动了 60 岁及以上老年人的跟踪调查研究，以后每三年进行一次，迄今已进行了 7 次研究。日本还有每两年一次进行的老人健康与退休跟踪调查，从 1999 年以来也进行了 3 次调查，每年都会对 40000 名老年人进行调查，2005 年还对50 ~ 59 岁的人群进行了长期的跟踪调查研究。日本全国老年人健康状况跟踪调查自 1999 年启动，已开展了 4 次，其中一个令人感兴趣的发现是，日本老年人的牙齿数量和咀嚼食物的能力与老人健康长寿有关[①]。日本老

---

① 中国科学院北京基因组所：《老年人口健康长寿的社会、行为、环境和遗传影响因素科学前沿研究》，http://www.zsr.cc/ExpertHome/ShowArticle.asp?ArticleID=105608。

年学会根据对老年人心身健康的统计数据分析发现，近些年老年人的活动力和智力有增高的趋势。日本官方公布的不需要照护的"健康寿命"，在2015年时男性平均为71.19岁、女性为74.21岁。为此日本老年学会认为，以65岁作为高龄的分界点已经不符合日本老年人的实际状况，提出建议将"高龄者"的年龄提高到75岁，而65到74岁之间的老年人则可以界定为"准高龄者"。①

国外有研究发现，即使相同年龄的老年人，他们的健康水平也会存在差异，这主要是因为出生时期（又称队列、组群）的不同而导致的。社会经济变迁会使在不同时期出生的老年人具有不同的初始健康存量、对于健康的理念态度和医疗消费的选择和偏好等，从而表现为健康水平在不同组群间存在差异（Keyes et al.，2010）。

2. 国外老年人失能的研究

生活自理能力（Activity of Daily Living，ADL）很早就成为国外学者关注的重点，学者们提出一些测量指标来界定老年人生活自理能力的高低（Katz，1963；Barthel，1965）。生活自理能力作为一个规范的学术术语，最早是由Katz于1963年首先提出的，主要是指一个人对基本日常活动如洗澡、吃饭、穿衣、上下床、上厕所、排便等行为的控制能力。ADL是对老年人独立生活能力的测定指标，能够很好地反映老年人的健康状态，常常作为衡量老年人健康状况的重要指标来使用。失能老人是指部分或全部丧失日常生活能力的老人。世界卫生组织对"失能"的定义是"日常生活中主要活动的长期受限"，不同程度地需要照护。造成老年人失能的原因主要有以下三种：生理自然老化、残疾和罹患慢性疾病。老年人一旦丧失生活自理能力，便会给家庭和社会带来沉重的照料和护理负担。

国外还有研究显示，贫困老人或低收入老人的生活自理能力普遍较

---

① http://news.ltn.com.tw/news/world/paper/1068762.

差①，但也有个别研究得出相反的结论，即经济收入的高低与生活自理能力的恢复并不存在显著的关系②。还有一些基于横向数据的研究发现，与居住在大都市的老年人相比，居住在农村的老年人的生活自理能力较差③，但是也有研究认为城乡老年人的生活自理能力没有显著差异④。

3. 国外失能老人照护研究

每一个老龄化社会都会出现生活不能完全自理、需要照护的老年人。老年照护在早期老龄化的许多发达国家早已成为老年社会政策的重要议题，针对老年人的养老金制度、医疗制度和照护制度被称为老年生活保障的三大支柱（European Cornmunities, 1999；经济合作与发展组织，1996；陈卫民，2002）。《照顾孱弱老人：政策的演进》（*Caring for frail elderly people: Policy on progress*）是经济合作与发展组织（OECD）在1996年发表的研究报告，该报告明确提出，老龄化社会中大量老年人的增加除了对退休金和健康照顾资金有较大需求以外，老年人的日常生活照顾问题则成为新的需要重点考虑的议题。

随着年龄的增长，老年人的生理机能不可避免地会出现退行性的变化，这是一个人自然衰老的客观反映。由于老年人生理机能的特殊性，老年人一旦失能，身体机能再恢复（康复）的可能性很小，因此他们需要的照护往往是长期的。目前国外对老年健康的研究重心已经发生变化，从一般意义上的医疗保障制度的完善问题转移到如何对失去生活自理能

---

① Landerman, L. R., Fillenbaum, G. G., Pieper, C. F., et al. (1998), "Private health insurance coverage and disability among older Americans", *Journal Gerontology: Social Science*, 53B (5), S258–S266.

② Van Groenou, M. I. B., Deeg, D. J. H., and Penninx, B. W. J. H. (2001), "Income differentials in functional disability in old age: Relative risks of onset, recovery, decline, attrition and mortality", *Aging Clinical and Experimental research*, 15 (2), 174–183.

③ Gupta, l., and Sankar, D. (2002), "Health of the elderly in India: Amultivariate analysis", *Journal of Health and Population in Developing Countries*, No. 6.

④ Barberger–Gateau, P, Chaslerie, A.,Darigues, J–F. et al. (1992), "Health measures correlates in a French elderly community population: The PAQUID study", *Journal of Gerontology:Social Sciences*, 47 (2), 588–595.

力和发生残障的老年人进行有效的日常护理、提高生活质量等方面。发达国家在 20 世纪初大多依赖福利机构对老年人进行正式照护，20 世纪 80 年代在"反院舍化"、"去机构化"潮流影响下，逐步倡导居家养老，支持家庭和社区对老年人实行非正式照护。国外学者早就发现，即使是那些生活完全不能自理的、最需要帮助的老年人，他们也应该尽量避免长期住院，应该给予居家老人以更多的社会人文关怀，满足他们的需求（苏珊·特斯特，2002）。

从理论上来看，很多国家老年照料服务体系的发展是同社会文化特征和福利主义传统紧密相关的。学者 Esping-Andersen 将其划分为三大类型：一是以美国、英国、加拿大等国家为代表的自由主义体系，以基于老年人家庭经济状况调查的社会救助为主，同时辅之以社会保险和少量的普济式财政转移支付；二是以德国、法国、意大利等国家为代表的保守主义合作体系，他们以老年人参与劳动力市场和社会保障的缴费记录为前提；三是以瑞典、挪威、丹麦等国家为代表的社会民主主义体系，主要取决于老年人的公民资格或长期居住权，突出了普遍保障，体现了公平性（G. Esping-Andersen，1990）。在这一基础上，Reimat 加入了以家庭服务为基础的体系作为补充，家庭服务网络作为一种机构而存在，主要是由妇女为家庭成员提供免费的社会福利服务，这种情况集中在地中海国家（A. Reimat，2009）。各国老年服务的形式大体是一致的，可以分为正式照料和非正式照料两种类型：正式照料主要包括机构照料和基于社区的家庭照料、其他照料；非正式照料则主要是由家庭成员提供的（D. Wanless，2006）。从各个国家老年照料服务的实际发展情况来看，照料服务体系的变迁往往取决于经济发展和社会资源的限制程度。西方福利国家在 20 世纪 60 年代普遍面临巨大的财政压力，由于受人口老龄化和经济全球化的双重影响，福利多元主义思想产生，加之为了克服机构养老普遍存在的老年人孤独感、人情冷漠、心情郁闷等问题，"就地老化"（Aging in Place）的理念逐渐兴起，目的就是通过增加必要的社区服务，尽可能把老年人留在社区养老。到 20 世纪 80 年代，"就地老化"的照料模式在世界上许多国家得到广泛推广，并在 90 年代普遍成为国际性的老年照料政策目标（俞卫，2012），以维护老年人自主、自尊和隐私的生活品质。

失能老人的长期照顾者普遍面临巨大的生理、心理及经济压力。国外有调查表明，照料智力缺陷者所感受的压力会使照料者的免疫系统受到较大影响，而且这种影响会持续到照料结束后 3 年之久，甚至会有不少人还会出现慢性病（Glaser, J. K & Glaser, R, 2003）。

为失去生活自理能力的老年人提供服务，特别是养老院建设和监管方面，法国有丰富的理论和成功的经验。有的国家（如德国和英国）的养老机构床位使用率并不高，但是法国的养老床位占用率通常保持在 98% 左右[①]，主要归功于法国有较为完善的养老机构许可程序，既能缓解私营领域养老服务的竞争，还能有效防止市场供大于求的情况，为老年照护市场的健康发展提供保障。

在美国，照护老年人的机构和设施主要有养老院、疗养院、老年公寓、日间照护中心、退休社区等，按照老年人所需要的社会服务和支持的程度，将老年人划分为健康老人、需要协助老人和需要长期医疗护理老人三种情况，分别给予不同的养老和照护。我们国内绝大多数养老机构在护理老人时，通常的做法是替老人做一些事情，比如喂饭、穿衣、洗澡等。美国和其他发达国家护理老人的理念和做法与我国有所不同，他们是强调护理老人就是要帮助他们自立、自理，如尽量协助老年人自己吃饭、根据老人的自理能力的损伤情况制定专门的有针对性的训练计划，以增强老人的体能，从而提高他们的生活质量。

第二节 国内背景

中国是世界上失能老年人口最多的国家，也是世界上唯一一个失能

---

① 人民网，http://world.people.com.cn/n1/2016/0506/c1002-28331334.html。

老年人口超过 1000 万的国家。在中国，农村是失能老年人的"重灾区"，缓解人口老龄化窘境最为困难的将是农村失能老人的照顾和护理问题。

一 中国人口年龄结构和老龄化形势

1. 人口年龄结构

人口年龄结构是指一个国家（或地区），在某一时间各个年龄组人口在其总人口中所占的比重。2000 以来中国人口年龄结构的特点和变化趋势：一是 0 ~ 14 岁人口比重持续下降。2000 年时 0 ~ 14 岁人口比重为 22.89%，2019 年下降到 16.8%。二是 15 ~ 64 岁劳动年龄人口比重呈下降趋势。2000 年时 15 ~ 64 岁劳动年龄人口比重为 70.2%，2010 年时提高到 74.5%，之后呈缓慢下降趋势，2019 年下降到 70.6%。三是 65 岁及以上老年人口比重持续上升。中国早在 2000 年 65 岁及以上人口占比就达到 7% 左右，之后逐年上升，2019 年已经上升到 12.6%[①]。

人口年龄结构的变化给劳动力市场带来的直接影响是劳动年龄人口减少，劳动力供给出现紧缺局面，从而推动劳动力成本进一步上升。中国 15 ~ 64 岁劳动年龄人口的比重在 2010 年时是个高点，之后呈下降趋势。这意味着未来新进入劳动力市场的人口数将持续低于步入老龄化的人口数，中国未来将持续面临劳动力供给减少和老龄化继续加速的压力。不仅如此，中国劳动年龄人口总量下降的同时，不同年龄的劳动力供给也出现明显的分化趋势，年青劳动力总量下降，而中老年劳动年龄人口将会增加，这种分化将在劳动力市场引发更多结构性矛盾。

我国幅员辽阔，人口分布不均衡，东、中、西部经济发展水平不同地区的人口结构存在明显差异：一是人口地域分布胡焕庸线规律和特征没有明显改变，胡焕庸线以东（南）43.18% 的国土面积，仍然集聚了全国 90% 以上的人口。二是"孔雀东南飞"的人口转移趋势得以缓解，但仍没有根本改变。今后随着西部大开发战略的深入实施，特别是"一带

---

① 根据国家统计局网站"年度数据"整理：data.stats.gov.cn/easyquery.htm?cn=col

一路"战略提出，中西部地区的经济增速较快，将会释放出较大的就业空间，西部地区外出务工人员返乡创业的比重会增加。外出务工人员向东南流动趋势放缓；三是人口老龄化程度不一。以 65 岁及以上的老年人口为例，2019 年全国的比例为 11.9%，超过 14% 的省市有山东省（15.2%）、四川省（15.0%）、辽宁省（15.0%）、上海市（15.0%）、重庆市（14.5%）、江苏省（14.3%）；低于 8% 的省市有西藏自治区（5.7%）、新疆维吾尔自治区（7.2%）、青海省（7.6%）。总体而言，中、东部经济发达地区的人口老龄化程度要高于西部经济欠发达的省份[①]。

从人口的城市分布看，地级以上城市和县镇所在地有较大差异，主要表现在两个方面：一方面，受经济发展水平和就业岗位供给能力的影响，农村外出务工人员多向地级市以上的大中城市转移，地市以上城市均为人口净输入地；而县城所在地虽然跨区域的外来务工人口相对较少，但随着新型城镇化的加快推进，县域内新成长农村劳动力纷纷在县城买房安家，县城所在地的小城市人口年龄结构反而较为合理；另一方面，因为大量劳动年龄人口外出打工和进城居住，乡镇驻地及广大乡村处于人口净流出状态，留守老人、妇女、儿童占比较大，年龄结构、性别结构严重失衡，制约了农业现代化的进程。

人口结构变化始终是影响经济发展的重要因素。直接影响主要表现在：一是影响劳动力供给；二是导致消费结构改变。老龄化加剧导致养老、养生、保健等市场需求旺盛；已经实施的"全面放开二孩生育"政策，使出生人口增加，可能对母婴用品、文化教育、房产等都产生影响；三是影响储蓄。人口的年龄结构和城乡结构的变化，对消费、储蓄、投资的理念和意愿产生很大影响；老龄化加剧致使老年人口对储蓄的兑现消费增加。四是不利于知识转化与技术创新，人口老龄化会导致社会整体知识吸收转化和创新能力下降。间接影响更为广泛：一是人口结构的变化导致人的价值观念发生变化，进而影响社会经济发展；二是家庭结

---

① 根据《2019 中国统计年鉴》整理。

构的变化对妇女和老年劳动力有影响。独生子女政策实行时期，妇女从家务劳动中解放出来，更多地参与社会劳动；但二孩政策普遍放开后，部分妇女因为生育则会回归家庭或减少就业；三是老龄化加剧，社会负担比升高，企业和政府社会成本增加，投资相对减少。另外人口结构和人口素质地域间的不平衡，也会影响产业优化布局和转型升级等等。

针对人口年龄结构的变动，地方政府应该适时调整经济产业结构，将以往发展劳动密集型产业向发展高技术产业转变，降低对劳动力的过多依赖，增强高技术产业对经济增长的带动作用；针对老年人口增加的趋势，大力发展养老服务业和医疗健康产业，优化服务业结构。同时，为适应经济结构的调整，加大对劳动力技能的培训等，以应对人口结构的变化。

十八届五中全会公报提出的"全面实施一对夫妇可生育两个孩子政策"实施后，我国出生人口会有小幅增长，能在一定程度上改善人口年龄结构、促进我国人口均衡发展。但是未来我国人口形势仍不容乐观：总人口将继续保持上升趋势，并在 2026 年左右到达高峰 14 亿后下降；劳动年龄人口比例仍将下降；出生性别比趋向平衡；老龄化仍将保持高位运行。

"人口红利"是指一个国家的劳动年龄人口占总人口比重较大，导致劳动力供给充足、抚养比较低，整个国家的经济呈现高储蓄、高投资和高增长的局面。随着 2012 年劳动年龄人口的数量在数十年来首次下降和大幅上升的社会抚养比，我国的"人口红利"正逐步丧失。但是从经济社会发展的实践看，"人口红利"窗口的关闭还有一个过程，这是因为：一方面，当前我国每年仍有 1000 万新增就业人口，劳动力总量供大于求的状况没有根本改变，劳动力短缺是结构性的；另一方面，随着农村综合改革和农业现代化的发展，农业领域还会释放出一定规模的剩余劳动力。

从人口学的角度讲，传统"人口红利"消失后，拉动经济增长新的红利点主要有两个：一是"积极老龄化"带来的老年人口红利。参与社会发展、促进健康和福祉、建立支持性环境是"积极老龄化"的三个优先发展方向，在这一理念下，老年人并不只是被赡养者，他们同时也是消费者，甚至是利益创造者。老龄化的发展能够促进健康产业、老龄产业、养老服务业等，老年经济将是中国经济的一大增长点。二是人口素质结构变化带来的第二次"人口红利"。当前中国劳动力供给依然充足，而且随着职业教育水平的不断提升，劳动力知识和技能结构大大改善，高素质的人力资源供给与中国经济转型升级相适应，"人口红利"转化为"人才红利"，能有效促进经济健康发展。

2. 人口老龄化的严峻形势

中国 1999 年进入老龄化社会，近年来，随着社会经济的快速发展和生活水平的提高，人口预期寿命显著增加，加之生育率大幅度快速下降，老年人口的数量增长非常迅速，这使得我国呈现出老龄化和高龄化都快速发展的状况。第六次全国人口普查（2010 年）的数据显示，60 岁及以上的老年人口总量已经达到 1.78 亿，占总人口的比重达到 13.26%，与第五次全国人口普查（2000 年）相比，60 岁及以上的老年人口比例上升了 2.93 个百分点。65 岁及以上的老年人口达到 1.1883 亿，老年抚养比为 11.9%[1]。中国人口老龄化的最新官方数据是《中华人民共和国 2019 年国民经济和社会发展统计公报》所显示的，截至 2019 年底，全国 60 周岁及以上的老年人达到 2.5388 亿，占总人口的比重达到 18.1%，比 2010 年又上升了 4.8 个百分点；65 岁及以上的老年人口达到 1.7603 亿，占总人口的比重达到 12.6%[2]。

就人口预期寿命而言，近年来中国人口的平均预期寿命逐步延长。根据国家统计局的数据，2015 年中国平均预期寿命是 76.34 岁，与 2010 年的 74.83 岁相比较，提高了 1.51 岁；世界银行数据显示，世界人口平均预期寿命在 2015 年时是 71.60 岁，低收入国家是 61.80 岁，中下收入国家是 67.48 岁，中上收入国家是 74.83 岁，高收入国家是 79.28 岁[3]。中

---

[1] 全国老龄工作委员会办公室：《2010 年度中国老龄事业发展统计公报》，http://www.cncaprc.gov.cn/info/15042.html。

[2] 中华人民共和国国家统计局网站，http://www.stats.gov.cn/tjsj/zxfb/202002/t20200228_1728913.html。

[3] 新华网，http://news.xinhuanet.com/local/2017-07-25/c_1121379076.htm。

国人口平均预期寿命尽管与高收入国家还有 3 岁多的差距，但是超过了中上收入国家，也明显高于世界平均水平。

根据中国人民大学 2016 年发布的《中国老年社会追踪调查》报告，目前我国老龄化仍呈现"低龄老龄化"特征，老年人平均年龄为 70.02 岁。具有初中及以上受教育程度的老年人占 1/3 以上；老年人整体认知能力和社会适应能力较好；94% 的老年人的首要照料者是其家庭成员；空巢老人占比达到 47.53%；超过 8 成的老年人生活能够自理，但 7 成多老年人自报患有慢性病[①]。据预测，未来二三十年都将是我国人口老龄化的加速发展期，老年人口数量快速增长，将呈现出老龄化、高龄化、家庭空巢化都迅速发展的新特征。

二　中国老年人健康及相关研究

1. 中国老年人健康状况

目前我国人口老龄化与老年人的健康问题都呈现社会化新趋势[②]。我国在人口快速老龄化的同时，老年人口的健康状况却不容乐观，65 岁老年人的健康预期寿命较低（带病生存期长），占预期寿命的比例大致为 70%，该项指标低于一些亚洲其他国家（WHO Kobe Center，2001）。老年人身体健康、心理健康指标都不容乐观，社会适应能力、生活满意度等方面都还有很大的提升空间。

（1）老年人身体健康状况不容乐观

中国老年人的身体健康状况呈现出"一降三多"的现象——生活自理能力下降、慢性病增多、疾患增多、残疾或因病致残增多。早在 2003 年，全国卫生服务调查结果就表明，我国 60 岁以上老年人的慢性病患病率和伤残率都高于一般人群，分别是总人口的 3.2 倍和 3.6 倍，老年人平均住院时间是其他人群的 1.5 倍。我国老年人因病致残或发生残疾的比率比较

---

① 中国社会科学网，http://www.cssn.cn/bk/bkpd_qkyw/bkpd_rdwz/201603/t20160309_2904365.shtml；中国网，http://news.china.com.cn/txt/2016-03/04/content_37937174.htm。

② http://news.sohu.com/20081013/n259999666.shtml。

高。患有慢性病的老年人占相当大比例，而且表现出病程长、医药费用高、预后不好等特征。由于生理机能衰退，老年人脑血管疾病、骨关节病、痴呆等发病率和致残概率增高。全国第二次残疾人口调查（2006年）数据表明，我国60岁及以上的残疾老年人约有4416万人，就比例而言，占全部调查残疾人总数的51%①。随着寿命的延长，老年人残疾发生风险也在逐步增大，伤残期、失能期延长。

根据2015年的最新数据（《第四次中国城乡老年人生活状况抽样调查》），近几年中国老年人口的健康状况整体上得到改善。就城乡老年人整体水平来看，自评健康状况"好"的老年人比例为32.8%，比2000年提高了5.5个百分点。但是这一指标的城乡差异还是非常明显的，自评健康状况"好"的城镇老年人比例为37.6%（比2000年提高7个百分点），而自评健康状况"好"的农村老年人比例仅为27.7%（比2000年提高1.4个百分点），农村老年人的这一指标不仅比城镇老年人低近10个百分点，而且在2000—2015年间提升的比例也远远低于城镇老年人。

（2）老年人精神与心理健康有待提高

世界卫生组织呼吁：老年阶段的精神卫生和情感安康与生命的任何其他阶段同等重要；年龄在60岁及以上的老年人中有超过20%的患有精神或者神经障碍，60岁以上老人中出现的所有残疾（残疾调整生命年）中，有6.6%归咎于神经和精神障碍，这一年龄组出现的最常见神经精神障碍为痴呆症和抑郁症；焦虑症会影响到3.8%的老年人。老年人这样的健康障碍导致了17.4%的伤残损失健康生命年。②

我国60岁及以上老年人群中，老年痴呆症患病率达到4.2%，65岁及以上老年人群中该病的患病率达到5.9%，这样的指标都接近发达国家水平了，但是我国老年人的治疗与照护现状不容乐观。卫生部的数据显示，精神疾病（包括老年痴呆症在内）的治疗率均不高，更何况在患有精神

---

① 《中国经济时报》2009年7月1日，http://www.cet.com.cn/20090701/e1.htm。
② http://www.who.int/mediacentre/factsheets/fs381/zh/。

疾病的老年人群中，92%的老年人从未就医。从比例来看，我们的患病率和发达国家差不多，但中国人口基数大，从绝对数量看，老年痴呆症的患者数量已经很高。我国第六次人口普查（2010年）数据显示，中国60岁及以上老年人口有1.776亿，如此计算，全国老年痴呆症患者的数量接近800万人。而我国目前还没有针对老年痴呆症的发生、治疗与照护现状的全国性调查数据，现有的卫生资源也还远远不能满足老年人庞大的医疗需求。

老年人精神与心理健康状况差，极易产生消极心理，严重者会有自杀倾向。香港连发老人杀死患病伴侣后自杀的惨剧，就是因为老年人长期照顾患病的老伴，难以承受巨大的压力，最终导致老两口同归于尽的社会悲剧。①

（3）老年人社会参与和社会适应能力不强

较强的社会适应能力是指老年人在进行社会参与时能够有效地扮演与其身份相适应的角色，积极发挥作用，身心均保持完好状态。根据中国人民大学发布的《中国老年社会追踪调查（CLASS）》报告，我国老年人整体认知能力较好，乐于参加社交活动，社会适应能力较好，但是，高龄老年人的社会价值感逐渐下降，整体社会适应能力逐渐降低②。

2015《第四次中国城乡老年人生活状况抽样调查》结果显示，尽管经常参加各种社会公益活动的老年人总规模突破1个亿，但是就比例来看，仅占45.6%；多数老年人有助老意愿，72.9%的老年人愿意帮助有困难的老年人。但是老年人在社区中发挥的作用仍不明显，参与社区活动者少，仅有21.4%的老年人向社区提出过建议③。我们仍需要不断拓展老年人的社会参与工作，提高老年人的社会适应能力。

（4）老年人日常生活照料需求较大

---

① 人民网，http://hm.people.com.cn/GB/42275/12840177.html。

② 中国网，http://news.china.com.cn/txt/2016-03/04/content_37937174.htm。

③ 中华人民共和国民政部网站，http://www.mca.gov.cn/article/zwgk/mzyw/201610/20161000001974.shtml。

《第四次中国城乡老年人生活状况抽样调查》是比较权威的法定国情调查，结果显示，近些年我国老年人照护服务需求呈现持续上升势头。15.3% 的城乡老年人自报需要照护服务，该指标在 2000 年时是 6.6%，15 年间上升了近 9 个百分点；在各种社区为老服务需求中，上门看病的需求居于首位。城乡老年人对于居家养老服务需求较大的项目是上门看病、上门做家务和康复护理，这是排在前三位的需求项目，需求的比例依次是 38.1%、12.1% 和 11.3%。对于其他社区服务项目需求的比例依次为：需要心理咨询服务的老年人占 10.6%，需要日间照料服务的老年人占9.4%，需要健康教育服务的老年人占 10.3%，需要助餐服务的老年人占8.5%。而对其他服务的需求相对较小，需要助浴服务的老年人占 4.5%，需要老年辅具用品租赁服务的老年人占 3.7%。①

（5）老年人的幸福感与生活满意度有一定提升

幸福感和生活满意度是衡量老年人生活质量的核心指标之一。近些年中国城乡老年人的幸福感和生活满意度明显提升。2015 年《第四次中国城乡老年人生活状况抽样调查》显示，与 2000 年相比较，中国城乡老年人的幸福感显著提升。2015 年，就城乡老年人整体水平来看，感到生活幸福的城乡老年人比例为 60.8%，比 2000 年提高 12 个百分点。分城乡来看，这一指标的城乡差异也还是非常明显的：感到幸福的城镇老年人比例高达 68.1%（比 2000 年提高 1.9 个百分点）；农村老年人该项指标为 53.1%（比 2000 年提高 9.6 个百分点），比城镇老年人低 16 个百分点，不过令人欣慰的是，农村老年人幸福感提升的幅度较大。尽管如此，农村老年人的精神与心理健康仍然还有很大的提升空间。

2. 我国老年健康问题的研究

有学者发现，我国 20 世纪 40 年代出生老人的工具性日常生活活动（Instrumental Activities of Daily Living，简称 IADL）和身体行为功能

---

① 中华人民共和国民政部网站，http://www.mca.gov.cn/article/zwgk/mzyw/201610/20161000001974.shtml。

（Physical Function，简称 PF）残障的概率分别低于 20 世纪 20 年代出生的老人 20.3% 和 20.2%，但有高血压、超重等健康风险的比例却高于后者 5.18% 和 11.98%。与 1920—1940 年出生的老年人相比较，1950—1960 年出生的老年人更容易患某些慢性病（余央央等，2017）。

有学者对我国老年健康的动态变化进行了统计分析，发现老年人日常行为能力指标在代际间得到逐步改善，但是慢性病和健康风险等指标却在逐步恶化，这种状况在农村更为严峻，改善农村老年人的健康状况是我国未来实现健康老龄化的关键（余央央等，2017）。

三 中国老年人失能及相关研究

近年来我国学者围绕着老年人失能和长期照护等问题进行了很多研究，主要涉及失能率及失能后的照护等问题。

1. 城乡老年人的失能率差异

我国学术界对于城乡老年人口失能率、失能规模进行了较多的研究和估算，由于资料来源、指标界定、统计口径等的不同，研究结果存在一定差异，有的研究甚至得出了相反的结论。

笔者发现，关于"失能率"的口径，前期有的调查指的是完全失能率；有的研究指的是轻度、中度和重度失能（完全失能）的总体失能率。本书在论述和引用文献时，如果指的是完全失能老年人口的比率则会标明是"完全失能率"；除此之外，均指的是包括轻度、中度和重度失能（完全失能）的总体失能率，简称"失能率"。

北京大学曾毅、顾大男等运用 1998—2005 年间开展的四次高龄老人健康长寿跟踪调查数据，分析了老年人生活自理能力的动态变化、影响因素等。主要结论有：中国老年人失能率在 1992—2002 年十年间平均年下降 l%，其特点是：高龄老人高于中低龄老人；城镇老人高于农村老人；非文盲老人高于文盲老人；有配偶老人高于无配偶老人；男性老人高于女性老人。

2006 年中国就对城乡老年人口状况进行了调查，科学性、可信性较高，城市老年人的总体生活自理能力好于农村老年人：生活能够完全自理的城市老年人占 85.4%，部分自理的城市老年人占 9.6%，完全不能自理的城市老年人占 5.0%；而在农村老年人那里，生活完全自理的占 79.0%（比城市老年人低 6.4 个百分点），部分自理的占 14.1%，完全不能自理的占 6.9%[①]（比城市老年人高 1.9 个百分点）。

国家统计局 2004 年报告称，我国不能自理老年人的比例为 8.9%。全国老龄办的调查显示，我国已经进入少子老龄化阶段，随着第一代独生子女父母渐次进入老年，高龄老人、少子老人、失能老人等特殊老人群体的照护问题日益凸显。在目前 1.62 亿 60 岁以上的老年人中，因为失能而需要全护理和照料的老年人比例是 9.8%，分城乡而言，城市的比例是 9.3%，农村是 9.9%（全国老龄办，2009）。

我国自 1993 年以来每 5 年在全国范围内进行一次国家卫生服务调查，迄今已经分别在 1993 年、1998 年、2003 年、2008 年进行了四次调查。其中在 2008 年进行的第四次调查结果显示，60 岁及以上老年人群的长期失能率（指日常活动受限）是 31.1%，分城乡来看，城市的比例是 26.0%，农村是 33.8%。这几个指标与 2003 年的调查数据相比较，城市老年人的失能率没有变化，而农村老年人的失能率则略有升高。

2010 年全国老龄办和中国老龄科学研究中心联合开展了关于失能老年人状况的调查，这次调查对象为在机构养老的老年人，收集了城乡机构老年人的样本 1600 个。根据调查，2010 年底我国城乡约有 3300 万部分失能和完全失能的老年人，占全部老年人口的比例为 19.0%，这是我国人口老龄化不断深入发展的结果；其中占总老年人口 6.23% 的 1080 万完全失能老年人是最需要关注的群体。

对于城乡老年人生活自理能力的差异，有的研究得出相反的结论。有研究认为城镇高龄老人生活自理能力的丧失率明显高于农村高龄老人（王德文，2004）；城镇高龄老人 ADL 能力低于农村（徐勤，2001）；

---

① 郭平、陈刚：《2006 年中国城乡老年人口状况追踪调查数据分析》，中国社会出版社 2009 年版，第 4—9 页。

但是也有的研究得出完全不同的结论，认为城市老年人生活能够自理的比例高于农村（杜鹏，2006），农村女性老年人的生活自理比例最低（杜鹏等，2006；张文娟，2003）。

张文娟、魏蒙综合了中国多个机构发布的与失能老人规模和失能率相关的调查数据，比如第六次全国人口普查、中国城乡老年人口状况跟踪调查、中国老年人健康长寿影响因素调查、第四次全国卫生服务调查等，得出中国城乡老年人的失能率在 10.48 ~ 13.31% 之间 [①]。

2. 老年人发生失能和残障的后果

疾病、残障和失能的直接后果是身体某些功能缺失，对老年人的健康预期寿命有非常大的影响。慢性疾病对老年人健康预期寿命的影响最大，相比较之下，急性传染病和慢性传染病对老年人健康预期寿命的影响反而比较小，这种情况在城乡老年人之间的差别也很大。失能是一个人由非健康状态尚能转归为健康状态的最后机会，可以说是影响老年人口健康的一个非常关键的变量。老年人如果由失能转为残疾状态后，要是再想转归为健康状态的可能性就非常渺小。如果一个群体的失能率高，则意味着该地区卫生服务利用能力比较低、疾病控制的效果较差（郑晓瑛，2001）。有学者认为，老年残障的发生提高了老年人对家庭和照护人员的依赖程度，进一步增强了家庭养老功能存在的必要性，同时强化了社会支持与家庭养老功能之间的联系，因此需要着力构建一个社会支持体系，以更好地发挥家庭的养老和照护功能（姚远，2009）。

有研究发现，一旦老年人的日常生活自理能力发生障碍，其照护的经济负担就会迅速增长。有学者测算，需要他人照顾的残障老年人在1993 ~ 2011 年间从 492 万增加到 995 万，年均增长 4.0%；通过对照顾费用的测算，全年照顾所需要的人工费用的增加更为迅速，从 233 亿元增加到 5156 亿元，年均增长 18.8%，这个指标即使在调整消费价格指数后，年均增长仍在 14.1%（钱军程等，2012）。老人在日常生活自理能力发生

---

① 张文娟、魏蒙：《中国老年人的失能水平到底有多高》，《人口研究》2015 年第 3 期。

残障后，其随后的死亡风险非常高；死亡风险与生活自理能力之间存在着年龄和性别差异的关系：在同样发生残障的情况下，女性老年人存活的时间比男性长；男性低龄老年人的生活自理能力与死亡风险的关系强于女性低龄老年人（焦开山，2009）。

3. 失能老年人的居住方式及照料

生活自理能力的丧失是单向的，特别是老年人，一旦失能，往往很难通过医疗、康复等措施实现恢复，因此失能老人所需要的照护往往是长期的。有研究显示，我国老年人临终前最后一个月平均需要他人完全照料的天数为 11 天，临终前最后六个月为 33 天，临终前最后一年为 47 天（顾大男等，2007）。国外也有资料表明，约 10% 的人在临终前可能不需要他人照料[①]，而另一些人在临终前需要他人照料的时间却可能长达数年[②]。有研究发现，在我国农村地区，有 1/3 的高龄老人的日常生活需要别人提供某种方面的帮助，男性老年人的照料需求低于女性老年人（袁小波，2007）。

就居住方式而言，目前我国大多数老年人是居住在家里、并由家庭成员提供照顾。已有研究发现，我国失能老人的照护以其本人（自我照护）或老伴承担为主，其次是来源于子女和其他亲属（陈树强，2002；周云，2003）。国外有学者对居家照顾给与了这样的定义：是指在接受帮助者自理能力有困难的情况下，在家庭环境中，由配偶、子女或其他人提供的帮助或支持（Walker A J ,etc,1995）。在长期照顾失能老人的过程中，有研究发现，主要居家照顾者的心理健康水平、照顾评价会受到内外各种因素的共同影响。老人与居家照顾者的感情关系越亲密、老人自我评价身体状况越好、每天照顾时间越少、医疗保险的报销比例越高的情况下，居家照顾者的照顾评价才越正向，他们的心理健康水平也越高（张暲等，2011）。

---

① Thomas, S. P., and Hrudey, S. E., *Risk of Death in Canada. What We Know and How We Know It*, Edmonton, AB: University of Alberta Press. 1997.

② Allard, R, Dionne, A., and Potvin, D., "Factors associated with length of survival among 1081 terminally ill cancer patients", *Journal of Palliative Care*, 1995, 11 (3): 20–24.

有研究发现，老年人只有在生活完全自理的情况下，独自居住才会比其他居住方式使他们躯体机能下降的风险更小；而当老年人在生活自理能力受限的情况下，与接受保姆等社会服务的方式相比较，由其配偶或子女照顾的方式对老人躯体机能的转归更有利（王德文，2008）。

在我国广大农村地区，老年人普遍拥有多名子女，轮养行为较多（王跃生，2009）。对老人轮养的方式在中国农村具有悠久的历史，远在东汉时期就有相关的记载（庄孔韶，2000）。有学者通过对 18 世纪我国家庭婚姻状况的研究发现，分居异爨后，在百姓中已经比较普遍由儿子轮流赡养老人（王跃生，2002）。目前中国很多地区的农村都不同程度地存在着对老年人进行轮养的方式，如台湾地区、内陆的广东、福建、安徽、四川、山东、重庆、河北、云南、辽宁、内蒙古、甘肃等地。中国老龄研究中心在 2003 年曾进行了调查，在被访的老年人中，约有 14% 的 60 岁及以上老年人采取的是轮养的方式，这个比例在城市是 12.5%，农村是 15.6%，农村高于城市。轮养方式引起学术界的广泛关注是在 20 世纪 80 年代以来。有学者通过对中国台湾地区四个村落的实地调查研究，深入分析了轮养老人所需要的条件，即家庭父母（父或母）健在、有两个以上的儿子、多数儿子已婚而且已经分家（谢继昌，1985）。有更多的学者发现农村地区的轮养方式存在较大的时空差异（庄英章，1982；谢继昌，1985）。还有一些学者针对不同区域的轮养具体情况，在考察了轮养承担者的责任、轮养的时间安排、被轮养者的居住方式等内容以后，发现轮养主要存在三种方式：轮吃轮住、轮吃不轮住和轮住不轮吃，进一步从理论上分析了轮养方式产生的原因既有家庭层面的，也有社会层面的（郭于华，2001；庄孔韶，2000；周大鸣，2006；张翼，2006）。还有学者进一步指出了轮养的弊端主要表现在，老年人没有归属之家，只是阶段性地成为诸儿子家庭中的一个"临时成员"，因此很大程度上影响了老人的生存质量（王跃生，2009）。①

---

① 伍海霞：《当代农村老年人口的轮养分析——以河北经验为基础》，《人口研究》2009 年第 4 期。

有学者认为，在我国大多数农村地区，高龄老人一般都能够获得较为满意的家庭照料，家庭养老仍然发挥着重要的作用；但是即使在农村，仅有家庭照护是远远不够的，老年人急需的社区照护基本处于空白，而理应作为有效补充的机构照护仍然处于发展的低级阶段（袁小波，2007）。有学者则深入分析了在农村地区开展社区居家养老服务的主要难度在于农村经济社会发展水平相对滞后，集居化程度低，对社区居家养老的有效需求少。应该依托乡镇敬老院（养老院）等服务平台，积极开展一些为老年人服务的项目（如日间照料服务、上门服务等），挖掘与整合乡镇养老院（敬老院）的养老资源，通过整合、改造、更新等途径，建立综合性老年福利服务中心，集院舍住养和社区照料服务等多种功能于一体。拓展乡镇敬老院以往的功能，不仅负责农村"五保"老人入住与供养，同时鼓励并支持失能、半失能老人入住乡镇敬老院。有的地区已经进行了实践，江苏省连云港市探索在农村建立老年人集中居住区，采取集体出资和个人出资相结合的方式，为农村养老服务工作的开展创造了条件（陈友华，2012）。

已有研究发现，照料身心健康受损的老人会给照料者带来非常大的压力，严重者甚至会使照料者做出极端行为，出现抛弃照料责任或虐待老年人的现象（隋玉杰，2008）。而在一些代际关系不和谐的家庭，失能老人遭遇子女不孝时极易产生自杀现象（陈柏峰，2009）。

4. 长期照护社会保险

从国外老年人长期照护制度的研究文献看，老年福利属于一类公共产品，是一个全社会所面临的共同问题。目前，我国前期相关文献对于国外长期照护保险制度的研究主要是对于国外政策基本内容的简单介绍，所研究的国家也相对集中，只是一些局部的比较，内容相对还比较零散，缺乏系统性，并没有将老年人长期照护制度进行综合的研究与比较。我国学术界对于长期照护保险制度的研究也还处于刚刚起步的阶段。我国对长期照护社会保险的研究缘于对失能老年人长期照护问题的思考，目前这方面的研究相对比较多，分析论证了长期护理保险在老年人长期照料中的保障作用、必要性及其发展潜力，研究内容则包括长期照护保险的可行性、保险产品设计、制度安排等方面。有学者在介绍了发达国家的长期护理保险制度以后，对我国该制度的建立和发展提出了建议：建立相关的商业保险制度，尽快实施老年护理保险，对长期护理保险实行划分等级、实物给付和全面保障的方式（杨红燕，2004）。前期关于长期照料保险制度的代表性研究还包括以下成果：《老年长期护理保险研究》（马鸿杰等，2007）；《关于建立长期护理保险的构想》（孙菊等，2003）；《长期护理保险在中国的选择——基于制度经济学的分析》（王杰等，2007）等。这些研究都有一定的深度和广度，有代表性和现实意义，为中国建立长期照护保险制度提供了经验、奠定了理论基础。

综上，尽管国内外对失能老人及照料问题的研究成果较多，很多分析已经比较深入，有利于今后的深入研究，但是前期相关研究也存在不足之处：首先，国外的一些研究结果并非适用于我国的现实，尤其是一些分析量表中指标的设定并不适合我国老年人的具体情况；其次，国内很多学者从社会学、人口学、经济学、发展学的理论和视角出发，对我国的家庭养老和社会养老等问题都进行了大量研究，但是对于老年照顾和护理领域的探讨目前还主要是集中在医学相关研究领域。已有研究较多集中在对老年人健康状况描述及影响因素的分析上，而且以区域性的项目为主，多数区域性的研究还存在样本量少、缺乏代表性、数理分析不规范等问题。第三，目前我国学术界更多地关注于城镇社区老年人的照料问题，涉及农村老年人的养老和照护问题的研究比较少。而专门针对农村失能老人的研究尚不多见，更缺乏对农村失能老人不同照护方式及相应社会支持的对比研究。

第三节　研究设计

一　研究目的

面对汹涌的人口老龄化浪潮，我们既要给广大老年人以充足的经济供养，又要关注老年人的生活照料和健康护理问题。我国拥有庞大的老年人口数量，近些年，随着经济快速发展和人民生活水平的提高，我国呈现人口死亡率逐年下降、人口平均预期寿命逐步提高的总体趋势，广大城乡老年人的生活自理预期寿命也有所增长，但是不容忽视的是，老年人生活自理预期寿命在余寿中的比重不仅没有上升反而出现下降的趋势。如何提高老年人的健康水平、增加健康预期寿命是全社会广泛关注的问题。而在我国，缓解人口老龄化窘境最为困难的就是农村高龄老人的照顾和护理问题，对此问题迄今尚未破题。相对于城镇来说，中国农村的失能老年人问题更加突出。农村是失能老年人的"重灾区"。

我们需要认真思考的是，农村老年人的总体健康状况如何？他们的患病情况和生活自理能力怎样？应该为农村失能老人提供什么样的照护服务和社会支持？

基于此，本书总的研究目的是：在当前我国城乡二元化以及城镇化快速发展的背景下，深入分析我国农村老年人的患病及失能状况，研究农村失去生活自理能力老年人的照料和护理方式，比较不同照护方式的特点，分析不同照护方式适宜的农村失能老人群体，为农村失能老人不同的照护方式和照护需求构建社会支持网络以有效解决其照护问题。

具体研究目标有以下几点：

一是广泛搜集相关基础数据和文献资料、整理调查问卷数据，深入分析我国农村老年人的一般身体健康状况、生活自理能力及失能状况、患病及疾病经济负担状况等。

二是重点分析农村失能老人的照料和护理方式，比较不同照护方式的优劣，分析不同照护方式适宜的农村失能老人群体；

三是借鉴国内外对失能老人照护的先进经验，总结我国人口老龄化程度高的经济发达地区对失能老人照护方式的先期探索。

四是研究对农村失能老人不同的照护方式提供适宜的社会支持，以有效解决其照护问题。

二 研究意义和价值

1. 理论意义和学术价值

随着年龄的增长，老年人的失能率和残障率将会迅速增加。老年人口的健康、保障、失能和照护等问题属于健康人口学的范畴，这是人口科学和健康科学相结合的边缘交叉学科，是国际前沿问题。人类怎样才能达到既长寿又健康的目标？这是社会学家、人口学家和医学生物学家们共同面临的难题。以往很多研究关注老年人的身体健康问题，而且主要是针对老年保健工作和老年疾病的医学科学和临床研究。而随着人口老龄化在全球的蔓延和老龄化程度的加深，无论发达国家还是发展中国家，越来越多的社会学家、人口学家开始从社会经济的角度，深入研究老年人的健康和失能问题，这方面的研究既面临机遇，也有一些困难和挑战，因为在影响老年人健康的诸多因素中，既有遗传因素，也有经济的、社会的、行为的、生活的因素，有些因素是有利于健康的有利因素，有些因素则是不利于健康的危险因素；我们的期望是控制危险因素、发扬有利因素，引导老年人改善健康状况、延长生活自理期，提高老年人健康的预期寿命。

2. 我国农村人口老龄化的现实需要

我国是老龄化发展速度最快的国家之一，是拥有世界上老年人口最多的国家，我国更是受儒家尊老敬老传统文化影响深厚的东方文明古国，有责任有义务积极应对人口老龄化，在促进老年人健康、照护失能老人领域内摸索出自己的经验，有效解决养老问题，并在世界范围起到率先垂范的作用。目前我国学术界研究城市老年人养老、失能以及服务的研究较多，对农村失能老人健康和失能的研究尚不多见，更缺乏对农村失能老人不同照护方式及相应社会支持的对比研究。"让人民生活得更加幸福、更有尊严"（温家宝，2010）同样适用于农村失能老人。近年来，中国农村劳动力大量外出，养老人力资源流失，家庭养老功能严重弱化，农村养老和医疗保障制度不完善，面向失能老人的社会支持基本空白，农村失能老人的养老和照护问题更加堪忧。因此关注和研究农村失能老人并为之构建社会支持和保护体系，使他们"活得更有尊严"具有重要现实意义和实践意义。

3. 拓展我国老年健康科学研究的领域和视野

我国农村的人口老龄化比城市更严重，但是迄今为止理论界针对农村老年人健康和失能的相关研究较少。本书使用人口统计学和社会医学等多个学科的理论和方法，从人口学的角度，运用多个权威部门所做的基础性调研数据，运用 SPSS 等统计软件对数据库进行描述性分析、χ^2 检验和 Logistic 回归分析等，综合研究我国农村老年人的健康状况、患病以及失能等问题，同时，笔者深入农村社区进行实地调研，获取第一手的访谈资料，研究农村失能老年人具体的照护方式、照护需求，并深入探讨对不同照护方式进行社会支持的有效路径。该研究是人口科学和健康科学相结合的综合性研究，这种边缘交叉研究将大大拓展我国老年科学研究的领域和视野，推动学术界更加重视广大农村老年人的健康、失能和照护问题，积极开展更为广泛和深入的研究。

4. 对于进一步完善农村养老和医疗保障制度有指导意义

由于人口寿命延长和生育率大幅下降，人口老龄化是客观发展趋势，是社会经济发展进步的表现，既然无法躲避，只能积极面对。全面建设小康社会包括广大农村老年人的同步进入小康问题。虽然现代医疗科技日新月异，疾病的治疗方法屡屡有突破，这是很多患病老人的福音。但是很多患病老人被"救"存活的同时，发生残障和失能的比例将会增加，从而给家庭和社会增加了巨大的照料需求成本。该项研究有助于农村老年人认识他们的健康状况、合理发扬有利于维护生活自理能力的因素、指导他们根据自身实际情况合理选择适宜的照护方式，并对于我国政府进一步完善农村养老和医疗保障制度、调整医疗卫生政策、配置医疗卫生资源、整合社会资源和创新照护方式以应对老龄化等，都能提供理论支持和实践指导，同时对其他失能群体照护方式的探索与完善也具有一定示范价值。

三　研究方法和框架

研究农村失能老人照护问题，首先需要准确把握这一群体的人口学特征变量、社会经济变量、居住方式等基本状况，科学测量其生活自理能力和功能受损情况，合理界定失能并对失能程度予以科学分类；其次，梳理国内外对失能老人的照护方式及其发展、沿革，包括国外发达国家的先进经验和我国人口老龄化程度高的经济发达地区对失能老人照护方式的先期探索；第三，不同照护方式的优劣以及适宜的农村失能老人群体分析；最后，为失能老人构建社会支持网络以有效解决其照护问题。

1. 主要研究方法

基于上述基本的研究思路，本书主要运用健康人口学和社会医学的理论方法，采取个案访谈、问卷调查和政策分析等方法进行实证研究，做到理论研究、实证研究和案例分析相结合，努力做到定性分析与定量研究相结合，深入剖析问题。

（1）文献研究

广泛查阅文献，通过对国内外前期相关研究进行检索，梳理和分析该研究领域的国内外最新研究进展，查找前期研究的不足和有待深入的领域，准确定位本书的研究重点和突破口，以问题为导向，有针对性地开展研究。

（2）数据收集

为了更全面地分析农村老年人的健康、患病和失能状况，并与城镇老年人相比较，笔者广泛搜集了与本研究相关的多项调查数据和资料，既包括我国的"六普"数据、省一级的调查问卷数据，也有笔者赶赴农村社区所做的实地调研数据和访谈的第一手资料。具体说来，本项研究所用的数据资料和案例分析主要来源于以下问卷调查和实地调研：

一是实地访谈。本研究采取了问卷调查和半结构式访谈相结合的方式，调查了21位农村失能老人及其照护者（第五章）。对农村失能老人的调查涉及他们的社会人口学特征、健康状况、目前的生活和照料情况、对社会照护服务的态度与看法等。对失能老人照护者的调查涉及他们的基本情况、对照护失能老人的态度等。实地访谈的问卷和提纲见附录1和附录2。

二是全国性的数据。主要来源于2010年第六次全国人口普查数据、2015年第四次中国城乡老年人生活状况抽样调查。2010年我国开展了第六次全国人口普查。本书第三章依据国务院人口普查办公室、国家统计局人口和就业统计司编的《中国2010年人口普查资料》中"第二部分 长表数据资料"之"第八卷 老年人口"中的数据资料,对全国2010年各省区、分性别、分城市、镇、乡村60岁及以上老年人(农村老年人)的失能率、失能规模进行了测算。第六次全国人口普查长表中关于老年人口失能状况的数据是我国最权威、最全面也最具有代表性的数据。笔者还将"六普"数据与同期全国老龄委所做的《城乡老年人口状况追踪调查》和《全国城乡失能老年人状况调查》中的相关数据进行了比较。

三是2008、2015年两次山东省老年人口状况调查数据。2008年山东省老龄工作委员会联合山东师范大学和山东省统计局在全省17个市的30个县(市、区)开展了《山东省老年人口状况》调查,走访了270个村级单位。调查对象为60岁及以上老年人。共调查5400名老年人。笔者参与了问卷设计和部分调研,本书第三、四章的数据主要来源于这个问卷调查(该调查问卷见附录3)。2015年第四次中国城乡老年人生活状况抽样调查中的山东省数据,当时得到原始长表样本1776个和原始短表样本15983个,后来剔除得不到城乡属性的样本以及其他一些无效样本,并将长表中与短表内容相同的部分汇入短表,共产生统计用短表样本17669个。

(3)政策分析

在进行问卷调查和实地访谈的过程中,笔者通过与各级老龄部门、劳动保障部门、民政部门和卫生统计等部门进行座谈,了解来自基层的第一手信息和数据,提高研究的针对性和所提干预措施的可操作性。

2. 基本框架

第一章首先交代了本书的国际、国内研究背景，然后对研究目的、意义、方法以及基本的研究框架进行了说明。

第二章对本书所涉及的几个基本概念，包括生活自理能力、照护、社会支持、农村的界定和划分等进行了梳理和界定。

第三章全面客观地分析了农村老年人的生活自理能力及需要照料状况，研究了农村老年人生活自理能力的影响因素，梳理出有利因素和危险因素。

第四章鉴于老年人失能与疾病的直接关系，研究了农村老年人患病、疾病经济负担及其影响因素等。

第五章通过分析个案，运用比较分析的方法深入研究了农村失能老人居家照护、社区照护、机构照护三种不同的照护方式及其各自的特点，分析了失能老人照护者的感受、态度等问题。

第六章梳理了国外发达国家对老年人健康保障的制度模式，总结了发达国家对失能老人照护的先进经验以及给我们的启示等。

第七章针对农村失能老人的不同照护方式，提出了对接受居家照护、社区照护、机构照护的农村失能老人分别进行相应社会支持的具体路径。

第八章是在上述对农村失能老人照护方式及其社会支持等问题深入研究的基础上，对家庭的责任、政府的义务以及社会的参与等问题进行了深入的思考，并提出一些建议。

第二章　相关概念及界定

本书涉及的相关概念主要有生活自理能力、失能、照护、社会支持等，有必要首先进行界定和说明。

第一节　生活自理能力和失能

老年人的生活自理能力是指老年人独立应对日常生活的能力。失能即全部或部分失去生活自理能力、在一定程度上依赖他人。

一　生活自理能力

在评价老年人健康状况和生活质量的指标体系中，学术界最常用的指标就是日常生活自理能力（Activity of Daily Living，ADL）。作为一个规范的学术术语，日常生活自理能力最早由卡兹（Katz，1963）提出。学术界对老年人生活自理能力的测定主要包括两个层面的指标：一是日常生活自理能力（ADL），衡量的是老年人独立应对一些最基本的日常生活活动的能力，主要有吃饭、穿脱衣服、室内活动、洗澡和上厕所五项活动，这五项活动是日常生活中所用到的最基本的活动，只要有一项做不到，都会导致老年人在日常生活中严重依赖他人，即被视为丧失基本生活自理能力。二是使用各种家庭或社会公共设施的能力（IADL），考察的是老年人对日常生活事务的应对能力，它测度的活动主要包括做饭、管理财物、走半里路或二、三百米、上下一层楼以及购物等。与第一层面的 ADL 相比较，尽管第二层面 IADL 的缺损对老年人生活的影响相对要小一些，但是如果 IADL 缺损也会增加老年人对他人照料的需求。[①]

二 失能的界定、测量和评估

失能老人是指在日常生活活动能力指标（ADLs）和工具性日常生活能力指标（IADLs）中有一项或多项存在困难或无法完成的老年人。具体而言，失能包括表现在日常起居困难上的身体失能、表现在认知困难上的心智失能和表现在视力或听力障碍上的感官失能等方面。在研究中，老年人的失能程度往往被换算成需要照护的程度，决定老年人每天或每月需要帮助的小时数量。老年人一旦丧失生活自理能力，不仅日常活动自由受到限制，影响生活质量和心情，而且还会给家庭和社会带来沉重的经济和照护负担。

关于失能的定义，国外学术界经历了一个从原先的"生物－医学"模式到"社会"模式的发展过程（Katz et al.，1963；Nagi，1965；World Health Organization，1980；William et al.，1998；Denise，2003）。其实，失能（Disabled）和残疾（Disability）是两个不同的概念，有交叉也有区别，《中华人民共和国残疾人保障法》第四十八条有这样的表述："对生活不能自理的残疾人，地方各级人民政府应当根据情况给予护理补贴。"这就说明有的轻度残疾的人员，他们的生活是能够自理的。目前中国关于残疾的定义仍然基于"生物－医学"模式，2008 年修订的《中华人民共和国残疾人保障法》第二条规定："残疾人是指在心理、生理、人体结构上，某种组织、功能丧失或者不正常，全部或者部分丧失以正常方式从事某种活动能力的人。"这样的规定仅仅强调了个体身体和生理功能丧失的影响，并没有把社会经济等因素对个体功能的影响考虑进去。老年人失能一般属于退行性失能，即失能往往是在一个比较长的时间跨

---

① 贾云竹：《老年人日常生活照料资源与社区助老服务的发展》，《社会学研究》2002 年第 5 期。

度内逐渐发生的，是老龄化过程中的特殊问题，这不同于我们通常理解的先天性残疾或非退行性失能。老年人因为年龄的原因导致的退行性失能，很难准确判断自己是从什么时候开始失能的。失能会在不同程度上影响到老年人的日常生活和社会活动。有学者采用社会模式定义对老年人失能的成本进行分析，指出失能是指老年人无法独立完成基本的日常活动，这些日常活动是维持一个人生存和履行基本的社会角色所必需的日常活动，包括日常生活障碍、身体移动障碍和家务活动障碍三个类别（Wan et al.，2007），其中每项活动都根据严重程度分别赋值为 1（代表不费力）、2（代表有些困难）、3（代表完全做不了）[①]，该定义充分考虑了个体身心状态的特点和社会生活环境对老年人的共同影响。

世界卫生组织有关"长期失能"的问卷有 13 个标准问题，其中有 10 个基本问题和 3 个可选问题。10 个基本问题是：由于各种原因导致在过去的半年内：（1）自己能否走动；（2）自己能否上下床；（3）自己能否坐椅子；（4）自己能否穿衣服；（5）自己能否洗脸、洗手；（6）自己能否吃东西；（7）自己能否上厕所；（8）是否有过小便失禁的情况；（9）能否与他人说话；（10）认出一个熟人（可戴眼镜）的距离。而另外 3 个可选问题是：（1）说话有无困难；（2）能否从地上拾起一只鞋，或者弯腰放一只鞋到地上；（3）不休息能否上下 12 级楼梯及其身体感觉。上述所有 13 个问题的答案选择中，如果有困难的称为轻度失能，如果有困难需要他人帮助的则称为中度或重度失能。

在具体的研究中，很多学者因为自己研究的需要和所获取数据资料的限制等原因，对国外生活自理能力量表进行了一定的修订和改造，具体的测量指标有一定变动。2006 年中国城乡老年人口状况追踪调查中，老年人的自理能力分为生活能够完全自理、部分自理、完全不能自理三个层次；2010 年全国老龄办开展的我国城乡老年人口状况追踪调查中，

---

① 徐丽萍、王小林、尚晓援、郭平：《中国老年人失能相对成本估计》，《中国人口科学》2011 年第 2 期。

老年人的自理能力分为有部分自理困难、生活完全不能自理（完全失能）两个层次。

2010 年我国第六次人口普查中对老年人的健康状况划分为健康、基本健康、不健康但生活能自理、生活不能自理四个层次，从老年人的生活自理能力来看，这个划分实际上只有两个层次：生活能自理（包括健康、基本健康、不健康但生活能自理）、生活不能自理。"六普"调查时对"生活不能自理"的界定是指"过去一个月健康状况较差，日常的生活起居（如吃饭、穿衣、自行走动等）都不能做到"，这实际上指的是"生活完全不能自理"，即"完全失能"。

2010 年全国老龄办和中国老龄科学研究中心开展的全国失能老年人状况专题研究，对于老年人失能的界定是按照国际通行的日常生活活动能力量表（ADLs）中的指标（吃饭、穿衣、上下床、上厕所、室内走动和洗澡六项指标）而划分的：一到两项"做不了"的定义为"轻度失能"；三到四项"做不了"的定义为"中度失能"；五到六项"做不了"的定义为"重度失能"[①]。有的学者根据老年人对上述六种日常活动能力的回答，将老年人日常生活自理能力划分为三类：完全自理（六项活动都能自理）、部分自理（有一项以上能够自理）和不能自理（六项都不能自理）（袁小波，2007）。

有的学者应用美国芝加哥大学 Lauton 氏、Brody 氏的 6 项躯体自理量表（ADL 指标），选择其中的四项指标（穿衣、进食、洗澡、上厕所），四项指标中有一项不能独立完成即定义为生活自理能力丧失（姜晶梅，1999）。有的研究对失能程度的界定是修订了欧洲五维度健康量表（EQ5D），欧洲五维度健康量表由 5 个领域组成，分别是行动、自我照顾、平常活动、疼痛/不舒服、焦虑/沮丧（王静等，2008）。有的研

---

① 《全国城乡失能老年人状况研究》新闻发布稿，百度文库，http://wenku.baidu.com/view/1bdc4c54ad02de80d4d8409f.html。

究应用简明健康调查量表SF-36[1]评估失能老年人的生活质量，该量表由美国波士顿研究所研制，在国内已经得到较好的信效度检验，且适用于老年人群[2]，量表包括总体健康（GH）、生理功能（PF）、躯体疼痛（BP）、生理职能（RP）、生命活力（VT）、情感职能（RE）、社会功能（SF）、心理健康（MH）8个维度，共36个问题，各维度计分采用累加法，范围为0～100分，分数越高表示生活质量越佳。

尽管国内外学术界对于老年人生活自理能力的衡量指标和界定并不是完全一致的，但这并不妨碍我们对该问题的认识和理解。

本书中对老年人生活自理能力的界定，有时因为收集和使用的资料不同而有不同的口径：

（1）在第三章对"老年人生活自理能力"的一般性描述中，使用的是我国2010年第六次人口普查数据，该数据中对老年人的健康状况划分为健康、基本健康、不健康但生活能自理和生活不能自理这四个层次，但是从生活自理能力这个指标来看，实际上只有两个层次：生活能自理（包括健康、基本健康、不健康但生活能自理）和完全失能。

（2）在第三章对"老年人生活自理能力"影响因素的统计分析中，使用的是山东省老龄委2008年调查的5400份问卷资料。按照老年人吃饭、穿衣、上下床、上厕所、在室内走动、上下楼梯这六项日常基本生活的能力和扫地、做饭、日常购物、洗澡、洗衣、使用电话这六项做家务的能力，将老年人的生活自理能力分为"完全自理"、"轻度失能"和"完全失能"三个层次。具体划分标准为：上述十二项活动都"不费力"的称为"完全自理"；如果前六项基本日常活动都"不费力"、而六项家务活动"有困难或做不了"的为"轻度失能"；十二项活动均"做不了"的为"完全失能"。

---

① 李鲁等：《SF-36健康调查量表中文版的研制及其性能测试》，《中华预防医学杂志》2002年第2期。

② 韦懿芸等：《中文版SF-36在社区老年人生存质量评价中的应用》，《中南大学学报》2006年第2期。

（3）在第五章"农村失能老人不同照护方式比较"中，使用的是笔者对农村失能老人的深度访谈数据和资料，因为访谈的都是失能老人，因此没有"完全自理"这个层次，而是将他们的生活自理能力分为"轻度失能"、"中度失能"和"完全失能"三类。具体划分标准也是参照上述老年人十二项日常生活及做家务的能力：前六项基本的日常活动均"不费力"，但后六项家务活动"有困难或做不了"的为"轻度失能"；前六项基本的日常活动中有三项及以上"有困难或做不了"的为"中度失能"；十二项活动均"做不了"的为"完全失能"。

第二节　照护

一　概念

"照护"[①]，顾名思义，即照顾护理，是非医疗性的一般"照料"和专业性的"护理"的结合。由于随着年龄的增长，老年人的生活自理能力逐渐丧失，因此针对老年人的"照护"往往是长期的。"长期照护"是从英文"Long-term Care"翻译过来的专业术语。在国外，"长期照护"一般是指为失能人群提供生活照料、精神慰藉、康复护理、社会交往和临终关怀等专业化、综合性的服务，也有人翻译成"长期照料"或"长期护理"等。长期照护的对象是慢性病和残障人口，而老年人则构成此类人中的大多数。长期照护的目标是满足那些患有各种疾患或身体残疾的人们对日常生活和保健的需求，其内容包括从饮食起居照料到康复治疗等一系列服务。

世界卫生组织（WHO）对长期照护的定义是："由非正规照料者（家庭、邻居或朋友）和专业人员（社会和卫生服务）进行的照料活动体系，目的是保证那些不能完全自我照料的人能够得到其个人喜欢的和较高的生

---

① 本书中，"照护"一词主要是针对失能老人而言，很多以往相关研究文献中的"照顾"、"照料"等字眼表达的大都是对老年人的照顾和护理等含义，因此，为尊重原文献，本书在引用时往往保留了他们各自的用法。

活质量，从而获得最大可能的独立、自主、个人满足、参与及人格尊严"①。

国内有学者对"照护"一词进行了详解："care"一词，用"照料"、"护理"，还是"照护"来翻译，其实就是对我们"Long-term Care"所包含的服务内容的准确定位和理解。"照料"一词略偏日常生活化，而"护理"一词又略偏专业医学化。事实上，在长期照护服务的体系或网络中，形式多样，既包括"nursing home"提供的专业护理，也包括家庭、社区提供的多种形式的照料和护理，因此翻译成"照护"似乎更加全面一些（林艳，2009）。

很多学者对于老年照料、照护服务等概念给予了界定和说明。绝大多数研究均用器具性日常生活能力（包括外出和做家务等）和生活自理能力（吃、穿、室内活动等）是否需要帮助来作为长期照料的测量（如Norgard et al.，1997）。美国学者通常把生活不能自理而需要他人照料90天及以上的照料界定为长期照料（Manton et al.，2006）。老年照料是指为老年人提供的、旨在帮助他们维持日常生活正常进行的卫生、个人照料和社会服务。因为接受服务的老年人可能是永久性的或相当长时期的依靠这些服务，以维持他们日常生活的正常进行，所以这些服务又被称为长期照料②。有学者指出，老年人照护服务是指为帮助长期失能的老年人尽量恢复必要的日常生活自理能力、维持老年人原有的生活方式，由老年人家庭、社区或社会养老机构等部门为老年人所提供的一系列正式（付费）和非正式（非付费）的照料和护理服务③。国外有学者认为，长期照护服务主要是针对患有慢性疾病的人员，即使患者病情处于稳定状态，但是日常生活仍然无法自理，经过评估需要长期照护者，向他们提供的包含预防、护理、康复、支持在内的一系列服务，为了提升或者维持受照顾者能够保持最佳的身体、心理、社会功能状态④。长期照护的主要特

① 裴晓梅、房莉杰：《老年长期照护导论》，社会科学文献出版社2010年版。
② 尚晓援、李振刚：《山西农村老年照料的个案研究》，《人口与发展》2009年第1期。
③ 杨团、李振刚、石远成：《融入社区健康服务的中国农村老年人照护服务研究》，《湖南社会科学》2009年第1期。
④ Kane, R. A.and R. L.Kan, *Long Term-Care: Principles, Programs and Policies*, New York: Springer,1987.

征有三个：其一，服务对象一般为老年人（60 岁及以上）并且往往是生活不能自理或不能完全自理的老年人；其二，长期照护一般持续至被照护人生命的终止；其三，长期照护的服务内容包括非专业性的一般生活照料和专业性的护理。[①]

其实，"照护"是近些年才进入我国学术界的比较时髦的新鲜词，主要指的是对生病老年人（特别是失能老人）进行的生活上的照料和医疗上的护理。"照护"的含义比我国传统意义上的"养老"的含义要狭窄。我国"养老"一词由来已久，鳏寡孤独皆有所养。"养老"的经济供养、生活照料、精神慰藉三个方面内容早已达成共识。国外所指的"长期照护"往往强调正规、专业性等特征，但是结合我国的实际，笔者认为照护不仅包括正规的、专业服务，也包括我国传统的家庭照护。

老年人对照护的需求取决于老人的日常生活自理能力。尽管生活自理能力的丧失是产生照护需求的主要原因，但不是唯一的决定性因素。严格意义上来讲，自理能力丧失意味着有被照护的需要，但这并不能构成现实的照护需求。从社会政策的角度看，老年人的照护服务需求应该是被意识到、有意愿寻求满足并且有支付能力的需要。

二　内容

1. 生活照料

在身心健康状况低下及年老体衰的情况下，老年人的日常生活活动能力受到影响，需要他人照顾。对老年人的日常生活照料包括吃饭、穿衣、室内活动、上厕所、上下床等最基本的日常生活起居，以及扫地、日常购物、做饭、洗衣等家务活动。

2. 医疗护理

老年人不仅患病率高，而且很多老年人同时患有两种或两种以上的

---

① 刘乃睿、于新循：《论我国孝道传统下老年人长期照护制度的构建》，《西南大学学报》（社会科学版）2008 年第 5 期。

疾病，疾病对生活自理能力的影响严重。老年人两周因病持续天数是全人口平均值的两倍多。半年活动受限率（81‰）和受限日数（12.4 天）也分别是全人口平均值的 2.6 和 1.3 倍[①]。老年人患的大多数是慢性病，是慢性退行性变化，有时生理和病理的界限很难区分，因此患病而失能的老年人需要的是专业的医疗护理。

3. 精神慰藉

精神慰藉一方面是来自家庭的，如子女和配偶；一方面是来自社会的，如社会的关心、认同和自我价值的提升等。我国经过修改的《中华人民共和国老年人权益保障法》已经在 2013 年 7 月 1 日起施行，该法律规定，家庭成员应当关心老年人的精神文化需求，不能忽视和冷落老年人。家庭成员如果与老年人分开居住，则应当经常问候或者看望老年人；该法律还明确提出，赡养人对老人不仅要从经济上进行物质赡养，而且要从情感上进行精神赡养。

三　方式

"照护方式"是指对失能老人进行照顾和护理的方法和形式。对于老年人的照护方式，学术界有不同的划分。有学者认为机构照护和社区照护是社会照护的两种形式（杨团等，2009）。有的学者根据直接为老年人提供照料的人或机构的不同，将老年照料分为亲情模式、市场模式、友情模式、志愿者模式、福利模式五类，考虑到老人的居住方式，进一步将老年照料的模式详细划分为"居家－亲情模式"和"居家－友情模式"等 8 种（见表 2—1）[②]。

---

① 闫凤琴：《社区老年人家庭用药的体会》，《中国成人医药教育论坛》（5）——中国医药教育协会成人教育委员会三届五次理事大会暨医药教育创新研究和慢病防治学术研讨会，2012 年 8 月。
② 石人炳：《我国农村老年照料问题及对策建议——兼论老年照料的基本类型》，《人口学刊》2012 年第 1 期。

表 2—1 　　　　　　　　　　　老年照料模式的分类

正式与非正式	照料主体	照料模式	
		居家	机构
非正式照料	家人、亲属	居家—亲情模式	/*
	朋友、邻居	居家—友情模式	/*
	志愿者（个人或组织）	居家—志愿者模式	机构—志愿者模式
	保姆或私营机构等	居家—市场模式	机构—市场模式
正式照料	政府资助的个人或机构	居家—福利模式	机构—福利模式

注：* 考虑到家人或亲朋好友很少成为居住在养老机构中的残疾老人的主要照料者，相应地，"亲情模式"和"友情模式"与"机构"没有对应的组合模式。

参照很多学者的前期研究，结合在研究进程中对这一问题更深的认识和理解，笔者认为，依据不同的标准，照护方式有多种划分。

1. 依据组织形式不同将照护划分为非正式照护、正式照护

（1）非正式照护

非正式照顾（Informal Care）主要由家庭、朋友和邻居组成（Dobelstein & Johnson，1985；Moroney，1998），为亲属提供的照料或非亲属提供的无报酬的且不与任何组织挂钩的照料，是解决老人日常生活照顾问题的一种自然机制。有研究发现，身体孱弱的老年人最经常的是从家庭、邻居和朋友那里获得日常生活方面的帮助。其中家庭成员往往扮演着更为重要的角色，家庭成员构成了老年人非正式照顾系统的主体。

（2）正式照护

正式照护（Formal Care）主要由政府和非政府机构组成，它们在解决老人日常生活照顾问题上也具有重要作用。国外发达国家早期的正式照护主要是机构照护，就是把有照护需求但没有家庭照护资源的老人送进养老机构，由机构服务人员照顾。老人最偏爱和最经常使用的照护方式虽然是非正式照顾，但正式照顾也是重要的补充，尤其是对于许多单独居住或者没有适当的家人或朋友提供照护服务的老人而言。

2. 依据场所不同将照护划分为居家照护、社区照护、机构照护

（1）居家照护

居家照护，顾名思义，是指老年人在家里（自己家里或子女家里）居住并得到照护，是从照护场所的角度而言，其照护资源（主要是经济或物质的供养、生活照料、医疗护理和精神慰藉）既可以来自家庭，也可以来自社会或社区。如果居家老年人的照护资源主要来自于家庭（配偶或子女），则可以称为居家—家庭照护，是一种非正式照护；如果居家老年人的照护资源主要来自于社会（政府、社会组织、机构、志愿者等），则可以称为居家—社会照护，是一种正式照护。

（2）社区照护

按照 1974 年世界卫生组织的定义，"社区"是指一个相对比较固定的地理区域范围内的社会团体，其成员彼此认识且互相来往，有着共同的兴趣，行使社会功能，制定社会规范，创造特有的社会价值体系和社会福利事业。社区内的每个成员都经由家庭、邻居、小的社区而融入更大的社区。

在西方发达国家，社区照顾通常是指通过非制度性的安排、运用非正式支持网络对老年人进行照料和安置，它产生的初衷是为了让老年人在其熟悉的家里和社区得到照顾，由政府、非政府组织、社会工作者发展以社区为基础的服务设施，在社区里建立小型化、专业化的服务机构，提供更贴近人们正常生活的养老服务。社区照顾起源于 20 世纪 60 年代早期在英国兴起的养老服务"反院舍化"、"去机构化"潮流，当时对院舍照顾模式的缺陷进行了反思，认为大型照顾机构有很大弊端，它提供的是程序化的正规照顾和科层制的管理，这样给老年人带来的是与社会隔绝的、缺乏人性化的社会生活环境，不利于老年人的养老。对老年人进行社区照顾是随着老年人问题的复杂化而出现的一种理念，以福利多元主义思想为理论基础，为了减少公共依赖、降低长期护理照料成本，以社区为依托的建立多元化的老年福利服务模式，其目的是保持老年人在社区中接受长期护理照料，即实现在地老化（Aging in place）。

在我国，近年来，围绕着社区，结合养老、服务等内容，出现了很多词语如社区照顾、社区服务、社区养老等。很多学者对这几个有一定关联的概念进行了界定和分类。社区照顾是指社区工作者运用正式的和非正式的支持网络，调动和动员社区资源，联络社区内的政府和非政府机构，通过协调和合作，以合法正式的社会服务网络和服务机构为有需要的人群提供援助性服务[①]。社区照顾模式可分为社区居家照顾体系和社区养老机构照顾体系两个子系统[②]，其中社区居家照顾的对象是日常生活能够部分自理的老年人，照顾的提供者主要是社区机构、志愿者以及其他形式的互助组织、慈善团体等。从服务内容上来看，社区居家照顾体系是由社区向老年人提供各种形式的上门照顾服务，这样就能使老年人尽可能延长在社区生活的机会和在家中养老的时间，这种方式同时也是对传统家庭养老护理功能弱化的必要的补充。而在社区养老机构照顾体系中，服务的提供者是专门的养老机构，养老机构收住的服务对象主要是家庭照护资源缺乏的老年人。

近些年我国无论在理论界还是实际工作部门，"社区养老"一词使用频繁，但笔者认为这个概念不是很合适。养老，通常意义上的划分是按照养老资源的主要来源，划分为自我养老、家庭养老和社会养老，而社区养老的提法则混淆了上述概念。显然，社区并不能独立地成为养老资源的供给者，因此"社区养老"的提法不成立，更不能与家庭养老、社会养老、自我养老相提并论。在研究中笔者发现，大多数使用"社区养老"一词的论者，其意仍然指的是社区从服务的角度来满足老年人的养老需求，并非指社区成为养老资源的来源[③]。尽管我国《社会养老服务体系建设规划（2011—2015 年）》要求到 2015 年基本形成制度完善的养

---

① 周沛：《社会照顾：社会转型过程中不可忽视的社区工作模式》，《南京大学学报》2002 年第 5 期。

② 徐祖荣：《人口老龄化与城市社区照顾模式探析》，《长江论坛》2007 年第 4 期。

③ 如，戴向波等在《老龄问题研究》2007 年第 1 期撰文"社区养老是解决城市人口老龄化问题的有效途径"，文中所言"社区养老"指的实际上是社区助老（为老）服务。

老服务体系，主要由居家养老、社区养老和机构养老三个部分组成，但是在该《规划》中"社区养老"作为一个单独的词组仅出现这一次，其他部分的提法都是"社区养老服务"。

笔者认为，社区照护是指照护对象（失能老人）在社区日间小型照护中心、托老所或护理机构，由社会服务人员、护理人员或医师提供的正式照护。

（3）机构照护

机构照护是指老年人居住在专门的养老或照护机构（老年公寓、老年护理院、养老院等），由受过专门培训、有相应照护技能的服务人员提供的正式照护服务。发达国家在20世纪初曾大办养老机构供老年人安度晚年，结果事与愿违，众多老年人晚年孤寂，亲情淡漠，精神抑郁，造成严重的社会问题。荷兰的社会福利专家将20世纪"五六十年代建造众多养老院"归结为世界各国在养老问题上应汲取的"历史的教训"（1991年）。在大多数西方国家，老年人入住养老机构特别是老年护理院就意味着生活独立性的丧失。美国的老年福利设施众多，入住养老机构的大多是最衰老和最不能自理的老年人。

在西方发达国家，入住养老机构的老年人都是因为某种原因需要特别护理和长期照料的，但是养老机构照顾老人的效果并不能令人十分满意，引致了不少批评。学者们普遍认为，机构照护往往实行的是非人性化的管理，特别容易造成老年人与社会疏离，无法实现帮助老年人度过有意义的生活和达到适应社会环境的目的。除此之外，机构照顾往往给政府带来沉重的财政负担。有数据显示，在世界经济合作与发展组织成员国内，年龄在65岁及以上的老年人中，住养老机构的老年人比例仅仅为5%，这一比例在高龄老人中是20%左右；老年人的照料4/5为家庭照料，1/5为社会照料，而在社会照料中有2/15是居家照料；所以在发达国家，绝大多数对老年人的照料仍发生在家庭或社区（Jenson 和 Jacobzone，2000）。[①] 目

---

① 顾大男、柳玉芝：《老年人照料需要与照料费用最新研究述评》，《西北人口》2008 年第 1 期。

前西方发达国家对老年人的照护方式已经由原来的重视机构照护向依托社区、居家照护方向发展。

3. 依据资源的来源不同将照护划分为家庭照护、社会照护

（1）家庭照护

家庭照护是指失能老年人的照护资源主要由家庭（包括老伴、子女、亲属等）提供，而是否居住在家里则不关键。家庭照护是从提供照护资源的角度而言，我国传统意义上的家庭养老指的是家庭既是老年人的日常居住场所，同时也是养老资源（经济供养资源、人力资源和精神慰藉资源）的主要提供者。与社会照护模式相比较，家庭照护可以独立运作，千百年来我国传统的养老和照护方式主要是依靠家庭来实现的。

（2）社会照护

学术界对"社会照护"一词用得较少，使用者往往是从"社会养老"的含义转化而来。社会养老通常是指老年人主要依靠社会保障来维持生活的一种养老模式。自我养老、家庭养老与社会养老是按照养老资源的来源划分的三种基本养老模式，也是目前理论界普遍认可的。

既然此处讨论的是失能老年人的照护方式，我们不妨对"社会照护"如此定义：社会照护是指老年人的照护资源主要来自社会（政府、社区、非政府组织、志愿者等）的照护方式，是一种正式照护。社会照护是从老年人照护资源的来源而划分的，无论老年人的居住场所是在家里还是在机构，只要老年人的照护资源主要来自于社会，则属于社会照护。具体到农村老年人，在乡镇敬老院里居住的农村集中供养的"五保"老人是属于社会照护的方式，而散居在亲朋家里的农村分散供养的"五保"老人也是属于社会照护的方式。

综上所述，照护方式的划分有多种，依据不同的标准和角度，可以有不同的划分。为了研究的方便，在本书中，笔者将农村失能老年人的照护方式依据照护地点的不同而划分为居家照护、社区照护和机构照护三种基本的类型。

第三节　社会支持

在人们探求生活压力对身心健康影响的背景下，20 世纪 60 年代，在心理学界首先产生了对社会支持的研究（Homes & Rach, 1967）。其后，来自不同学科，尤其是健康和精神健康领域的研究者开始对这个概念产生兴趣，并广泛开展了研究。但是，社会支持的内涵在各个学科之间甚至于学科内部从来未达到统一（周林刚等，2003）。

一　概念

国内外很多研究者从不同的角度对社会支持进行了分析和定义：

从社会支持的功能界定。韦伯斯特在《新大学字典》中，将社会支持定义为"一种能够促进帮助、支持和支撑事物的行为或过程"。社会支持是人与人之间的关心、帮助和肯定（Kahn, 1980）。Cobb（1976）把社会支持定义为一种信息，主要有以下三个层次：一是导致个体相信他（她）被爱和关心的信息；二是导致个体相信他（她）有价值和尊严的信息；三是导致个体相信他（她）是属于某个团体成员的信息。Cohen 和 Mckay（1984）曾指出，社会支持是指为了保护人们免于遭受压力事件的不良影响而进行的有益的人际交往，社会支持是人们适应各种人际环境的重要影响因素，是作为个体对其人际关系质量和密切程度的一种认知评价。还有学者认为社会支持是个体从社区、朋友、亲戚或社会服务网络等处获得的物质上的或精神上的帮助和支持（Cullen, 1994）。上述学者们的观点有很多共同之处，即普遍认为良好的社会支持是一种促进人类发展和进步的积极因素，是一种个体的感受，经历被爱、有价值感，察觉或接受到来自他人的关心或协助。

从社会支持的来源界定。Malecki 等学者（2002）认为，社会支持是来自于外人的特定的或一般性的支持性行为，社会支持行为可以使个体免受不利环境的伤害，提高个体的社会适应性。Sarason 等学者（1991）认为，社会支持是个体的一种感知，对于想得到或可以得到的外界支持的感知。

我国学者近年来也从多个角度对社会支持进行了深入研究，探索社会支持对个体的积极作用。李强（1998）认为，通过一定的社会联系，一个人所获得的社会支持能够减轻心理应激，适当缓解紧张状态，从而提高对社会的适应能力，这里所谓的社会联系是指来自于家庭成员、同事、亲友、社区、团体和组织的物质上和精神上的帮助和支持。有学者梳理了社会支持的主体和客体（朱婷，2010）：对社会支持目标群体（即指社会支持的受者）的不同回答构成了两种不同的观点：一种观点认为，社会弱势或者脆弱群体是社会支持的客体，这是选择性的，比如老年人、残疾人等。另一种观点认为，日常生活里的每一个个体都很有可能是社会支持的客体，社会支持是一种普遍性的社会行为，从老年人社会支持的主体来看，包括政府、非营利组织、社区、家人、邻居、亲戚、朋友等。

二 类型

从不同的角度，社会支持可以划分为不同的类型：

从社会支持来源的角度，一般地会将社会支持划分为正式支持（Formal Support）和非正式支持（Informal Support）。正式支持是指由受雇于机构的专业人员或助人者所提供的支持（Bass & Noelke；1997）；非正式支持则是指由家庭成员、亲戚、朋友或邻居等提供的支持。

从所提供支持的性质角度，通常的划分是把社会支持分为情感性支持（Emotional Support）、工具性支持（Instrumental Support）和信息性支持（Information Support）。情感性支持也称为无形支持，往往采取疏导的方式给个体社会支持，包括信任、感动、倾听、尊重、归属感等；工具性支持也称为有形支持，包括经济援助、物质上的帮助等；信息性支持则是指提供各种有益的相关的信息，包括指引、劝告、反馈等（Barrera，1981；Cutrona & Russell，1990；House & Kahn，1985）。

其实，以上不同类别中的许多内容是相互交叉的，之所以出现不同的分类都是因为研究者们对社会支持的本质有不同的理解。

三　作用机制

尽管理论界对于社会支持的界定、类型和划分上存在不一致的现象，但是对于社会支持所发挥作用的认识则是非常一致的。研究者普遍认为，良好的社会支持能令个体感觉被需要，能缓解个体的心理压力，克服紧张感和焦虑感，提高个体的生活质量。

强大而有效的社会支持对个体的身心健康有积极的促进作用，可以说是影响人们社会生活的重要因素。老年人在接受照料过程中，如果能够获得社会和情感支持，则能够提高照料质量。国外有研究发现，那些得到社会支持和情感支持的老年人的伤残康复率较高（O'Brien, 1993）。我国有研究发现，社会支持作为一种重要的照顾资源，其获取量的多少对于居家照顾者的心理健康水平和照顾评价都会产生一定的影响。如果居家照顾者能够获得足够的社会支持，那么他们在照顾老人的时候就会觉得自己并非孤军奋战，就会对照顾老年人的工作更有信心，从而会获得一定的满足感。相反地，如果居家照顾者觉得他们并没有获得所需要的社会支持，或者获得的社会支持力度不够，他们可能就会觉得自己受到冷落、不被理解、身心疲惫，最终变得消极和焦虑，不仅身心受到较大的冲击，而且影响到对老年人的照护质量（张瞳等，2011）。

有学者提出了社会支持的主效应模型、动态模型和缓冲器模型。一是主效应模型。研究者在统计中发现，在某些多变量中，只出现了社会支持对个体身心反应症状的主效应，而未出现交互作用。由此得出结论，高的社会支持的主体必有良好的身心状况，即统计中社会支持水平与身心健康水平成正比。二是动态模型。同时将来自于社会的支持和压力作为自变量，间接地或直接地作用于人的身心健康水平；社会支持与压力的关系是相互作用和相互影响的，而且这种作用和影响还会随着时间的改变而发生一定的变化。三是缓冲作用模型。通过人的内部认知系统，社会支持对处于压力状态下的个体具有一定的缓冲作用。社会支持可能从生理水平方面影响身心健康。Munroe 等人的研究证实：身心健康、压力和社会支持之间存在着非常复杂的交互作用，而且这种作用和影响随着时间的改变而发生变化。Turner 等人的研究表明：受到社会经济地位的影响，社会支持的作用模型在低社会经济地位的条件下，所取得的研究结果支持主效应模型，而在高经济地位的条件下，所取得的研究结果支持缓冲效应模型。总体上看，多数研究者认为，身心健康、压力与社会支持的关系并非简单的直线关系，有时可能是阶段性变化或阈限的关系，而有时则可能表现出是曲线关系 [①]。

研究者们由于在社会支持的研究中，各有其侧重，因此对于社会支持的界定和测量有很大差异，他们往往为了自己的研究目的而使用不同的测量工具，正如 Sheldom & Cohen 所指出的，"有多少研究几乎就有多少个对社会支持的测量"。我国学者肖水源 1986 年编制的社会支持评定量表（SSRS）包括十个项目，三个维度：三项客观支持、四项主观支持、四项对支持的利用度，这十个项目计分的总和就是社会支持的所得分数。66 分是满分，总分在 45 ～ 66 分是高水平、23 ～ 44 分是中水平，低于 22 分是低水平。评分越高说明得到的社会支持越多。目前该量表在社会学界、医学界等相关领域已经得到广泛应用。

综上，正如不同的观点都是因为研究的角度和领域不同而引起，在本书中，笔者认为，对于应该为失能老年人提供的社会支持而言，应该是指来自于社会的各个方面（包括亲戚、朋友、政府、社会组织、志愿者等）给予老年人的物质和精神上的帮助和支持；家庭（包括父母、子女等）对老年人的帮助和支持不应该算做社会支持，而应该算作家庭支持，这样的划分与我国传统意义上将养老划分为家庭养老、社会养老是一致的。

第四节　农村

由于我国长期的城乡二元分割政策，导致了包括福利资源在内的各

---

① 张晓霞、崔岐恩、钱海娟：《社会支持研究简述》，《学园》2010 年 9 月上期。

种资源在城市、农村间分配不平等，城镇人口和农村人口不仅在收入上有巨大差别，而且在享受公共财政、社会福利以及对养老机构和服务设施的需求、支付意愿等方面都存在巨大差异。但是目前我国统计部门和不同的调查对于城乡的划分非常不统一。

目前我国统计部门对城镇和乡村的划分标准是根据《关于统计上划分城乡的暂行规定》（2006 年）而定的。2010 年我国第六次人口普查中，对于城乡的划分就是统计部门的划分方法，即城镇地区包括城区和镇区两个部分。城区指的是：在市辖区和不设区的市，各个区、市政府驻地连接的居民委员会和其他区域。镇区指的是：在城区以外的县人民政府驻地和其他镇，政府驻地连接的居民委员会和其他区域。乡村指的则是本规定划定的城镇以外的区域。①

其实，统计部门的这个划分标准实际上扩大了城镇人口的规模，笔者认为，"居住在城镇范围内的全部常住人口"中会包含一部分农村人口。但是中国当前很多制度的准入条件和政策制定都表明，实际的工作部门在划分城镇人口和农村人口时还是以户籍所在地或常住居住地为标准的。因此笔者认为，还是应该以其户籍所在地或常住居住地为标准来划分城镇人口和农村人口。

本书在运用六普数据时，遵照的是国家统计局对于城乡的划分标准；而在运用山东省的问卷调查和数据库时，则是根据笔者自己对城乡的理解而划分的，即对城镇人口、农村人口的界定是以其居住地性质为标准来进行划分的，也就是说，居住地在"居委会"的划分为城镇人口；而居住地在"村委会"的则划分为农村人口。

尽管对于城乡的划分标准不是完全一致的，但是这对于我们研究农村失能老人照护问题的影响不大。只是在本书中，对于"农村"、"乡村"的字眼都是在特定的研究和调查背景下，这是需要注意的地方。

---

① 中华人民共和国国家统计局，http://www.stats.gov.cn/tjbz/t20061018_402369828.htm。

第三章　农村老年人失能及照护依赖

　　本章开始触及我们的研究目的——对农村失能老人的照护问题进行研究。必须要准确把握农村老年人的生活自理能力现状及其影响因素，进一步深入分析和梳理出哪些因素是农村老年人生活自理能力的有利因素，而哪些因素是健康危险因素，这有助于引导农村老年人发扬有利因素、控制和消除健康危险因素，进而提高农村老年人的生活自理能力、减轻照护负担、应对人口老龄化所带来的卫生服务需求压力都具有重要意义。

　　本章首先主要运用第六次全国人口普查数据（2010 年）、2008 年山东省的 5400 份调查问卷数据和 2015 年山东省 17669 个调查样本数据，运用 EXCEL、SPSS16.0 等统计分析软件，采用描述性分析、χ^2 检验和 Logistic 回归分析等方法，首先对中国和山东省老年人总体健康水平进行了分析和比较，然后以山东省为例，对农村老年人的健康状况、生活自理能力、失能和照护需求等状况进行了深入分析。

第一节　城乡老年人健康水平

　　对农村老年人的失能和照护状况进行研究，首先需要将这个问题置于中国城乡老年人总体健康水平的背景之下，这样考虑的目的不仅是因为农村老年人是中国老年人的重要组成部分，更是因为农村老年人的一些健康和失能指标需要与城镇老年人、与全国平均水平相比较。

一　中国老年人总体健康水平

即使在国外，人的健康状况也是很难使用一个综合性的指标来衡量。我国医学上常用的测量健康状况的指标主要有发病率、死亡率、门诊数或入院人数等医疗服务利用的指标。而在社会科学领域，往往用健康状况自我评价指标反映一个人或一个群体的健康状况。健康状况自我评价是一个主观性很强的指标。

根据《2010年我国城乡老年人口状况追踪调查》，农村老年人健康状况自评"很差"的占6.0%（城镇老人占4.0%），"较差"的占22.5%（城镇老人占15.1%），"一般"的占50.5%（城镇老人占53.0%），"较好"的占17.7%（城镇老人占23.2%），"很好"的占3.3%（城镇老人占4.7%）。农村老人健康自评"很差"和"较差"的比例均高于城镇老人，而健康自评"一般"、"较好"、"很好"的比例均低于城镇老人，可见，农村老人的健康自评总体上低于城镇老人。老年人健康状况自评这一指标与2006年的调查数据和结论都基本一致。[①]

我国2010年第六次人口普查"长表数据资料"第八卷"老年人口"中，对老年人的健康状况进行了调查，也是通过"健康状况自评"这一指标体现的。在"六普"数据"附录9全国人口普查表填写说明"中对老年人的身体健康状况是如此划分的：（1）健康。指过去一个月身体健康状况良好，日常的生活完全可以保证；（2）基本健康。指过去一个月健康状况一般，日常的生活可以保证；（3）不健康，但生活能自理。指过去一个月健康状况不是太好，正常的生活基本可以保证；（4）生活不能自理。指过去一个月健康状况较差，日常的生活起居也无法完成，如吃饭、穿衣、自行走动等。笔者认为，六普调查时对"生活不能自理"的这个界定实

---

① 《2006年中国城乡老年人口状况追踪调查》显示，农村老年人认为自己健康状况"很差"的占5.8%，"较差"的占20.7%，"一般"的占50.4%，"较好"的占19.2%，"很好"的占3.9%。城市老年人认为自己健康状况"很差"的占4.2%，"较差"的占15.6%，"一般"的占52.3%，"较好"的占22.9%，"很好"的占5.0%。

际上是"生活完全不能自理",即"完全失能"。

表3—1显示的是第六次全国人口普查的数据。

表3—1 2010年"六普"全国及分省区60周岁以上老年人健康和自理状况（%）

	健康	基本健康	不健康，但生活能自理	生活不能自理		健康	基本健康	不健康，但生活能自理	生活不能自理
全国	43.82	39.33	13.90	2.95	河南	47.41	35.09	14.31	3.19
北京	39.93	42.81	12.83	4.43	湖北	35.54	44.57	16.87	3.03
天津	44.36	41.41	10.60	3.63	湖南	35.14	44.02	17.87	2.97
河北	45.13	36.78	14.63	3.46	广东	51.46	38.29	8.45	1.80
山西	40.13	39.96	16.20	3.71	广西	45.00	39.52	13.17	2.31
内蒙古	41.89	38.18	16.40	3.53	海南	40.42	40.43	16.07	3.08
辽宁	43.28	40.24	13.74	2.74	重庆	40.11	41.32	15.46	3.12
吉林	39.55	41.46	16.37	2.62	四川	39.06	41.92	15.71	3.31
黑龙江	42.52	39.85	15.12	2.51	贵州	42.50	38.17	15.93	3.40
上海	43.68	43.59	9.02	3.71	云南	42.74	39.84	13.52	3.90
江苏	50.21	37.18	10.22	2.39	西藏	24.53	48.52	21.50	5.45
浙江	52.78	35.05	9.80	2.37	陕西	39.76	41.49	15.51	3.24
安徽	37.68	41.50	17.43	3.39	甘肃	35.05	40.65	20.77	3.53
福建	49.76	38.99	9.25	2.00	青海	38.13	41.95	16.24	3.68
江西	44.54	41.03	12.27	2.16	宁夏	40.01	41.23	15.46	3.30
山东	52.09	33.07	12.16	2.68	新疆	35.98	45.86	14.98	3.18

就全国的总体水平而言，60周岁以上的老年人中，自评"健康"的老年人占43.82%，"基本健康"的老年人占39.33%，"不健康，但生活能自理"的老年人占13.90%，"生活不能自理"的老年人占2.95%。各省市老年人的健康状况有一定差异。"健康"老人比例高的是山东、广东、江苏省，都在50%以上，其次是福建（49.76%）、河南（47.41%）、河北（45.13%）、广西（45%）。

就完全失能率（生活不能自理老年人的比例）而言，老年人完全失能率高的省市中排名在前五位的分别是西藏（5.45%）、北京（4.43%）、云南（3.90%）、山西（3.71%）、上海（3.71%）。图3—1能非常直观地看出西藏和北京老年人的完全失能率在全国遥遥领先。老年人完全失能率较低的省市是浙江（2.37%）、广西（2.31%）、江西（2.16%）、福建（2%）、广东省（1.8%）。

生活不能自理的比例（％）

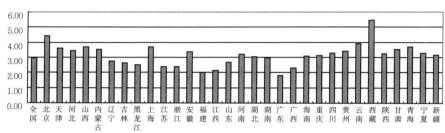

图3—1　全国及各省市生活不能自理老年人的比例

来源：根据 2010 年第六次人口普查数据整理。

表3—2 是全国及各省区老年人口完全失能率的排名和老年人完全失能率的性别差异。

表3—2　　2010 年"六普"全国及分省区、分性别老年人口完全失能率（％）

位次	省区	合计	男	女	位次	省区	合计	男	女
1	西藏	5.45	4.54	6.19	17	新疆	3.18	2.77	3.60
2	北京	4.43	3.94	4.86	18	重庆	3.12	2.66	3.59
3	云南	3.90	3.29	4.48	19	海南	3.08	2.44	3.66
4	山西	3.71	3.19	4.23	20	湖北	3.03	2.51	3.52
5	上海	3.71	3.14	4.22	21	湖南	2.97	2.48	3.46
6	青海	3.68	3.02	4.30	22	辽宁	2.74	2.56	2.92
7	天津	3.63	3.33	3.90	23	山东	2.68	2.26	3.06
8	内蒙古	3.53	3.15	3.91	24	吉林	2.62	2.54	2.71
9	甘肃	3.53	3.00	4.05	25	黑龙江	2.51	2.45	2.57
10	河北	3.46	3.02	3.88	26	江苏	2.39	2.02	2.72
11	贵州	3.40	3.10	3.68	27	浙江	2.37	2.06	2.68
12	安徽	3.39	2.71	4.05	28	广西	2.31	1.96	2.64
13	四川	3.31	2.77	3.85	29	江西	2.16	1.84	2.46
14	宁夏	3.30	2.90	3.69	30	福建	2.00	1.65	2.33
15	陕西	3.24	2.85	3.62	31	广东	1.80	1.48	2.10
16	河南	3.19	2.57	3.75		全国	2.95	2.52	3.35

全国而言，男性老年人口完全失能率为 2.52%，女性老年人口为 3.35%，女性老年人口的完全失能率明显高于男性老年人口。分省区来看，各省区女性老年人口的完全失能率均高于男性老年人口。有的省市老年人完全失能率的性别差异很大，如西藏、安徽省，而有的省市老年人完全失能率的性别差异则不是很大，如吉林、黑龙江省。

根据第六次人口普查长表数据推算我国失能老年人的总体规模，全国共有失能老人 522.1 万，失能老年人口规模排在前五位的省（区、市）分别是：四川省（43.3 万）、河南省（48.2 万）、山东省（37.9 万）、河北省（32.3 万）、安徽省（30.2 万）。失能老年人口规模与各省区人口规模、老年人口规模、失能率有关，而失能率与当地的物质生活条件、卫生服务状况、疾病康复状况、老年人年龄、性别、生产和生活方式有关。[①]

2015 年第四次中国城乡老年人生活状况抽样调查显示，中国失能、半失能老人大约 4063 万人，占全部老年人的比例为 18.3%。

二 老年人健康水平的变化

因为缺乏全国的数据库，此处以山东省为例。山东省是全国老年人口第一大省，截至 2016 年底，全省 60 岁及以上的老年人口达到 2057 万人，占总人口的比例为 20.68%[②]。而山东省的省情和我国国情有很多类似之处，因此山东省关于老年人口的调查数据对全国有一定的代表性：东、中、西部经济发展不均衡，城市乡村二元对立明显等，山东省常常被称为"转型中国的缩影"。

该部分主要根据 2008 年、2015 年两次山东省的调查数据来分析的，有时候涉及这两个调查时点数据比较分析。2008 年山东省开展了《山东省老年人口状况调查》（调查问卷见附录 3），涉及全省 17 个市的 30 个

---

① 潘金洪等：《中国失能老人状况及演变趋势分析——兼养老机构床位和照护提供者需求测算》，第六次全国人口普查科学讨论会论文。

② 山东省人民政府网站 http://www.shandong.gov.cn/art/2017/5/25/art_2434_195607.html。

县（市、区），在 270 个村级单位展开，获得 5400 份老年人样本资料。由于调查抽取样本是采用的是分层、多阶段、随机等距法，因此调查数据对山东省老年人总体具有较强的代表性。2015 年的山东省数据是在第四次中国城乡老年人生活状况抽样调查期间，获取的 17669 个城乡老年人样本数据。

1. 山东省 2008 年调查数据分析

山东省 2008 年对 5400 名老年人的调查中，农村^①老年人 4312 人，城镇老年人 1088 人。

被调查的农村老年人中：男性老年人占 50.2%，女性老年人占 49.8%。分年龄段来看，60 ~ 69 岁的低龄老年人占主体，比例为 54.3%，70 ~ 79 岁的中龄老年人的比例为 34.8%，80 岁以上的高龄老年人占 10.9%。当前农村老年人受教育程度很低，远远低于城镇老年人。未上过学的农村老年人占 60.4%，比城镇老年人 28.6% 的比例高出 30 多个百分点；小学文化程度的农村老年人占 30.5%（城镇老年人占 32.5%）；初中文化程度的农村老年人占 7.6%（城镇老年人占 20.0%），高中及以上文化程度的农村老年人占 1.4%（城镇老年人占 18.8%）。有配偶的农村老年人占 68.9%，无配偶（包括丧偶、离异和未婚）的老年人比例为 31.1%。农村老年人普遍拥有较多子女，92.2% 的老年人有两个或更多子女，有 1 个子女的老年人占 5.4%，无子女的老年人的比例仅为 2.4%。

就老年人总体而言，生活完全自理的老年人占 82.6%；轻度失能者占 14.9%；完全失能者占 2.5%。农村老年人生活完全自理的占 81.0%、轻度失能的占 16.1%、完全失能的占 2.9%；城镇老年人生活完全自理的占 89.1%、轻度失能的占 10.0%、完全失能的占 0.9%。农村老年人"生活完全自理"的比例比城镇老人低 8.1 个百分点，轻度失能和完全失能的比例分别高出城镇老年人 6.1 个百分点和两个百分点。农村老年人的生活自理

——————————

① 此处对农村老人、城镇老人的界定是以其居住地性质为标准划分的：居住地在"居委会"的属于城镇老人；居住地在"村委会"的属于农村老人。划分原因详见第二章中对"农村"的概念界定。

能力比城镇老年人差，与下文图 3—2 所显示的我国第六次人口普查资料的结果一致，也与很多研究相吻合（全国老龄工作委员会，2006；曾毅等，2004；杜鹏等，2006）。如 2006 年全国老龄工作委员会的调查显示，我国城镇老年人中，完全自理的比例为 85.4%，在农村这一比例为 79.0%，完全自理的城镇老人比农村老人高出 6.4 个百分点。

2. 山东省 2015 年调查数据分析

2015 年山东省的 17669 个调查样本中，农村老年人占 57.71%，城镇老年人占 42.29%。性别结构上，女性与男性老年人之比为 53.78:46.22；年龄构成上，60 ～ 69 岁的老年人占 56.92%，70 ～ 79 岁的占 28.68%，80 岁及以上的占 14.40%。文化程度上，未上过学和小学文化程度的老年人比重很大，分别占 40.34%、37.27%；初中文化的也较多，占 15.69%。高中类文化的占 5.15%，大学及其以上文化程度的仅占 1.55%。婚姻状况上，73.74% 的老年人有配偶，24.32% 的老年人丧偶，离婚与从未结婚的老年人比重均很小，分别为 0.41% 和 1.53%。老年人的子女状况，98.53% 的老年人有子女，1.47% 的老年人没有子女。

2015 年的调查问卷中，对于老年人生活自理能力的判定指标与 2008 年有所不同。"吃饭、穿衣、上厕所、上下床、在室内走动、洗澡"六项日常活动"完全做得了"的即为"完全自理"，这部分老年人占 89.30%（15778 人）；都"做不了"的为"完全失能"，这部分老年人的比例仅为 1%（176 人），处于"完全自理"和"完全失能"之间的是"部分失能（半失能）"老人，比例为 9.7%。总体而言，失能、半失能老年人比例为 10.7%。与 2008 年调查数据相比较，"完全自理"老年人的比例上升了 6.7 个百分点，失能、半失能老年人的比例正是下降了这 6.7 个百分点。

与 2015 年第四次中国城乡老年人生活状况抽样调查所显示"中国失能、半失能老人大约 4063 万人、占全部老年人的比例为 18.3%"的数据相比较，山东省失能、半失能老年人 10.7% 的比例不算高。即使根据张文娟（2015）等人测算所得出的中国城乡老年人的失能率在 10.48% ～ 13.31% 之间的结论，山东省老年人的该指标在全国也不算高。

第二节　农村老年人失能状况分析

根据国外发达国家的经验，从数量上分析农村老年人的失能率、把握失能老人的失能程度和规模，是探究如何为他们构建照护保障制度和提供照护服务的基础性工作和关键环节。

一　农村老年人完全失能率

2010 年我国第六次人口普查中，对于城乡的划分是我国统计上的划分方法，分为城市、镇和乡村。表 3—3 是我国农村老年人的健康和失能状况。

表 3—3　2010 年"六普"全国及分省区 60 周岁以上农村老年人健康状况（％）

省区	健康	基本健康	不健康，但生活能自理	生活不能自理	省区	健康	基本健康	不健康，但生活能自理	生活不能自理
全国	40.42	39.33	16.94	3.32	河南	45.53	35.02	16.07	3.38
北京	33.47	39.54	20.63	6.36	湖北	32.11	43.66	20.65	3.57
天津	44.55	37.17	14.47	3.81	湖南	32.20	44.04	20.47	3.30
河北	42.95	36.12	17.08	3.86	广东	44.70	41.68	11.50	2.13
山西	35.63	40.04	19.97	4.36	广西	41.87	40.44	15.24	2.45
内蒙古	37.00	37.42	21.28	4.30	海南	35.41	41.49	19.57	3.54
辽宁	41.71	36.67	18.37	3.25	重庆	35.25	42.10	18.96	3.69
吉林	37.40	38.58	20.95	3.08	四川	35.02	42.62	18.49	3.87
黑龙江	40.36	36.78	19.88	2.98	贵州	38.91	39.18	18.18	3.73
上海	45.09	40.37	11.22	3.32	云南	40.71	39.84	15.06	4.40
江苏	48.56	36.69	12.22	2.53	西藏	22.12	48.81	22.99	6.08
浙江	48.79	36.51	12.13	2.57	陕西	36.88	40.91	18.55	3.66
安徽	35.28	41.37	19.77	3.58	甘肃	32.44	39.69	23.84	4.03
福建	44.70	41.56	11.59	2.15	青海	31.45	42.48	21.24	4.83
江西	40.33	42.22	15.03	2.42	宁夏	37.04	40.28	18.79	3.89
山东	49.68	33.36	14.13	2.83	新疆	35.30	43.19	17.86	3.64

我国 60 周岁以上的农村老年人中，"生活不能自理"的占 3.32%，自评"健康"的占 40.42%，"基本健康"的占 39.33%，"不健康，但生

活能自理"的占 16.94%。与上文表 3—1 所显示的全国老年人的平均水平相比较，农村老年人完全失能的比例比全国老年人平均水平高 0.37 个百分点，自评"健康"的比例比全国老年人平均水平低 3.4 个百分点。可见，农村老年人的生活自理能力低于老年人平均水平。

图 3—2 显示的是我国乡村老年人的完全失能率与城市、镇相比较。就我国绝大多数省、市而言，乡村老年人不能自理的比例都远远高出城市和镇。

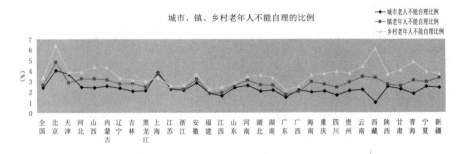

图 3—2 城市、镇、乡村老年人完全失能率比较（六普）

表 3—4 显示的是我国及分省区分性别乡村老年人口的完全失能率比较。

表 3—4   2010 年"六普"全国及分省区分性别乡村老年人口完全失能率（％）

省区	合计	男	女	省区	合计	男	女
全国	3.32	2.75	3.86	河南	3.38	2.62	4.06
北京	6.36	5.41	7.28	湖北	3.57	2.90	4.23
天津	3.81	3.42	4.20	湖南	3.30	2.72	3.88
河北	3.86	3.30	4.40	广东	2.13	1.72	2.51
山西	4.36	3.63	5.09	广西	2.45	2.01	2.86
内蒙古	4.30	3.61	5.04	海南	3.54	2.71	4.29
辽宁	3.25	2.84	3.66	重庆	3.69	3.05	4.37
吉林	3.08	2.82	3.34	四川	3.87	3.19	4.55
黑龙江	2.98	2.72	3.25	贵州	3.73	3.33	4.11
上海	3.32	2.75	3.82	云南	4.40	3.69	5.05
江苏	2.53	2.06	2.96	西藏	6.08	5.11	6.84
浙江	2.57	2.19	2.94	陕西	3.66	3.15	4.15

省区	合计	男	女	省区	合计	男	女
安徽	3.58	2.76	4.39	甘肃	4.03	3.42	4.63
福建	2.15	1.71	2.58	青海	4.83	3.87	5.73
江西	2.42	2.02	2.79	宁夏	3.89	3.31	4.48
山东	2.83	2.31	3.31	新疆	3.64	2.99	4.36

　　各省区农村老年人的完全失能率有很大差异。乡村老年人完全失能率较高的前五个省市是北京（6.36%）、西藏（6.08%）、青海（4.83%）、云南（4.40%）、山西（4.36%），北京和西藏这两个地区农村老年人的完全失能率都在 6% 以上。乡村老年人完全失能率较低的后五个省市是广东（2.13%）、福建（2.15%）、江西（2.42%）、广西（2.45%）、江苏（2.53%）。

　　分性别而言，全国男性老人的完全失能率为 2.75%，女性老年人为 3.86%。各省区乡村女性老年人的完全失能率均高于男性，而且各省区有很大差异：北京的乡村女性老年人完全失能率在各省区中最高，为 7.28%；男性老年人完全失能率也最高，为 5.41%。西藏的女性老年人和男性老年人的完全失能率都仅次于北京，分别为 6.84% 和 5.11%。

　　山东省农村老年人的完全失能率情况。2008 年山东省农村老年人中，生活完全自理的占 82.6%，完全失能率是 2.5%；2015 年生活完全自理的占 89.3%，完全失能率是 1%。

　　2015 年的调查问卷在考查老年人的失能方面增加了"是否大小便失禁"和"是否使用辅助用品"两个问题。

　　大小便失禁在老年人中十分常见。很多老年人随着年龄的增长，身体抵抗力和系统机能发生退化，特别是患有阿尔茨海默症的老年人极易出现大小便失禁的现象。山东省的调查数据显示，有大便失禁和小便失禁现象的农村老年人比例分别为 3.4% 和 6.0%，这个指标的城乡差异不明显。

　　老年人在家庭内和社区的辅助生活设备、器械和用品在发达国家非常普遍。随着年龄的增大，老年人尤其是失能老年人对辅助生活设备和用品的依赖增加。2015年的"第四次中国城乡老年人生活状况抽样调查"列举了老年人可能会用到的一些生活辅助用品，如助听器、老花镜、假牙、轮椅、血压计、拐杖、血糖仪、按摩器具、成人纸尿裤/护理垫、智能穿戴用品、护理床，这些辅助用品能够给轻度失能老年人的生活带来一些便利，增强他们独立生活的能力，在一定程度上减轻了他们对他人照护的依赖。山东省的数据显示，22.63%的农村老年人不需要上述辅助用品，老年人最需要的辅助用品是老花镜（占总需求的28.79%），其次是假牙（占总需求的19.51%），对助听器、拐杖和血压计的需求也较多；低龄老年人对老花镜的需求更多，中龄老年人对助听器、假牙的需求更多，高龄老年人对拐杖的需求更多。

二　农村老年人失能规模

对于我国失能老年人包括农村老年人的完全失能率和失能规模，很多部门和学者进行了研究和估计。表3—5是2010年我国第六次人口普查、城乡老年人口状况追踪调查和全国城乡失能老年人状况调查时的数据比较。

表3—5　　　　我国三次调查中完全失能老年人的数据比较

调查时间	调查项目	调查单位	完全失能老年人比例（%）	完全失能老年人规模（万人）
2010	我国第六次人口普查	国家统计局	2.95（其中乡村3.3，城市2.35，镇2.60）	522.1
2010	我国城乡老年人口状况追踪调查	全国老龄办	6.80（其中农村7.8，城镇5.6）	1208
2010	全国城乡失能老年人状况	全国老龄办、中国老龄科学研究中心	6.23（其中农村6.9，城市5.0）	1080

说明：①我国第六次人口普查中完全失能老年人的数据根据"六普"数据整理，当时划分的是城市、镇、乡村。

②我国城乡老年人口状况追踪调查数据来源于《中国城乡老年人口状况追踪调查》，http://www.njjsw.gov.cn/www/jsw/2009/tjxx4-mb_a390911124850.htm。

③全国城乡失能老年人的数据来源于新闻发布稿：《全国城乡失能老年人状况研究》。

根据 2010 年我国第六次人口普查数据，完全失能老年人数量是 522.1 万人，占老年人的比例是 2.95%。其中城市完全失能老年人的比例为 2.35%，镇完全失能老年人的比例为 2.60%，乡村完全失能老年人的比例为 3.3%。

根据 2010 年《我国城乡老年人口状况追踪调查》，我国农村日常生活完全不能自理（即失能）的老年人为 775 万（占农村老年人的比例为 7.8%），自理困难的老年人为 1847 万（占农村老年人的比例为 18.6%）；城镇失能老年人为 438 万（占城镇老年人的比例为 5.6%），自理困难的老年人为 971 万（占城镇老年人的比例为 12.4%）。就全国老年人而言，我国城乡失能老年人的总体规模是 1208 万（占全部老年人的比例是 6.8%），老年人中有部分自理困难的有 2824 万（占老年人的比例为 15.9%）。可见，农村失能老年人的规模比城镇失能老年人多 337 万。

根据《全国城乡失能老年人状况》（2010）的结论，全国城乡完全失能和部分失能的老年人共约 3300 万，占到全部老年人比例的 19.0%。其中完全失能的老年人是最困难的群体，达到 1080 万，占到全部老年人比例的 6.23%。

上面所描述的我国几乎是在同一时期（2010 年）所做的三次重要调查中的失能老年人的数据有一定出入。2010 年我国第六次人口普查中的完全失能老年人的比例和规模均小于同年全国老龄办所做的《2010 年我国城乡老年人口状况追踪调查》数据，同时也小于全国老龄工作办公室和中国老龄科学研究中心联合开展的《全国城乡失能老年人状况》（2010）专题调研的数据。三次调查数据中完全失能老年人在比例和规模上的差异应该是由于资料来源、指标界定、统计口径等的不同而造成的。

全国老龄办、民政部、财政部 2016 年 10 月共同发布了第四次中国城乡老年人生活状况抽样调查结果，我国失能和半失能的老年人大约有 4063 万人，占老年人口的比例是 18.3%[①]。今后一段时期，随着人口老龄

---

① 新华网，http://news.xinhuanet.com/politics/2016-10/09/c_1119682514.htm。

化的加速，我国失能老人会呈继续增长的发展趋势。2016 年全国老龄办发布了预测数据，我国的失能老年人在 2020 年将达到 4200 万，其中 80 岁以上的高龄老年人将达到 2900 万 [①]。高龄、失能老人越来越多，主要有两个原因，一是随着人口老龄化程度的加深，进入老年期的老年人口会日益增多；二是由于经济发展、社会进步以及医疗卫生事业的发展，人口的死亡率降低，与此同时预期寿命延长，因此许多老年人带病生存期或失能期也就相应地延长了。

三 农村老年人失能的影响因素

尽管目前农村老年人的完全失能率在 3% 左右，比例还不是很高，但是随着我国人口老龄化的迅速发展，整个社会高龄、失能老人越来越多，农村老年人群中生活自理能力部分缺失或严重缺失的规模也将不断扩大，家庭和社会照料老年人的负担也将会进一步加重。农村老年人生活自理能力的高低受到诸多因素的影响。

年龄。年龄是影响生活自理能力的主要变量之一。不同年龄段农村老年人的生活自理能力有很大差异。60 ~ 69 岁、70 ~ 79 岁和 80 岁以上年龄段的农村老年人中，"完全自理"的比例在迅速下降，而"完全失能"的比例则在急剧上升。年龄越大生活自理能力越差也是一个客观规律。"吃饭、穿衣、上厕所、上下床、室内走动、洗澡"六项活动中的任何一项活动，"做得了"的老年人比例均具有"高龄＜中龄＜低龄"的特点，而"做不了"的比例均具有"高龄＞中龄＞低龄"的特点，老年人随着年龄的增加，自理能力逐渐下降（见表 3—6）。特别明显的是，能够洗澡的老年人比例随着年龄的增加下降最快。

---

① 中国新闻网，http://www.chinanews.com/sh/2016/10—27/8045732.shtml。

表 3—6　　　　山东省分城乡分年龄老年人生活自理能力状况（%）

类型		城区			镇区			农村		
		60-69岁	70-79岁	80岁及以上	60-69岁	70-79岁	80岁及以上	60-69岁	70-79岁	80岁及以上
吃饭	做得了	99.12	96.77	92.61	98.44	97.00	90.41	98.72	96.86	90.79
	有些困难	0.42	1.74	3.62	1.00	1.71	4.34	0.80	1.99	4.50
	做不了	0.46	1.50	3.77	0.56	1.28	5.25	0.48	1.15	4.71
穿衣	做得了	98.83	96.29	90.88	98.16	96.04	86.07	98.29	95.35	88.96
	有些困难	0.63	1.74	4.56	1.06	2.14	6.85	1.13	2.90	5.93
	做不了	0.54	1.97	4.56	0.78	1.82	7.08	0.58	1.75	5.11
上厕所	做得了	98.46	94.56	85.85	97.94	94.54	83.11	97.46	93.47	83.57
	有些困难	0.96	3.00	8.81	1.45	3.21	8.90	1.88	4.47	9.54
	做不了	0.58	2.44	5.35	0.61	2.25	7.99	0.67	2.06	6.88
上下床	做得了	98.54	95.50	87.58	97.99	94.97	83.56	97.76	94.13	85.06
	有些困难	0.92	2.13	7.86	1.39	2.89	9.82	1.64	4.05	9.00
	做不了	0.54	2.37	4.56	0.61	2.14	6.62	0.60	1.82	5.93
在室内走动	做得了	98.37	94.72	87.42	97.99	94.86	83.56	97.73	93.71	85.40
	有些困难	1.04	3.15	6.76	1.28	3.00	9.82	1.62	4.33	8.53
	做不了	0.58	2.13	5.82	0.73	2.14	6.62	0.65	1.96	6.07
洗澡	做得了	97.20	89.59	70.71	96.21	88.12	66.67	95.78	88.33	66.92
	有些困难	1.75	6.07	13.86	2.45	7.17	17.12	2.70	6.89	16.71
	做不了	1.04	4.34	15.43	1.34	4.71	16.21	1.52	4.79	16.37

　　性别。已有调查显示，男性高龄老人的生活自理能力比女性好，女性高龄老人发生失能和残障的风险更高。2015 年山东省的数据也是支持这样的结论：农村男性老年人中，完全自理的占 90.8%，失能率 9.2%；女性老年人完全自理的占 86.8%，失能率 13.2%。女性老年人失能的比例比男性老年人高 4 个百分点。

　　文化程度。农村老年人生活完全自理的比例随着文化程度的提高也在相应提高。未上过学的农村老年人的失能率是 16.4%；小学文化程度的农村老年人的失能率是 8.6%；而初中及以上文化程度的农村老年人的失能率是 4.5%。随着文化程度的提高，农村老年人的失能率呈下降趋势。

　　婚姻状况。国外众多的实证研究表明，良好的婚姻是老年人健康的重要保护因素。已有研究发现，如果老年人的婚姻质量低下，他们身体的免疫功能会下降，不利于老年人的身体健康、心理健康和生活自理能力的维持[1]；而美满的婚姻对于老年人的健康则具有稳定而持久的保护性效应。有学者发现，已婚者的健康状况普遍优于离异、丧偶和从未结婚者，并且已婚者的死亡率更低[2]。山东省 2015 年的数据也得出相似的结论：有配偶的农村老年人的失能率是 8.0%，无配偶（包括丧偶、离婚和从未结婚）的农村老年人的失能率是 20.5%。与有配偶的农村老年人相比较，无配偶的农村老年人"生活完全自理"的比例要低 12.5 个百分点，但是这个指标应该是受高龄老年人丧偶率高的影响，即高龄老人往往存在丧偶率高、失能率高的特征，因此，无配偶老年人失能率高不仅仅是由于无配偶、缺少陪伴这个单一因素导致的。离婚和从未结婚的农村老年人的失能率是 9.8%。

子女数量。在众多前期相关研究中，较少涉及老年人是否有子女以及拥有的子女数量对于他们生活自理能力的影响。农村老年人的生活自理能力与他们拥有的子女数量有一定差异。这是一个较为有趣的发现。2008 年山东省的调研发现，首先，拥有两个子女的农村老年人"生活完全自理"比例最高（88.7%）；其次，拥有 3 个子女的农村老年人中该项指标是 85.3%；第三，拥有 1 个子女和 4 个子女的农村老年人该项指标非常接近，都是 80% 左右；第四，拥有 6 个及以上子女的农村老年人"生活完全自理"的比例是 69.5%，该指标比没有子女的老年人都低（78.4%）。我们在此处得出有两个、3 个子女的老年人生活完全自理的比例较高的结论与一名美国学者所总结的长寿的"人口学规律"有一定吻合，该学者指出"有孩子但不是太多。与那些没有孩子或者有超过三个孩子的夫妇相比，结了婚而有两三个孩子的夫妇更容易长寿。但是如果孩子过多则是另外一番景象，有四个孩子的夫妇的死亡率比有两个孩子的夫妇要高，

---

① Kiecolt G, Janice K, Glaser R, "Stress and immunity: Age enhances the risks" [J], *Current Directions in Psychological Science*, 2001(10):18–21.[3].

② Theodore F, Janice K, "The physiology of marriage: pathways to health" [J], *Physiology & Behavior*, 2003,79(3):409–16.

高出大约 39%"①。但是考虑到我国的实际国情——拥有 5 个、6 个以上子女的农村老年人大多是我国 20 世纪 70、80 年代实行计划生育之前生育的子女，这部分老年人年龄较高。通过对数据库的交叉分析，发现 60 ~ 69 岁、70 ~ 79 岁、80 岁以上的农村老年人中有 5 个以上子女的比例分别为 11.6%、44.7%、47.9%，可见 70 岁以上的农村老年人中，接近一半的有 5 个以上的子女。因此，有 5 个、6 个以上子女的农村老年人生活自理能力较低与这部分群体的高龄也有关系。

居住方式。近年来，在我国无论城乡，家庭结构变化的重要特征之一是家庭规模的小型化；而且城乡家庭结构均呈现出以核心化家庭为主的趋势。农村老年人与其后代分开居住的现象非常普遍，2008 年山东省的调研发现，独自一人居住的农村老年人比例为 18.2%，比城镇老年人高出 7 个百分点，与家庭成员共同居住的占 81.8%。与一位家庭成员共同居住的占 55.7%（进一步的分析发现，与一位家庭成员共同居住的农村老年人中，93.4% 的老年人是与配偶共同居住的）；与两位家庭成员共同居住的农村老年人比例为 6.3%；与三位家庭成员共同居住的老年人比例为 5.6%；与四位家庭成员共同居住的老年人比例为 8.6%；与五位及以上家庭成员共同居住的老年人比例为 6.1%。农村老年人的生活自理能力因为居住方式的不同而有一定差异。与家人共同居住的老年人"生活完全自理"的比例为 82.8%，比独自居住的老年人高出近 10 个百分点。

2015 年山东省的调研发现，78.94% 的农村老年人拥有产权属于自己（或老伴）的房子。就老年人的居住方式而言，首先，全省空巢老人占老年人总数的 80.49%，这里的空巢老人指的是单独居住，或和配偶、（岳）父母住在一起，也就是无子女，或虽有子女但是不和子女共同居住生活的老年人。表 3—7 显示，14.22% 的老年人单独居住生活。分城乡而言，15.48% 的农村老年人单独居住生活，这个指标比老年人平均水平高出 1.26

---

① ［美］Louis G. Pol Richard K. Thomas：《健康人口学》，陈功等译，北京大学出版社2005年版，第211—213页。

个百分点，高于城市老年人（12.16%）和镇区老年人（13.32%）。第二，与老年人共同生活的家庭成员（同吃同住）主要是配偶（占 54.49%），其次是儿子儿媳（占 18.56%）、（外、重）孙子女（占 7.98%）。第三，另有 0.96% 的老年人与（岳）父母共同生活。

表 3—7　　　　　　山东省 2015 年老年人居住（同吃同住）情况

类型	合计		比重（%）		
	样本数（人）	比重（%）	城市	镇	农村
单独居住	3362	14.22	12.16	13.32	15.48
配偶	12887	54.49	52.93	50.82	56.48
(岳)父母	227	0.96	1.04	1.06	0.89
儿子	2522	10.66	10.93	12.26	9.99
儿媳	1869	7.90	8.05	9.66	7.23
女儿	496	2.10	3.55	1.70	1.57
女婿	225	0.95	1.49	0.86	0.73
（外、重）孙子女	1887	7.98	9.26	8.82	7.10
保姆	13	0.05	0.12	0.07	0.02
其他	163	0.69	0.46	1.46	0.53
总计	23651	100.00	100.00	100.00	100.00

收入。农村老年人的经济状况较差，与城镇老年人有很大差距。不同收入水平农村老年人的生活自理能力有差别，2008 年山东省的数据显示，与无固定收入的农村老年人相比，有固定收入的老年人生活能够"完全自理"的比例高出近 10 个百分点。在"完全失能"的农村老年人中，有固定收入的占 26.8%；有收入但不固定的占 23.6%；无固定收入的占 49.6%。从农村老年人的月收入状况来看，农村老年人人均月收入 299.75 元（城镇老年人为 1453.02 元）。月收入低于 500 元的农村老年人占 87.2%（城镇老年人占 29.9%）；月收入在 501 ～ 1000 元的农村老年人占 7.4%（城镇老年人占 15.3%）；月收入在 1001 ～ 2000 元的农村老年人占 4.1%（城镇老年人占 27.1%）；月收入在 2001 ～ 3000 元的农村老年人占 0.9%（城镇老年人占 18.5%）；月收入在 3001 元以上的农村老年人占

0.4%（城镇老年人占9.3%）。认为自己经济状况良好的农村老年人仅占10.2%（城镇老年人占31.8%）。月收入不同的农村老年人的生活自理能力也有差异：与月收入在500元以下的农村老年人相比较，月收入在500元以上的老年人生活"完全自理"的比例高出10个百分点左右。2015年山东省的数据显示，11.5%的农村老年人仍在从事有收入的工作（包括务工、做生意等）；33.5%的农村老年人或老伴存了养老钱，城市老年人夫妇存养老钱的比例为50.66%，高出农村老年人17个百分点；80岁及以上高龄老年人夫妇存养老钱的比例为18.71%，明显低于70～79岁中龄老人（30.44%）和60～69岁低龄老年人（38.71%）；低龄、中龄和高龄老人平均养老钱存储数量分别为19572.67元、16457.53元和13803.96元；有子女的农村老年人养老钱存储金额是无子女老年人的2倍多。

从农村老年人的经济状况自评这一指标来看，自评经济状况"良好"的老年人生活"完全自理"的比例明显高于自评经济状况欠佳的老年人。2015年山东省的数据显示，农村老年人中，经济状况自我评价为非常宽裕、比较宽裕、基本够用、比较困难和非常困难的比例分别为1.96%、17.24%、59.38%、17.98%和3.45%，其中非常宽裕和比较宽裕的农村老年人比例均低于城市老年人。

医疗保障。2008年山东省的数据显示，有96.7%的农村老年人享受一定的医疗保障，没有任何医疗保障的农村老年人比例为3.3%。但是分项看来，有公费医疗和基本医疗保险的农村老年人尽管仅占2.2%，但是有新型农村合作医疗的农村老年人占到94.6%。将农村老年人划分为"有医疗保障"（包括新农合、基本医疗保险、商业医疗保险、公费医疗及其他）和"无医疗保障"两大类别。是否有医疗保障对于农村老年人生活自理能力的影响并不大。尽管当时我国新型农村合作医疗已经全面覆盖，农村老年人的医疗保障覆盖面较广，但是新型农村合作医疗对农村老年人的保障水平还是比较低的，因此并不能对老年人的健康和生活自理能力起到很好的保障作用。

养老保障。2008年山东省的数据显示，农村老年人中没有任何养老保险的比例为 89.1%[①]，有农村社会养老保险的老年人占 7.3%，有基本养老保险的农村老年人比例为 3.0%，0.4% 的老年人有企业养老补贴比例，0.2% 的老年人有商业养老保险。将农村老年人划分为"有养老保险"（包括农村社会养老保险、商业养老保险、基本养老保险和企业养老补贴）和"无养老保险"两大类别。与无养老保险的农村老年人相比较，有养老保险的老年人"生活完全自理"的比例高出 2.1 个百分点，而且这种差异有统计学意义。

患慢性病。2008 年山东省的数据显示，农村中有 81.2% 的老年人患有某种程度的慢性疾病，患有两种及以上疾病的农村老年人占 56.4%。与有慢性病的农村老年人相比较，无慢性病的老年人"生活完全自理"的比例高出 15.5 个百分点，差异非常明显。慢性病是影响老年人生活自理能力最主要的因素之一。患有慢性病极易导致农村老年人的生活自理能力下降。7.35% 的老年人将"身体有病，行动不便"列为在生活中遇到的主要困难。2015 年山东省的数据则显示，农村中患有某种程度的慢性疾病的老年人比例降到 78.4%。

医疗服务利用。2008 年山东省的数据显示，当生病时，会及时去医院接受治疗的农村老年人比例为 73.9%，略低于城镇老年人，26.1% 的农村老年人患病未能及时就诊。患病时能否及时就诊对老年人的生活自理能力有很大影响。与患病时未能及时就诊的农村老年人相比，能及时就诊的老年人生活"完全自理"的比例高出 13.5 个百分点，而且这种差异有统计学意义。2015 年山东省的数据显示，生病以后，"找医生看病"的农村老年人比例为 75.9%，比 2008 年的数据高出两个百分点；18.6% 的农村老年人是"自我治疗"、5.5% 的农村老年人"未处置"。

---

① 此处数据来源于 2008 年山东省的调查，当时我国新型农村社会养老保险尚未开展，因此问卷调查显示近九成的农村老年人没有养老保险。我国从 2009 年起开展新型农村社会养老保险（以下简称新农保）试点，据统计 2011 年末全国列入国家新型农村社会养老保险试点地区参保人数 3.3 亿人，因此之后越来越多的农村老年人参加了新型农村社会养老保险。

锻炼。"锻炼身体"是指在一定时间和运动强度下的身体锻炼，不包括打扑克、打麻将、下棋等一般性娱乐活动。2008年山东省的问卷调查中设计了"最近半年内是否锻炼身体"一题。农村老年人不是很重视日常身体锻炼："从不锻炼身体"的老年人占53.1%，"偶尔锻炼"的老年人占16.7%，"经常锻炼"的老年人占30.2%。锻炼身体与不锻炼身体的农村老年人的生活自理能力有一定差异。与"偶尔锻炼"和"从不锻炼"的农村老年人相比较，"经常锻炼"的老年人生活"完全自理"的比例分别高出8.1个百分点和15.5个百分点，而且这种差异有统计学意义。2015年山东省的数据显示，农村老年人中"从不锻炼身体"的占62.42%，每周锻炼两次及以下的占14.91%，锻炼三次及以上的占22.66%。

子女孝敬。2008年山东省的数据显示，在有子女的农村老年人中，回答"子女孝敬"的老年人占84.5%，"一般"的占11.8%，1.9%的农村老年人感觉子女"有的孝敬，有的不孝敬"，1.1%的农村老年人感觉子女"不孝敬"，还有0.6%的老年人觉得不好回答这个问题。在感觉子女不孝敬的农村老年人那里，他们对原因的分析排在第一位的是"子女道德品行差"（比例为37.5%），其次因为"儿媳不孝"（比例为22.9%），第三个原因是"家庭教育不当"（比例为8.3%），第四个原因是"子女之间攀比"（比例为6.3%），第五个原因是"当地社会风气不好"（比例为4.2%），另有20.8%的农村老年人选择是因为"其他原因"而导致的子女不孝敬。在对子女孝敬方式的喜好方面，28.6%的农村老年人希望子女在"经济上予以帮助"，25.6%的农村老年人希望子女能在"生活上照料"自己，25.5%的农村老年人希望子女"常看望，常交流"，13.3%的农村老年人希望子女"顺从老人的意见"。有子女的农村老年人中，与子女不孝敬的老年人相比较，子女孝敬的老年人"生活完全自理"的比例高出13.9个百分点、完全失能的比例低2.4个百分点。2015年的调查中没有涉及子女是否孝敬的问题。

第三节 农村老年人的照护依赖

老年人一旦身体状况欠佳，尤其是失去一定的生活自理能力之后，自然而然地就离不开照顾和护理。中国未来人口老龄化特别是高龄化进程中，如何解决好农村快速增长的众多失能失智老年人口的照护问题是一个最难解决的重大问题。

一 老年人照护依赖持续上升

1. 全国的情况

近些年，我国城乡老年人（包括农村老年人）的照护依赖和服务需求持续上升。

2010 年《我国城乡老年人口状况追踪调查》显示，全国老年人总体而言，认为自己日常生活需要照料的老年人比例为 13.7%。农村老年人的这一指标是 14.4%（比 2006 年的数据高出 5.1 个百分点）。分年龄来看，高龄老人的照料需求数倍于低龄老人，具体差异在于：79 周岁及以下老年人需要照料的比例为 11.0%（比 2006 年的数据高出 3.5 个百分点），80 周岁及以上老年人需要照料的比例为 39.9%（比 2006 年的数据高出 9.5 个百分点）。城镇老年人而言，日常生活需要照料的比例为 12.8%（比 2006 年的数据高出 2.9 个百分点），其中 79 周岁及以下老年人需要照料的比例为 9.2%（比 2006 年的数据高出 2.5 个百分点），80 周岁及以上的老年人需要照料的比例为 39.9%（比 2006 年的数据高出 6.8 个百分点）。这说明与 2006 年相比较，2010 年我国农村和城镇老年人日常生活需要照料的比例均有所增加，而农村老年人增加的比例均高于城镇老年人。

2015 年开展的《第四次中国城乡老年人生活状况抽样调查成果》显示，2015 年，我国老年人自报需要照护服务的比例为 15.3%，这一指标比 2000 年的 6.6% 上升近 9 个百分点，比 2010 年的 13.7% 上升近两个百分点。

2. 山东省的情况

以山东省为例，近些年老年人（包括农村老年人）的照护服务需求也是呈持续上升趋势。

2008 年山东省的调查数据显示，农村老年人轻度失能和完全失能的比例尽管达到 19%，但是生活需要照料的仅占 5.7%。表 3—8 显示，94.3% 的农村老年人日常生活不需要照料，比城镇老年人低两个百分点。照料时间分别在 1 年以内、1～2 年、2～3 年和 3 年以上的农村老年人的比例分别为 1.4%、0.9%、0.5% 和 2.9%。老年人年龄越高，照料需求越大。80 岁以上的老年人中日常生活需要照料的占 17.9%；70～79 岁的老年人中该指标是 5.9%；60～69 的老年人中该指标只有 2.5%。

表 3—8	老年人日常生活需要照料情况	比例（%）	
		农村老年人	城镇老年人
日常生活是否需要别人照料	不需要照料	94.3	96.1
	需要照料，照料时间在1年以内	1.4	0.7
	需要照料，照料时间1～2年	0.9	1.2
	需要照料，照料时间2～3年	0.5	0.6
	需要照料，照料时间3年以上	2.9	1.5
在日常生活中遇到自己做不了的事情时向谁求助	从不求人，或无人可求	11.6	13.8
	请钟点工或家政服务员	0.2	2.5
	主要由家庭成员照顾	80.1	81.2
	主要由邻居或亲朋照顾	7.8	2.5
	住老年公寓或敬老院，求助工作人员	0.2	0.1
	原工作单位或其他人员	0.1	0

2008 年山东省的数据显示（表 3—9），在生病时，农村老年人由配偶、子女和其他家庭成员照顾的比例分别为 41.4%、51.4%、3.5%；由邻居或亲朋照顾的比例为 0.9%；由家政服务员或村（居）委会、社区服务工作人员以及养老机构照顾的比例为 0.4%；2.3% 的农村老年人在生病时无人照顾。城镇老年人生病时的照料者与农村老年人有一定差异，由配偶、子女照顾的比例分别为 52.1%、43.3%；由邻居或亲朋照顾的比例为 0.7%；

由家政服务员或村（居）委会、社区服务工作人员以及养老机构照顾的比例为 0.5%；0.6% 的城镇老年人在生病时无人照顾。

表 3—9	老年人患病时的照料者		（%）
	城镇	农村	合计
配偶	52.1	41.4	43.4
子女	43.3	51.4	49.8
其他家庭成员	2.1	3.5	3.2
亲朋或邻居	0.7	0.9	0.9
家政服务人员或社区服务者	0.5	0.3	0.3
养老机构	0.0	0.1	0.1
无人照顾	0.6	2.3	2.0
其他	0.7	0.1	0.3

χ^2=88.613，P=0.000。

就所调查的老年人总体而言，93.2% 的老年人在生病时主要由"配偶及子女"照顾，由"其他家庭成员"照顾的老人比例为 3.2%，由邻居或亲朋照顾的老人比例为 0.9%，由家政或社区服务人员照顾的老人比例为 0.3%，由养老机构照顾的老人比例为 0.1%，这说明社区服务和养老机构等家庭外支持还没有对老年人起到应有的作用，为老服务志愿者队伍更是没有发展起来，社会养老助老力量还非常薄弱。

2015 年第四次中国城乡老年人生活状况抽样调查（山东省）结果显示，日常生活需要照护的城乡老年人比重没有明显的差别，城区、镇区、乡村老人需要照护的比例依次为 12%、12.4% 和 13.2%，其中乡村老年人日常生活需要照护的比例比 2008 年的 5.7% 高出 7.5 个百分点。需要照护的老年人中 33% 的农村老年人处于无人照护状态，这个指标在城乡之间没有明显区别，这说明 1/3 的老年人的照护需求无法得到满足。

二 照护者以配偶和子女为主

患病或失能老年人的照护需求是需要借助照护者来实现的。在发达国家，照顾老年人的责任已经由早期的专门的护理机构转向普通社区。

这个转向主要是基于两个方面的考虑：一是满足老年人就地养老（Aging in place）的愿望；二是缩减护理机构的庞大支出。但是，这种转变在发挥其优势的同时，也加重了对照护者特别是非正式照护人员的负担。中国农村的情况更是如此，因为农村老年人接受正式照护的非常少，与专业的、收费的职业照护者（如护理机构的有资质的照护人员）相比，非正式照护者的繁重的照护任务通常是由配偶、家人、亲戚、朋友或邻居来承担的。

表3—8显示，农村老年人在日常生活中遇到自己做不了的事情时，80.1%的老年人请家庭成员帮助，7.8%的老年人向邻居或亲朋寻求帮助，11.6%的老年人"从不求人或无人可求"，而求助于家政服务员、钟点工或其他人员的老年人比例仅仅是0.5%。在请家庭成员照顾日常生活方面城乡老年人的差异不大，但是在由邻居或亲朋照顾方面，农村老年人比城镇老年人高出5.3个百分点，说明在农村，邻里和亲朋的亲密程度和可依赖程度均好于城镇老人。请家政服务员或钟点工的农村老年人比例仅为0.2%，比城镇老年人低2.3个百分点。这说明即使在城镇，老年人享受家政服务的比例很低，而在农村，则更是微乎其微了。

2015年山东省的调查数据显示：首先，配偶是老年人最重要的照护者，近50%的老年人由配偶照护。第二，儿子是第二位的照护者，占照护者总数的30%。第三，儿媳与女儿的照护作用基本相当，约占照护者总数的7.5%~8.2%。第四，所有其他非亲缘关系的照护者的比例不到3%，可见，有配偶、有儿女对于老年人群来说至关重要。第五，老年人照护老年人现象比较突出。在照护者中，低龄老年人所占比重最大（占31.22%），乡村低龄老年人作为照护者的比重更大（34.41%）。老年人照护老年人现象比较突出，老年人占照护者总量的59.35%。家中还有其他需要照顾的老年人的比例是12.42%，其中3/4的由被访老年人照顾。

三 照护地点首选家庭

老年人对照护地点的选择首选家庭。2015年山东省的调查数据显示：

城乡老年人总体而言，83.23%的老年人最愿意在家接受照料护理服务，选择去养老机构和白天在社区日间照料中心、晚上回家的老年人比例分别仅为3.73%、2.16%。农村老年人中，86.4%的老年人选择在家里接受照料护理，2.7%的老年人选择在养老机构，2.2%的老年人选择"白天在社区、晚上回家"，另有8.5%的老年人"视情况而定"。随着文化程度的提高，老年人在家养老的意愿渐次下降，选择养老机构的逐渐增加，这说明较高文化程度的老年人对机构养老更认同。

如果入住养老机构，农村老年人的经济支付能力较低。86.3%的老年人入住养老机构的经济支付能力在1000元/月以下，能够支付得起1000—1999元的农村老年人占11.4%，能支付更高入住费用的农村老年人比重仅为2.3%。入住养老机构经济支付能力呈现出城区＞镇区＞农村的特点。

四　对社区上门看病的需求最大

35.27%的农村老年人不需要任何社区服务项目。在家养老的老年人需求最普遍的社区服务项目是上门看病，占总需求的1/4以上。城乡老年人对社区服务项目需求差异不大，但是较为复杂。对社区服务项目需求的总体强度，城区最弱，农村最强。城乡较大的差异是对上门看病的需求，农村最强，城区最弱；相对来说，对助餐、助浴的需求，城区最强，农村最弱。

山东省当前的农村老年人普遍拥有较多的子女，2008年的数据显示，92.2%的老年人拥有两个或更多的子女，有1个子女的老年人比例为5.4%，仅有2.4%的老年人没有子女；2015年的数据显示，98.53%的老年人有子女，1.47%的老年人没有子女。中国当代农村老年人的一个显著特征是子女较多，家庭照料资源比较丰富，这也是农村老年人依托家庭进行养老的优势所在。但是需要引起注意的是，这个优势只是短期的，随着第一代独生子女父母逐渐步入老年，这部分农村老年人群体绝大多数只有1～2个孩子，而在农村社会保障不是很完善、青壮年向城镇地区流动的情况下，农村的高龄、空巢和失能老人就会日渐增多，他们的经济供养、生活照护和精神慰藉等问题将会日益凸显，需尽早做出规划和安排。

第四节 结论与讨论

尽管近些年来，中国老年人的生活状况得到极大改善，但是城乡老年人的总体健康状况不容乐观，农村老年人的健康水平低于城镇老年人，农村失能老人是需要重点关注的群体。

一 农村老年人的失能程度高于城镇

根据 2010 年第六次全国人口普查的数据，我国农村老年人中，自评"健康"的比例比城乡老年人平均水平低 3.4 个百分点，完全失能的比例比城乡老年人平均水平高 0.37 个百分点。农村老年人的生活自理能力低于老年人平均水平，农村失能老年人的规模比城镇失能老年人多 337 万，因此农村失能老年人的照护压力高于城镇。另一方面，农村老年人普遍拥有较多的子女，以山东省为例， 92.2% 的农村老年人拥有 2 个或更多的子女，子女较多是当代中国农村老年人的养老优势，目前照护压力不大，因为照护老年人的人力资源比较丰富。

二 发扬老年人生活自理能力的保护性因素

2015 年山东省的数据显示，有配偶的农村老年人中，日常生活由配偶照料护理的比例高达 85.8%；无配偶的老年人在生活自理方面有更多困难。尽管 96.7% 的农村老年人有医疗保障（参加新型农村合作医疗的农村老年人比例为 94.6%，参加基本医疗保险、公费医疗等医疗保障的农村老年人比例为 2.1%）。提高农村医疗保障水平，让广大农村老年人实现老有所医，对于他们生活自理能力的维护、减少失能带来的经济负担都有积极意义。日常身体锻炼能够促进老年人身心健康，减少摔跤和骨折的危险，提高身体的协调性和生活自理能力。

三 控制老年人生活自理能力的危险因素

世界卫生组织指出，由于人口老龄化的加速发展，以及在老年期出现慢性健康问题的风险升高等原因，生活不能自理的老年人不断增加[①]。老年人往往同时出现多种健康问题，患有多种慢性疾病，如患糖尿病和心脏病等。八成的老年人患有某种程度的慢性疾病，不仅如此，患有两种及以上慢性疾病的老年人占到五成；有听力障碍、心脑血管方面疾病和运动系统疾病的老年人都占有较高的比例。如果能够有效预防循环系统、呼吸系统及骨骼运动系统疾病，则会在很大程度上改善老年人的健康状况。

当代中国的农村老年人所接受的文化教育普遍较低，收入也低，这两个因素对于生活自理能力而言是危险因素。生病不能及时诊治、高龄等因素也是农村老年人生活自理能力的重要危险因素。目前，老年人年龄越大生活自理能力越差是客观规律，也与杜鹏等的研究一致[②]。随着人口老龄化程度的加深，我国广大农村老年人口中，部分或者完全失去生活自理能力的高龄老人也会相应地增多，这是老年人群中最困难的群体，他们的照料和护理问题应该引起全社会的关注。

四 重点关注农村失能困难老人群体

目前我国 31 个省份均已建立起了高龄津贴制度，有的地方给 90 岁以上的高龄老人发生活津贴，有的地方将发放范围扩大到 80 岁以上的老年人。今后应该尽快在全国范围内提高高龄老人生活补贴标准，进一步推动老年人福利由以往的救助型向普惠型发展。目前我国有 29 个省份建立了农村留守老人关爱服务制度。今后应该在农村广泛建立失能老人的服务补贴和护理补贴制度。另外，还应该进一步完善农村的医疗和养老

[①]　世界卫生组织网站，http://www.who.int/world-health-day/2012/toolkit/background/zh/index2.html。

[②]　杜鹏等：《中国老年人的生活自理能力状况与变化》，《人口研究》2006 年第 1 期。

保障制度，积极探索这两个基本的社会保障制度向高龄、患慢性病、失能的农村老年人倾斜的方法，以使这些困难老年人群体也能够"生活得更加幸福、更有尊严"（温家宝，2010），共享社会发展成果，同步进入小康社会。

第四章　农村老年人医疗卫生服务和保障

上一章论及医疗卫生及保障水平对农村老年人生活自理能力有重要影响，鉴于此，我们需要分析一下农村老年人的医疗卫生和保障等问题。2017年10月1日"国际老年人日"，世界卫生组织呼吁采用新的方法为老年人提供卫生服务，总干事谭德塞博士指出："到2050年，60岁以上老人将占全世界人口五分之一。我们的目标是确保所有老年人，不论他们是谁，也不论他们居住何处，都能获得所需的卫生服务"。[①]

本章使用的是2008年"山东省老年人口生活状况调查"和2015年"第四次中国城乡老年人生活状况抽样调查（山东卷）"的统计数据，运用SPSS16.0、EXCEL等统计分析软件，采用χ^2检验和Logistic回归、多元线性回归等方法进行分析。

第一节　农村老年人医疗卫生服务可及性

年龄的增长使得老年人的身体功能发生一定的退化。国外研究发现，大约80%的老年人至少患有一种慢性疾病，有的老年人患有多种慢性病，这使得他们比健康人更脆弱[②]。随着人口老龄化和疾病模式的改变，心脑

---

① 世界卫生组织：http://www.who.int/mediacentre/news/releases/2017/health–older–people/zh/。

② Aldrich N, Benson WF, "Disaster preparedness and the chronic disease needs of vulnerable older adults", *Prev Chronic Dis*, 2008, 5 (1): A27.

血管疾病、糖尿病等慢性病已成为威胁我国农村老年人健康的重要疾病。有研究发现，中国老年人口的疾病经济负担增长迅速，明显快于城乡居民收入和 GDP 的增长速度（钱军程等，2012）。世界卫生组织老龄化与生命全程司司长 John Beard 博士指出："在老年人护理领域，世界卫生系统尚未做好准备"，"为满足老年人的需求，卫生系统必须针对老年人面临的重大问题，如经常性疼痛，听力和视力减退，行走困难，或日常生活困难等，提供持续护理服务。这需要大幅改进护理服务提供者之间的协调"[①]。

医疗卫生服务的可及性是指居民在有需求时能够方便、快捷地享受可靠、适宜的医疗卫生服务。英国权威医学杂志《柳叶刀》2017 年刊登了"全球医疗质量排行榜"，统计了 1990—2015 年全球 195 个国家和地区的"医疗服务可及性和质量指数（HAQ: The Healthcare Access and Quality Index）"，指出中国医疗服务可及性和质量的进步幅度在全球位列第三。中国医疗质量指数在 1990 年时仅仅有 49.5（全球第 113 位），而 2015 年指数为 74.2，排名升至第 60 位[②]。

但是中国长期以来由于城乡医疗卫生资源配置不均衡，农村地区普遍存在着医疗卫生服务可及性不足的问题。2015 年中国印发的《全国医疗卫生服务体系规划纲要（2015—2020 年）》要求促进医疗卫生资源进一步优化配置，进一步提高医疗卫生服务的可及性、能力和资源利用效率。

一 农村老年人医疗卫生服务需求

中国当代的农村老年人大多是中华人民共和国成立前出生的，他们的幼年和青年时期是农村物资非常匮乏的年代，因此身体素质都不是很好，加之多年以来中国农村的养老和医疗保障制度不是很完善，因此农村老年人的身体健康状况欠佳，对基层医疗卫生服务有着较大的需求。

---

① 世界卫生组织，http://www.who.int/mediacentre/news/releases/2017/health-older-people/zh/。

② 新华网：http://news.xinhuanet.com/health/2017-08/16/c_1121489116.htm。

1. 农村老年人视力、听力矫正

随着年龄的增长，老年人的视力和听力都有一定程度的损失。由于视力和听力是一个人感知外在世界的最主要的途径，因此视力和听力的损失在很大程度上预示着衰老的临近。美国的研究人员发现，视力和听力受损与大脑功能受损之间有着一定的关联。视力与听力损失所造成的最大不利影响之一就是与他人交流的能力逐渐下降，严重者会影响到老年人的日常生活和参加各类活动，甚至像洗澡和购物这样的日常活动都有可能难以完成，这意味着患有感官障碍的老年人在心理健康和社会交往中会面临更大的风险。

山东省 2015 年的调查数据显示，老年人视力情况一般，约 2% 的老年人几乎/完全看不清东西，43.26% 的老年人看东西"非常清楚、比较清楚"；29.47% 的老年人看东西不太清楚。农村老年人的视力明显低于城区和镇区老年人，39.84% 的农村老年人看东西"非常清楚、比较清楚"，而这一指标在城区为 49.45%，镇区为 45.83%。年龄越大，视力越差，年龄组间差别明显。

农村老年人的听力也出现减退现象。64.45% 的老年人"能听清楚"，27.41% 的老年人"需要别人提高声音"才能听得清楚一点，8.13% 的老年人"很难听清楚"。老年人的听力随着年龄增大而有明显的衰退：60～69 岁的老年人"能听清楚"的比例高达 77.22%，但是 70～79 岁、80 岁及以上的老年人这一指标分别为 58.91% 和 34.85%。

如果调整和改善视力和听力，老年人的认知能力就会得到提升，在一定程度上避免跌倒等意外事件的发生。

2. 农村老年人疾病预防需求

农村老年人预防保健意识和需求不强，这也是导致慢性病发病率较高的重要原因。考查老年人的疾病预防保健情况的主要指标是是否定期健康体检、是否吃保健品等。

健康体检是指通过医学手段和方法对受检者进行身体检查，了解受检者健康状况、早期发现疾病线索和健康隐患的诊疗行为。能否定期健康体检反映了老年人对自身健康的重视程度，是考量老年人能否有效合理利用卫生资源、维护自身健康的重要指标。《第四次中国城乡老年人生活状况抽样调查》显示，2015 年仅有 56.9% 的城乡老年人享受过免费体检。同期山东省的数据显示，城乡老年人总体而言，72.8% 的老年人体检过，农村老年人的这一指标是 73.5%。有子女的老年人参加健康体检的比例高于无子女的老年人；大专及其以上文化程度的老年人进行体检的比例高于高中及其以下文化程度的老年人。

山东省 2015 年的调查显示，大约 84.3% 的农村老年人从来不吃保健品，偶尔吃的占 11.6%，经常吃的占 4.2%。农村老年人经常吃保健品的比例低于城区（6.5%）和镇区（4.8%）的老年人。无子女的老年人吃保健品的比例较低。中龄老年人经常吃保健品的比例最高，低龄老年人最低。

二 农村老年人患病情况

慢性病是相对于急性病而言的，病程是缓慢地、逐渐加重的。就病种而言，慢性病主要指以心脑血管疾病、恶性肿瘤、糖尿病、慢性阻塞性肺部疾病、精神病和精神异常等为代表的一组疾病，特点是病因复杂、病程长、健康损害和社会危害严重，病理变化往往具有退行性、不可逆性，极易引起功能障碍而需要长期的治疗和康复，严重者也可能会导致死亡。

1. 农村老年人患病率较高

山东省 2015 年的数据显示，81.2% 的农村老年人患有某种程度的慢性疾病，没有疾病的老年人比例是 18.8%，56.4% 的农村老年人患有两种及以上的慢性疾病；87.6% 的城镇老年人患有慢性病，比农村老年人高 6.4 个百分点。由于这一指标是通过对老年人的询问而了解老年人的患病情况，是自诉指标，主观性很强，因此尽管调查显示农村老年人的慢性病患病率比城镇老年人低，但是并不能简单得出农村老年人的身体健康状况好于城镇老年人的结论。尽管农村老年人自诉的慢性病患病率较低，但是这很可能是因为农村老年人对自己身体疏于检查，即使身体有恙但是没有及时发现，因此导致农村老年人自诉的患病率较低。

2. 农村老年人主要慢性病病种发生变化

农村老年人患慢性疾病的病种在 2008 年和 2015 年的调查中有一些不同。2008 年时，34.5% 的农村老年人患有心脑血管方面疾病（如高血压、冠心病、脑溢血、脑血栓、老年痴呆、脑萎缩等）；29.8% 的老年人患有运动系统方面疾病（如股骨头坏死、关节炎、严重骨质疏松、颈椎和腰椎病等）。表 4—1 显示，2015 年时患骨关节病（骨质疏松 / 关节炎 / 风湿 / 椎间盘疾病等）的农村老年人比例最高，为 27.29%；其次是高血压，比例为 22.26%；位居第三位的是心脑血管疾病（冠心病 / 心绞痛 / 脑卒中等），比例为 15.73%。

表 4—1 农村老年人患慢性疾病情况 （%）

	城镇	农村	合计
白内障/青光眼	8.28	7.78	8.00
高血压	23.24	22.26	22.69
糖尿病	6.72	5.01	5.76
心脑血管疾病（冠心病/心绞痛/脑卒中等）	17.90	15.73	16.68
胃病	8.51	10.30	9.52
骨关节病（骨质疏松/关节炎/风湿/椎间盘疾病等）	24.69	27.29	26.15
慢性肺部疾病（慢阻肺/气管炎/肺气肿等）	4.32	5.20	4.82
哮喘	1.93	2.73	2.38
恶性肿瘤	0.68	0.45	0.55
生殖系统疾病	1.32	1.06	1.17
其他慢性病	2.42	2.18	2.28
总计	100.00	100.00	100.00

3. 农村老年人患病的影响因素

年龄、性别、婚姻状况、文化程度、子女数量等人口学因素对于农村老年人的患病都有一定影响。

不同年龄段的农村老人患慢性病的比例有一定的差异，老年人身体机能随着年龄的增长而呈现出下降趋势，患慢性病的比例迅速增加，这也是一个客观规律。

　　从性别来看，患慢性病的农村女性老年人比例高于男性老年人；虽然一般来说，男性的死亡率比较高，这是各年龄组都有的一个特征，但女性表现出更高的患病率。这说明女性虽然在预期寿命上比男性有优势，但是在健康方面并没有优势。

　　就文化程度而言，随着文化程度的提高，农村老年人患病率有下降的趋势。未上过学的农村老年人慢性病患病率显著高于小学及以上文化程度的老年人，这与他们受教育程度较低、了解的保健知识少、对自身健康的关注程度低有关。而受教育程度高的农村老年人往往因为有较高的文化程度，从而掌握更多劳动技能，经济收入比较高，对于自身健康比较重视，因此患病率较低。与无配偶的老年人相比，有配偶的农村老年人患病率较低，有配偶对于农村老年人少患慢性病有一定的保护作用。有3个及以上子女的农村老年人患病率高于无子女和子女较少的老年人。

　　居住方式、月收入、是否有养老保险、生病是否及时诊治对农村老年人患慢性病的影响有统计学意义。独自一人居住的农村老年人的慢性病患病率高；月收入在500元以下的农村老年人的慢性病患病率高于500元以上的老年人；没有养老保险的老年人的慢性病患病率高于有养老保险的老年人；生病不能及时就诊的农村老年人的慢性病患病率高于能及时就诊的老年人。

　　是否锻炼、是否参加经济活动、是否参加社会活动、是否参加文化娱乐活动、子女是否孝敬、是否信教等行为与生活方式因素对农村老年人的患慢性病都有一定影响。经常锻炼的农村老年人的慢性病患病率低于从不锻炼和偶尔锻炼的老年人。参加经济活动、社会活动和文化娱乐活动的农村老年人的慢性病患病率低于不经常参加上述活动的老年人。子女孝敬的农村老年人的慢性病患病率较低。

三　农村老年人就诊情况

　　2015年调查是通过询问老年人"调查（时点）前两周，您是否生过病"来分析老年人的生病与医治情况。

1. 生病与就诊

2015 年山东省的数据显示，在调查（时点）前两周，12.45% 的农村老年人生过病。在生过病的农村老年人中间，"慢性病两周前开始发病延续到两周内"的老年人比例为 65.9%；疾病是" 两周内新发生"的老年人比例为 28.7%；属于"急性病两周前开始发病延续到两周内的"老年人比例为 0.7%，由此可见慢性病对老年人身体的影响非常大。

2008 年调查时，73.9% 的农村老年人生病以后会及时去医院接受治疗，2015 年该项指标上升到 75.9%，提高了两个百分点。自我治疗的比例为 18.6%，未处置的比例为 5.6%。老年人有病但未处置的最重要原因是经济困难（比例为 42.60%），选择该项原因的农村老年人比例明显高于城镇；其次是因为自感病轻（比例为 30.77%）；第三位的原因是行动不便（21.89%）；其他原因还有：医院太远、无人陪伴、就医麻烦、没时间等，比例都在 5% 左右。有子女的老年人选择自感病轻、经济困难的比较多，无子女老年人的原因则是经济困难、行动不便、没人陪同。

近两周生病而采取自我治疗措施的农村老年人中，91.97% 的老年人是自己买药，采用传统方法治疗的占 7.51%，采用保健康复设备的比例为 0.78%。农村老年人自己买药的比重高于城镇地区；而城镇区老年人采用传统方法治疗的比重明显高于乡镇地区。

2. 医疗卫生机构的便捷性

平时有病时，农村老人会首先去卫生室 / 站，城镇老人去市 / 地医院、省级医院的比例高于农村。大多数农村老年人能够就近就医：就医的医疗机构离家距离不足一公里的农村老年人比例为 58.40%，一到二公里的比例为 15.65%，二至五公里的占 11.48%，五公里及以上的占 14.47%。在就医中最经常遇到的问题是收费太高（占 32.23%），其他较重要的问题依次是手续繁琐（18.0%）、排队时间太长（13.83%）。

2015 年山东省的数据显示，78.23% 的农村老年人没有因病住过医院，15.68% 的老年人住过一次医院，3.97% 的老年人住院次数是两次，住院次数超过三次的比例为 2.12%。农村老年人人均住院 0.32 次，略高于城区老年人（0.30次）。年龄越大，住院次数越多。有子女的老年人住院次数高于无子女的老年人。

第二节　农村老年人医疗卫生服务可得性

卫生服务可得性是指政府、企业和社团等组织为居民提供的、居民能够享受到的卫生资源种类、数量以及卫生服务能力水平。世界卫生组织对医疗卫生可得性的解释是：有足够数量、行之有效的公共卫生和卫生保健设施、商品和服务，以及卫生计划。

一　农村老年人医疗支出情况

1. 年均医疗费用支出

根据《第四次中国城乡老年人生活状况抽样调查成果》，2015年城乡老年人人均消费支出为14764元，其中医疗费支出占12.8%。

2015年，山东省农村老年人的平均医疗支出（包括看病和住院）是2762.36元，远远低于城区老年人的4207.26元，也低于镇区老年人的2896.03元。表4—2可以看出，64.1%的农村老年人医疗费用支出在500元以下，城乡老人医疗费用支出有差异，而且差异具有显著性（$P<0.05$）。

表4—2　　　　　2014年山东省老年人医疗费用支出　　　　比例（%）

	城区	镇区	农村	合计
500元以下	63.9	59.2	64.1	63.2
501～1000元	5.2	7.7	7.6	7.0
1001～3000元	8.0	14.3	11.8	11.3
3001～5000元	5.4	5.3	5.0	5.2
5001～7000元	3.8	3.5	2.5	3.0
7001～10000元	4.4	4.0	3.0	3.5
10001元以上	9.2	5.9	6.0	6.8
合计	100.0	100.0	100.0	100.0

$\chi^2 = 195.007$，$P = 0.000$。

2. 医疗支出占消费总支出的比例

根据《第四次中国城乡老年人生活状况抽样调查成果》，2014 年中国城乡老年人人均医疗费支出占消费总支出的比例为 12.8%，日常生活支出占 56.5%，非经常性支出占 17.3%，家庭转移支出占 9.0%，文化活动支出占 3.2%，其他支出占 1.2%。

山东省农村老年人的医疗保健支出占日常消费性支出的比例比较大。2008 年老年人的平均医疗保健支出为 1993.93 元，这一指标的城乡差异很大，城镇老年人的年均医疗保健支出是农村老年人的 1.76 倍。老年人医疗保健支出占日常消费性支出的比例平均为 28.82%（城镇老年人为 22.43%，农村老年人为 30.71%）。在日常消费性支出中，老年人的医疗保健支出是继饮食支出（52.95%）之后的第二大消费。

二　农村老年人医疗费用报销情况

1. 自费医疗费用支出

农村老年人自费医疗的平均支出是 1539.14 元。表 4—3 显示，自费的医疗支出以 500 元以下为主，城乡老人医疗费用支出有差异，而且差异具有显著性（$P<0.05$）。

表 4—3　　　　山东省老年人自费医疗费用支出　　　　比例（%）

	城区	镇区	农村	合计
500元以下	67.6	63.6	68.9	67.6
501~1000元	6.6	9.3	8.6	8.2
1001~3000元	12.2	14.0	11.6	12.1
3001~5000元	5.6	6.2	4.3	5.0
5001~7000元	2.6	2.4	2.0	2.2
7001~10000元	2.0	1.4	1.8	1.8
10001元以上	3.4	3.2	2.9	3.0
合计	100.0	100.0	100.0	100.0

$\chi^2 = 74.828$, $P = 0.000$。

2. 他人代付医疗费情况

在自费的医疗费里面，有的老年人的部分医疗费是由子女或他人代付的。表4—4是2015年调查时山东省老年人代付医疗费用情况。就农村老年人来说，68.9%的自付医疗费是在500元以下（表4—3）。他人代付的医疗费用绝大多数也是在500元以下（80.3%）。该项指标在城乡有一定差异。

表4—4	山东省老年人代付医疗费用			比例（%）
	城区	镇区	农村	合计
500元以下	84.0	75.6	80.3	80.4
501~1000元	3.0	6.6	5.1	4.8
1001~3000元	5.3	8.6	7.3	7.0
3001~5000元	3.1	4.3	2.8	3.1
5001~7000元	1.4	1.7	1.3	1.4
7001~10000元	1.1	1.3	1.3	1.3
10001元以上	2.1	1.9	2.0	2.0
合计	100.0	100.0	100.0	100.0

$\chi^2 = 116.003$，$P = 0.000$。

有子女老年人的医疗自费部分中，有1096.25元（即2/3）是孩子代替支付的，代付比例乡镇略高于城区。

第三节　农村老年人的医疗保障

随着中国城乡居民医疗保险制度的建立和发展，农村的基本医疗保障经历了新型农村合作医疗到城乡居民医疗保险的发展历程。由于2015年调查时点各地都处于整合新型农村合作医疗和城镇居民基本医疗保险的过程中，因此当时考虑到老年人可能会被覆盖的医疗保障种类主要有城镇职工基本医疗保险、城镇居民基本医疗保险、新型农村合作医疗保险、城乡居民基本医疗保险、城乡居民大病保险、职工大额医疗补助、公费医疗等种类。

一 从新型农村合作医疗到城乡居民基本医疗保险

21 世纪以来，中国在医疗保障制度方面的改革和进步突出表现在，针对农村人口、城镇非就业人口分别在 2003 年和 2007 年建立了新型农村合作医疗和城镇居民医保制度。2002 年中国确定逐步建立以大病统筹为主的新型农村合作医疗制度，同年《中共中央、国务院关于进一步加强农村卫生工作的决定》要求从 2003 年起，新农合开始试点，并且逐步向全国推广。2007 年起，为了将没有参加城镇职工医疗保险的城镇未成年人和没有工作的居民纳入医保，开展城镇居民基本医疗保险试点。

2016 年 1 月 12 日《国务院关于整合城乡居民基本医疗保险制度的意见》发布，要求各省（区、市）进一步明确工作进度和责任分工，利用半年的时间对整合城乡居民医保工作作出规划和部署。城镇职工医疗保险的适用人群为城镇所有用人单位的职工，包括企业、机关、事业单位、社会团体、民办非企业等单位的职工。城镇居民医疗保险，是以没有参加城镇职工医疗保险的城镇未成年人和没有工作的居民为主要参保对象的医疗保险制度。城镇居民医疗保险的适用人群为，城镇职工基本医疗保险和新型农村合作医疗覆盖范围以外的城镇居民，主要包括未成年居民，指中小学阶段学生（含职业高中、中专、技校学生）、学龄前儿童及其他未满 18 周岁的未成年居民；老年居民，指男满 60 周岁、女满 55 周岁以上的城镇居民；以及其他非从业的城镇成年居民。新型农村合作医疗，简称"新农合"，是指由政府组织、引导、支持，农民自愿参加，个人、集体和政府多方筹资，以大病统筹为主的农民医疗互助共济制度。采取个人缴费、集体扶持和政府资助的方式筹集资金。

2015 年山东省的调查数据显示，99% 以上的老年人享有不尽相同种类的医疗保障待遇，但仍有极少数老年人没有表 4—5 中所列出的医疗保障。老年人人均有 1.6 项医疗保障待遇。老年人享受的最普遍的医疗保障是城乡居民基本医疗保险与城乡居民大病保险，城区老年人还有较高比例的城镇职工基本医疗保险、职工大额医疗补助。

表4—5　　　　　　老年人人均享受医疗保障的次数　　　　　（次/百人）

类型	城区	镇区	乡村
城镇职工基本医疗保险	30.20	5.12	2.96
城镇居民基本医疗保险	1.84	0.19	0.95
新型农村合作医疗保险	8.39	9.04	11.24
城乡居民基本医疗保险	57.96	85.85	85.15
城乡居民大病保险	34.62	59.08	53.07
职工大额医疗补助	13.97	2.59	0.82
公费医疗	1.79	0.41	0.25
其他	10.35	7.39	7.77
都没有	0.63	0.19	0.42
总计	159.13	169.67	162.22

城乡老年人对医疗费用报销方便性给予较正面的评价。80%以上的老年人认为很方便或比较方便。

二　商业健康保险

随着中国经济发展和农村人口收入的提高，原来一直在城镇有市场的商业健康保险也走进了农村人口的生活。

表4—6显示，第一，近96%的老年人没有购买商业健康保险，购买者约占4%。第二，城乡购买商业健康保险比例差别不大，城镇稍高于农村。第三，有子女的老年人购买商业健康保险的比例（4.21%），略高于无子女老年人（2.77%）。第四，年龄低的老年人购买商业健康保险的比例较高。其中，低龄老年人中有5.30%的老年人购买了商业健康保险，中龄老年人为3.27%，高龄老年人为1.63%。第五，文化程度高的老年人购买商业健康保险的比例相对较高，初中及以下文化程度老年人购买比例明显低于高中及其以上老年人。未上过学的老年人购买比例为3.08%，小学文化

程度的为 3.94%，初中文化程度的为 5.36%，高中/中专/职高的为 9.22%，大学专科的为 10.73%，本科及以上的略有下降，但仍为 9.52%。

表 4—6　　　　　　　老年人购买商业健康保险情况

类型	合计		样本数（人）			比重（%）		
	样本数（人）	比重（%）	城区	镇区	农村	城区	镇区	农村
无效样本	258		49	46	163			
否	16583	95.81	3991	2942	9650	94.08	94.57	96.94
是	725	4.19	251	169	305	5.92	5.43	3.06
总计	17308	100.00	4242	3111	9955	100.00	100.00	100.00

第四节　结论与讨论

一　农村老年人慢性病患病率高

80% 的农村老年人患有某种程度的慢性疾病，50% 左右的老人患有两种及以上的疾病。尽管与城镇老年人相比，农村老年人的慢性病患病率稍低，但这并非意味着农村老年人健康状况比城镇老年人好。因为"是否患慢性病"这一问题是根据老年人自诉而判断的，自诉未患慢性病的农村老年人客观上讲并非真的没有慢性病，而很可能是农村老年人有病不及时就诊，即使有慢性病也没及时发现，因此农村老年人慢性病患病率是否低应结合更客观的指标（如医生诊断）来分析。

慢性病是长期发展演变的疾病，一个人虽然在年轻时就可能开始发病，但是往往到中老年时才会日渐明显[①]。我国每年 65 岁以上老年人有将近 380 万死于恶性肿瘤、脑血管疾病、糖尿病、心脏病、呼吸系统疾

---

① 陶立波、杨莉：《农村居民慢性病疾病经济负担与风险研究》，《中国卫生经济》，2007 第 26 卷第 11 期。

病、高血压等 6 种常见慢性病，占 65 岁以上老年人总死亡的 83.4%[1]。慢性病会给老年人的健康带来隐患，尽管慢性病可能短期内不会对老年人的健康造成很大影响，也不会突然导致失能，但是慢性病因为病因复杂、病程长，会给老年人健康造成严重损害。

农村老年人患慢性病的影响因素主要有年龄、性别、婚姻状况、是否锻炼身体、子女是否孝敬、是否参加文化娱乐活动和经济活动等。随着年龄的增长，农村老年人患病率增高；有配偶的农村老年人患病率低。与无子女和子女不孝敬的农村老年人相比，子女孝敬的农村老年人慢性病患病率低。经常参加文化娱乐活动和经济活动的农村老年人慢性病患病率相对较低。伴随我国迅速增加的庞大的老年人口规模，由老年人慢性病造成的疾病经济负担将会日益严重。有慢性病的农村老年人的疾病经济负担高于无慢性病组。慢性病是最常见的卫生问题之一，费用最高，但是慢性病可防可控，应该尽量减轻慢性病对老年人的危害。

二　高龄、失能农村老人疾病经济负担沉重

近 90% 的农村老年人的医疗费用存在应报销但未得到报销的现象。目前医疗保障对农村老年人的保障能力较低，老年人的疾病经济负担沉重。

近些年，我国农村高龄老年人口比重增加快，老龄化进程不断加快，并日益走向高龄老龄化。高龄老人患病率增高，但是收入低、医疗支付能力低、疾病负担重。目前我国多个省份已经建立了高龄补贴制度，但是各省区的高龄补贴制度很不平衡。有的地方规定是给 90 岁以上老人发高龄补贴，有的标准是 80 岁，有的地方仅是补贴 100 岁以上的老年人。高龄老人补贴制度今后应该尽快普及，尽量扩大到 80 岁以上的高龄老年人口。回归分析发现，生活自理能力对农村老年人医疗支出的影响非常显著。农村老年人因为生活不能自理或患有慢性疾病，所以有更多的医

---

[1]　王建生、姜垣、金水高：《老年人 6 种常见慢性病的疾病负担》，《中国慢性病预防与控制》2005 年第 13 卷第 4 期。

疗支出。应积极建立针对失能老年人的补贴制度，或者将高龄补贴向失能老年人倾向。

三 收入和医疗保障影响老年人疾病经济负担

低收入的农村老年人医疗支付能力低、疾病经济负担非常沉重，高收入的农村老年人则有较强的医疗支付能力，因此他们的疾病经济负担相对较轻。2008 年山东省的调查显示农村老年人的人均月收入仅为 299.75 元，月收入低于 500 元的农村老年人占 87.2%。我国 2010 年城乡老年人口调查的结果表明，农村 60 岁以上老年人平均年收入 4756 元，据此计算农村老年人平均月收入 396 元。如此低的收入水平导致农村老年人患病时的医疗支付能力低，导致疾病经济负担沉重。应通过提高养老保障水平、提高老年人高龄补贴等制度，增加农村老年人的收入，从而有效降低他们的疾病经济负担。

农村老年人的医疗费用大多数是由本人、子女或亲属承担的，医疗保障水平普遍不高。尽管 99% 的农村老年人拥有不同形式的医疗保障，但是由于目前农村老年人的医疗保障制度和体系还很不完善，在筹资水平、卫生服务的利用和受益率等方面都有很多需要改进和完善的地方，因此对农村老年人的保障能力很有限。如果想要降低农村失能老人的经济压力，切实降低农村老年人疾病对家庭的经济负担，就需要完善医疗保障制度并逐步提高保障水平。

第五章　农村失能老人不同照护方式比较

老年人一旦失去生活自理能力，就需要一定的照顾和护理。前期有研究表明，老年人的居住方式对其健康和长寿有一定影响（王德文，2008）。我国有研究发现，老年人的居住状态和健康状况是影响居家失能老年人做出长期护理方式选择的重要因素（王静等，2008）。西方发达国家在老龄社会初期，国家大规模兴办养老机构供老年人安度晚年，但是后来意识到机构养老对老人的心理可能造成伤害，养老还是应该回归老年人所熟悉的家庭和社区。因此，近些年，西方发达国家在老年人的养老和照护方式上致力于为居家养老的老人提供更完善的照料体系，同时将养老机构和服务设施建立在老年人所在社区内。

为了深入研究我国农村失能老人的具体照护方式以及存在的现实问题，笔者分别在山东省不同经济发展水平地区（青岛即墨市；东营利津县、垦利县；济南平阴县；济宁泗水县）选取了几个养老机构和农村社区，实地走访并通过问卷调查的形式，深入考察了21位农村失能老人及其照护人员（访谈问卷和提纲见附录1和附录2）。在访谈时，参照学术界常用的标准，并根据本书的具体要求，制订了失能老人的划分标准：按照老年人独立进行日常生活（主要包括吃饭、穿衣、上下床、上厕所、在室内走动、上下楼梯）以及做基本家务（做饭、扫地、洗衣、日常购物、使用电话、洗澡）的能力，将老年人的生活自理能力分为"轻度失能"、"中度失能"和"完全失能"三个层次。具体划分标准为：前六项基本的日常活动都能够"不费力"地完成、但是后六项基本的家务活动"有困难或做不了"的定义为"轻度失能"；如果前六项日常活动中就有三项及以上"有困难或做不了"的定义为"中度失能"；上述十二项日常和家务活动均"做不了"的定义为"完全失能"。

第一节 被访失能老人及照护者基本情况

笔者对 21 位失能老人及其照护者进行了面对面的深度访谈，走进他们的村庄（社区），进入他们的家里，看到他们的生活状况、触碰到他们的思想、感受到他们的需求和愿望。

一 被访失能老人的特征

1. 被访农村失能老人的人口社会特征

表 5—1 是 21 位被访农村失能老人的基本情况。

被访的 21 位农村失能老年人中，位于山东省东部经济发达地区有 8 人（个案 1 ~ 8），中部经济较发达地区 5 人（个案 9 ~ 13），西部经济欠发达地区 8 人（个案 14 ~ 21）。

从性别上看，男性老人 9 人，女性老人 12 人。从年龄分布上来看，60 ~ 69 岁的低龄老人 5 人，70 ~ 79 岁的中龄老人 8 人，80 岁以上的高龄老人 8 人。被访农村失能老人的受教育程度都很低，未上过学的有 14 人，仅上过小学的 6 人，还有 1 人是初中文化程度。就老年人的婚姻状况而言，有配偶的 13 人，丧偶的 7 人，离异的 1 人。

21 位被访农村失能老人的子女情况。除了个案 13 是没有子女的"五保"老人、入住乡镇敬老院以外，个案 2 有 1 个儿子，个案 10 有 1 个儿子和 1 个女儿，其他 18 位失能老人都有 3 个或者更多的子女（其中有两位老人有 6 个子女，6 位老人有 5 个子女）。当代农村老人大都拥有较多的子女也正吻合了第三章中山东省的调查数据。

表 5—1　　　　　　　　　被访农村失能老人基本情况

个案	性别	年龄	文化程度	婚姻状况	子女数量	失能程度	照护人员	照护地点	照护时间
1	女	79	未上过学	有配偶	2儿4女	中度失能	配偶、子女	村老年公寓	7个月
2	女	90	未上过学	丧偶	1儿	中度失能	儿媳	村老年公寓	8年
3	女	80	未上过学	有配偶	1儿4女	中度失能	配偶	自己家里	11年
4	男	69	小学	有配偶	1儿2女	轻度失能	配偶	自己家里	5个月
5	女	82	未上过学	有配偶	4儿1女	完全失能	配偶	村敬老院	3年以上
6	女	80	未上过学	丧偶	4儿2女	轻度失能	敬老院服务人员	村敬老院	2年
7	女	73	未上过学	有配偶	2儿1女	完全失能	配偶	自己家里	半年
8	女	75	未上过学	有配偶	3儿1女	完全失能	配偶、儿子	原村小学	半年
9	男	60	未上过学	丧偶	4女	中度失能	养老机构服务人员	市养老机构	半年
10	男	63	小学	有配偶	1儿1女	轻度失能	养老机构服务人员	市养老机构	2个月
11	女	83	未上过学	丧偶	3儿2女	中度失能	儿媳	儿子家里/半月轮养	8年
12	女	74	未上过学	有配偶	3儿	完全失能	配偶	自己家里	3年
13	男	60	初中	离异	无	轻度失能	镇敬老院服务人员	镇敬老院/五保	8年
14	男	78	未上过学	丧偶	2儿2女	中度失能	儿子	儿子家里	1年
15	女	84	未上过学	丧偶	5女	中度失能	女儿	女儿家里/轮养	21年
16	男	80	小学	丧偶	1儿4女	中度失能	儿媳	儿子家里	1年半
17	女	65	小学	有配偶	2儿2女	中度失能	配偶	儿子家里	5年
18	女	75	未上过学	有配偶	1儿3女	中度失能	配偶	自己家里	3年
19	男	78	小学	有配偶	3儿1女	中度失能	配偶	自己家里	30年
20	男	77	未上过学	有配偶	2儿3女	完全失能	配偶、儿子	儿子家里/轮养	4年
21	男	80	小学	有配偶	3儿1女	完全失能	配偶、儿子轮流	自己家里	2年

2. 被访老人的失能和照护状况

就生活自理能力而言，被访的 21 位农村失能老人中，4 位老人属于轻度失能，11位老人属于中度失能，6位老人属于完全失能。

被访的21位农村失能老人都患有疾病，其中17位老人患脑血栓，有的老人有两、三种疾病，如高血压、胆结石、胃病、糖尿病、哮喘、听力障碍、眼疾等（表5—2）。

表5—2　　　　　　　被访农村失能老人的患病及经济情况

个案	所患疾病	个人上年收入	个人上年支出	是否欠债	子女是否孝敬
1	脑血栓	新农保、高龄补贴、低保、村补助等（共约5200元）	约8000元	不欠债（有存款）	孝敬
2	脑血栓、胆结石、胃病	新农保、高龄补贴、村补助等（共约2800元）	约5000元	不欠债	孝敬
3	脑血栓	新农保、高龄补贴（共约1800元）	约4000元	因病欠1万元	孝敬
4	关节炎、胃病	新农保、土地出租等（共约2700元）	约1000元	不欠债	孝敬
5	股骨头坏死、哮喘	新农保、高龄补贴、占地补偿等（共约3700元）	约1万元	不欠债（有存款）	孝敬
6	脑血栓	新农保、高龄补贴、村补助等（共约4800元）	约2000元	不欠债	孝敬
7	脑血栓、糖尿病	新农保等（共约1000元）	约1万元	不欠债（有存款）	孝敬
8	脑血栓	新农保、子女给等（共约1000元）	约1000元	不欠债	不孝敬
9	脑血栓、听力障碍	新农保、子女给等（共约1200元）	约3400元	不欠债	孝敬
10	脑血栓、听力障碍	新农保、低保、子女给等（共约1600元）	约5440元	不欠债	儿媳不孝
11	脑血栓	新农保、高龄补贴（共约2000元）	约1万元	不欠债	孝敬
12	脑血栓	新农保、子女给等（共约1500元）	约5000元	不欠债	孝敬
13	婴儿瘫	新农保、敬老院给、子女给等（共约2000元）	约2000元	不欠债	无子女
14	脑血栓、肿瘤	新农保、子女给等（共约5460元）	约3400元	不欠债	孝敬
15	脑血栓、听力障碍	新农保、高龄补贴、低保、子女给等（共约5300元）	约5000元	不欠债	不孝敬

个案	所患疾病	个人上年收入	个人上年支出	是否欠债	子女是否孝敬
16	脑血栓、听力障碍、气管炎	新农保、高龄补贴、低保、子女给等（共约5000元）	约6000元	不欠债	孝敬
17	脑血栓、听力障碍、气管炎、关节炎	新农保、救灾款、子女给等（共约4000元）	约3500元	不欠债	孝敬
18	脑血栓、听力障碍、气管炎	新农保、低保等（共约2000元）	约2000元	不欠债	一般
19	高血压、关节炎、眼疾	新农保、低保、补助等（共约3000元）	约1000元	不欠债	一般
20	脑血栓	新农保、子女给等（共约4000元）	约3800元	不欠债	孝敬
21	脑血栓、高血压、糖尿病	新农保、低保、子女给等（共约4000元）	约3000元	不欠债	孝敬

就照护方式而言，13 位失能老人是居住在家里由配偶或子女照护，4 位失能老人居住在村级社区的敬老院由子女或服务人员照护，3 位失能老人居住在乡镇或市级养老机构，1 位失能老人居住在村废弃的小学里。

就照护主体而言，13 位有配偶的失能老人中，12 位失能老人是由配偶照护的（其中有 4 位失能老人是由配偶和子女共同照护的），个案 10 是入住养老机构、由机构服务人员进行照护的。无配偶的 8 位失能老人中，5 位丧偶的失能老人都是由儿子、儿媳照护的，2 位丧偶老人入住养老机构由机构服务人员照护，个案 13 是离异后成为"五保"对象，在乡镇敬老院由服务人员照护。

就照护时间而言，有 7 位失能老人的照护时间在 1 年以内的，有 5 位失能老人照护时间在 1～3 年，有 9 位失能老人照护时间在 3 年以上，个案 9 接受照护的时间长达 30 年之久。

3. 被访失能老人的基本经济状况

被访的 21 位农村失能老人全部都参加了新型农村养老保险，而且都已经领到基础养老金，其中 8 位失能老人有高龄补贴，7 位失能老人有农村最低生活保障（表5—2）。有子女的老人中，绝大多数老人的子女会供给老人钱物。有的子女定期给老人钱，有的子女给老人钱是随意的，如果老人因病或住院需要花钱多时，子女则会随时给。

农村失能老人的年收入都不多，在 1000～5000 元之间，而年支出却在 1000～1 万元之间。虽然有的失能老人收支基本平衡，但是很多失能老人因为生病、住院而导致经济上严重入不敷出。尽管大多数农村失能老人经济上都不宽裕，但是仅个案 3 因生病住院欠 1 万元债，其他老人均不欠债，有的老人还有存款。如果老人在日常生活之外有较大支出（如生病住院等），子女则会及时补缺。

被访的 21 位失能老人中，除了个案 13 是无子女的"五保"老人以外，有子女的 20 位失能老年人中，15 位老人都由衷地说子女很孝敬，主要表现在日常生活照料、生病时出钱送医和护理、精神慰藉等方面；2 位老人反映子女不是很孝敬，但也还行（"一般"）；3 位老人反映子女不孝敬。有的子女不主动给老人钱，老人也不主动要。

4. 对被访农村失能老人的感性认识

一是被访的农村失能老人普遍子女较多。当前我国的农村老人普遍拥有较多的子女，这说明当前老年人一旦失能后，照护的人力资源比较丰富。我国农村传统的基于家庭的照料模式下，比较充裕的人力资源是一个非常大的优势。但是，需要引起注意的有两点：第一点，有些高龄失能老人的子女也已经是 60 多岁的老年人了，因此低龄老人在照护 80 多岁的高龄失能父母时难免吃力；第二点，尽管当前的农村老年人普遍拥有较多的子女，子女是老年人可以依赖的家庭人力资源，但是随着 20 世纪 70 年代计划生育工作在农村的推广，严格执行计划生育政策的农村夫妇正在逐渐步入老年，而他们也仅仅是只有一个孩子或两个孩子。因此，当前农村老年人拥有较多的子女只是近几年的优势，而不是一直都可以依赖的资源，今后老年人拥有的子女数量会急剧减少。

二是农村失能老人主要依赖家庭照护。笔者在访谈中发现，农村失能老人主要是依赖家庭（最主要的是配偶和子女）的照护，包括照护的物力、财力和人力资源。农村失能老年人都已经不再参加体力劳动，经济上完全依靠子女供养，那些配偶和子女经济状况良好、特别是子女很孝顺的失能老人大多数能够得到较好的照护，这些失能老人的生活条件较好、生活满意度较高；而配偶和子女经济状况一般、子女对待老人也"一般"甚至不孝顺的失能老人境况欠佳。农村失能老人得到家庭外（如国家、社会）的支持很少，很多农村社区也没有对失能老人的关心和探望。在我国广大农村地区，依靠家庭养老和保障的历史非常久远，而且大多数老年人在思想观念上也仍然是倾向于家庭养老方式。尽管有的失能老人及其配偶、子女也表达出了对政府和社会等家庭外部资源的期望和依赖，但是大多数农村失能老人及其配偶、子女对于他（她）们主要依赖家庭照护这种状况似乎也很坦然。

三是农村老年人一旦失能就比较严重。被访的 21 位农村失能老人中，4 位老人属于轻度失能，11 位老人属于中度失能，6 位老人属于完全失能。有的患有听力障碍、关节炎或胃病等轻度失能的老人并不认为自己已经失能，仍然独自居住生活，也力所能及地坚持做一些活，如在庭院里种点蔬菜、自己做点简单的饭菜等。有的老人在失能前身体一直无恙，但是一旦失能就很严重，甚至存活的时间不是很长。在 21 位失能老人中，两位老人在笔者访问后的一两个月相继就去世了。

四是农村失能老人精神压力和心理负担较重。失能老人与一般健康老年人相比，不仅要承担更多医疗花费，给家人造成照料压力，而且他们的自尊心更强。笔者在访谈中发现，轻度失能的农村老人，如果家庭经济条件比较好、子女孝敬，这样的老人大多数安于接受部分生活不能自理的现状，心情也还比较好，并能积极配合治疗，老人的配偶和子女也大多数心情较好，乐于奉献并细心照护老人；而有些中度失能和完全失能的老人，即使子女孝敬、家庭经济条件也比较好，他（她）们也会因为疾病和失能的折磨而导致心情抑郁，他（她）们不想成为子女或其他人眼中的"负担"，害怕成为子女的"累赘"，担心会被子女"嫌弃"。

二　被访失能老人照护者分析

表5—3显示的是21位农村失能老人的照护人员，分别对应上文表5—2中的21位被访的失能老人。

21位照护人员中，女性10人，男性11人；59岁以下的7人，其中市、镇、村级养老机构和敬老院的服务人员4人，其他3人是失能老人的子女（儿子、女儿、儿媳），60～69岁的2人都是失能老人的子女（儿媳），70～79岁的7人都是失能老人的配偶，80岁以上的3人也都是失能老人的配偶（年龄最高的是个案5，是88岁的男性老人）。

照护人员的文化程度明显高于失能老人。未上过学的8人（其中6人是失能老人的配偶，年龄都在70岁以上），小学文化程度的3人，初中文化程度的6人，高中以上文化程度的4人。

表5—3　　　　　　　　农村失能老人照护人员的基本情况

个案	性别	年龄	文化程度	婚姻状况	子女数量	主要经济来源	以前职业	照护对象
1	女	59	大专	有配偶	1女	离退休金	医生	母亲
2	女	66	小学	有配偶	2儿	养老金、征地补贴	务农	婆婆
3	男	82	未上过学	有配偶	1儿4女	子女给、养老金	务农	配偶
4	女	70	未上过学	有配偶	1儿2女	养老金、土地出租	务农	配偶
5	男	88	初中	有配偶	4儿1女	养老金、征地补贴	村干部	配偶
6	女	45	初中	有配偶	1儿	养老金、征地补贴	务农	村敬老院老人
7	男	75	高中	有配偶	2儿1女	退休金	部队转业	配偶
8	男	77	未上过学	有配偶	3儿1女	务农	务农	配偶
9	女	24	大专	未婚	无	工资	企业	市养老机构老人
10	男	32	高中	有配偶	1女	工资	企业	市养老机构老人
11	女	49	小学	有配偶	1儿1女	村办企业工资	务农	婆婆
12	男	76	初中	有配偶	3儿	子女给	务农	配偶
13	男	44	初中	有配偶	1儿	务农/工资	务农	镇敬老院五保老人

个案	性别	年龄	文化程度	婚姻状况	子女数量	主要经济来源	以前职业	照护对象
14	男	39	初中	有配偶	1儿	务农、做小生意	务农	父亲
15	女	59	未上过学	有配偶	1儿1女	务农、打工	务农	母亲
16	女	65	未上过学	有配偶	1儿2女	务农	务农	公公
17	男	73	未上过学	有配偶	2儿2女	务农	务农	配偶
18	男	71	小学	有配偶	2儿2女	务农	务农	配偶
19	女	81	未上过学	有配偶	3儿1女	务农	务农	配偶
20	女	79	未上过学	有配偶	2儿3女	子女给	务农	配偶
21	男	55	初中	有配偶	2儿	务农	务农	父亲

照护人员的婚姻状况而言，除了1位市级养老机构的服务人员是24岁的未婚女性，其他照护人员均有配偶。照护人员的子女数量明显少于失能老人，除了那名未婚的市级养老机构服务人员以外，20位照护人员中，有1个子女的5人，有2个子女的4人，有3个子女的4人，有4个和更多子女的7人。有3个和更多子女的照护人员都是失能老人的配偶，年龄都在65岁以上。

照护人员的主要经济来源为"务农"的有9人，主要是失能老人的配偶或子女；有的照护人员还有"征地补贴"、养老金、子女供给、工资性收入等。

在照护失能老人之前，16位照护人员的职业是"务农"，也有企业工作人员、医生、村干部、部队转业人员等。

第二节　农村失能老人居家照护

居家照护是从照护场所的角度而言，与之相对应的是机构照护。顾名思义，居家照护是指老年人在家里居住并得到照护，其照护资源既可以来自家庭，也可以来自社会或社区。从这个角度而言，居家照护可以分为两种形式：居家—家庭照护和居家—社会（社区）照护。

一　居家—家庭照护

中国传统的养老和照护方式就是居家—家庭照护，是指失能老年人在家里（自己家里或子女家里）居住，由家庭成员照护的方式。在这种方式下，家庭既是老年人的居住场所，同时也是养老资源的主要提供者。这是一种无需付费、非正式的照护方式。

年老父母依靠子女养老的方式是一种反哺式的养老方式。居家—家庭照护（养老）可以独立运作，中国传统的养老主要是依靠这种方式独立运作完成的。费孝通先生曾在《江村经济》中这样描述中国传统的"养儿防老"现象：当父母年老不能劳动时，他们就由儿子来赡养（费孝通，2006）。中国农村养老的主要模式一直是家庭养老。

居家—家庭照护按照照护者的角色可以分为配偶照护和子女照护。全国老龄办和中国老龄科学研究中心在2010年开展的《全国失能老年人状况专题研究》发现，我国完全失能老年人的照料主要是依靠传统家庭成员来解决的，依照介入和承担责任的顺序依次是配偶、儿子、媳妇和女儿。但是配偶在失能老人照料中的作用随着老年人年龄的增加而弱化。在农村传统照料模式中，儿子、媳妇占据最重要的位置，儿子在完全失能老人照料中的位置难以替代；在城市中儿子依然占据重要位置，但是女儿与儿媳妇的作用相近。[1]本书第三章中表3—9也显示，农村老年人在生病时，由配偶和由子女照顾的比例分别为41.4%、51.4%。

1. 配偶照护

中国有句俗话：少年夫妻老来伴。失能老人如果有配偶，那么他们的照护任务首当其冲的是由配偶承担的。表5—1的访谈个案中，有13个农村失能老人是在家里（包括老年人自己家里和子女家里）居住并由家庭成员提供照护服务的，其中有两人是由配偶和子女共同照护的，有7

---

[1]　全国老龄办宣传部：《全国城乡失能老年人状况研究》（新闻发布稿），http://www.cncaprc.gov.cn:8080/info/13085.html。

人完全是由配偶照护的。

个案 3：女性失能老人，80 岁。山东省 D 市 K 县。

老人已经患脑血栓 11 年，右半身瘫痪（只有右手有知觉），自己能吃饭，但是其他日常活动如穿衣、上下床、上厕所等都不能做，属于中度失能。老人大多数时间在炕上，但是思维很清晰，能表达自己的意思。老人有 1 个儿子、4 个女儿。笔者去访问时，她原本是躺在床上的，看见笔者进到屋子里，她快速地从床上坐起来，与笔者交谈。老人住在自己家里，平时主要是配偶照顾她。房间很宽敞，有个大炕，有电视机。老人的穿着很整洁，被褥也比较干净，儿子在本村居住，每天都来看望，女儿则定期轮流来帮老人收拾屋子、洗衣等。老伴 82 岁了，虽然听力有一些障碍，老花眼严重，但是身体状况还可以，平日里做饭、照顾护理等事情都能完成。

老人所在地区是山东省 D 市 K 县，属于经济发达地区，地区经济发展水平较高。2011 年 D 市生产总值 2676.35 亿元，农村居民人均纯收入 10025 元；K 县 2010 年生产总值 220.28 亿元，农村居民人均纯收入 8223 元。D 市开展的新型农村养老保险已经实现城乡一体化，称为"城乡居民养老保险"，所有 60 岁以上的老年人每个月都能领到基础养老金（120 元，比国家规定标准高一倍多）。D 市自 2005 年起在山东省率先建立起了农村老年人生活救助制度（后来为了与国家的政策一致，改称"高龄补贴"），补贴标准为 75 ～ 89 周岁的农村老人每人每年 360 元，90 周岁及以上的农村老年人每人每年 960 元。在比较强大的地方经济的支持下，老两口的主要收入除了女子供给以外，还有养老保险（每人每个月 120 元的基础养老金）和高龄补贴（每人每年 360 元），子女也常给老人钱。老人日常花销不愁，但是因为生病住了两次医院，因此目前还有 1 万元的欠债。

笔者在访问老年人期间，有位 50 多岁的妇女进来，是老人的邻居，她很热心，有时会替老人补充回答一些问题。邻居经常过来看望，有时帮他们做一些生活琐事。农村开放的、融洽的邻里关系是个很好的资源。

老人所在的村是远近闻名的小康文明村，村头建设有崭新整齐的老年房，供给村里有困难的老年人居住。村委会逢年过节都会探望 60 岁以上的老年人，慰问品通常有现金、面粉、鸡蛋、鱼等。尽管村里还没开展真正意义上的社区服务，但是村里的妇女工作者、巾帼志愿者等团体和组织都会给需要的老年人以帮助。

因为失能时间长达 11 年，该失能老人心理有点消极。尽管老伴日夜照护、儿女都很孝顺、邻里和睦、社区能给予很多帮助和支持，但是在笔者进行访谈的过程中，老人不时流露出非常消极的情绪和落寞的表情："社会是不孬，但这病不行（病很严重，很折腾人）"，老人甚至说，"不如死了，活够了"。

个案4：男性失能老人，69岁。山东省D市K县，与个案3在同一个村。

老人有关节炎和胃病，耳背，吃饭、穿衣、上厕所、上下床、在室内走动等基本生活可以自理，但是做饭、洗衣等家务活动则有些困难，属于轻度失能。老人有 1 个儿子两个女儿。老人住在自己家里，平时是老伴照顾他。儿子、儿媳妇、孙子就住在隔壁，天天都过来看望一下，并帮忙做家务。老人的房间比较宽敞，除了一些日用家具和设施以外，还有一些书籍，老人有时还练练字。

老两口的主要收入除了子女供给以外，也有养老保险（每人每个月 120 元的基础养老金，同个案 3），但是没有高龄补贴（当地的规定是 75 岁以上才有）。他们有土地出租金 1300 元 / 年。

该老人精神和心理状态都很好，言谈举止都透露着对生活的满足和幸福。他特别提到他的孙子很关心他们。村里风俗很好，邻里也都很和善、互助，村委会逢年过节都会探望 60 岁以上的老年人（同个案 3），村里还曾组织老人去北京旅游，费用都由村集体出。

大部分失能老年人很在意自己的配偶，他们在生活上相互照顾，精神上相互鼓励，一旦一方失去配偶，即便是儿孙满堂也代替不了。但是失能老人所依靠的配偶照护主要是日常生活照料和基本的卫生护理方面，同时，由于失能老人的配偶也大多数已经年老体衰，无法从事有较高收入的经济活动，单靠配偶很难实现对失能老人经济上的供养，因此从经济供养的角度而言，绝大多数农村失能老人的照护资源还是来源于子女。

2. 子女照护

"养儿防老，积谷防饥"。在中国的传统文化里，"养儿防老"的思想根深蒂固。在我国农村地区，失能老人居住在自己家里或去子女家里依靠子女提供照护的方式非常普遍。

（1）子女到老人家里照护

个案21：男性失能老人，80岁。山东省N市S县。

老人患有脑血栓、高血压、糖尿病等多种慢性疾病，日常生活自理能力完全丧失，需要照护两年多了。老伴78岁，身体也不是很好。老人有3个儿子1个女儿。老两口在自己家里居住，平时都是儿子轮流来照料，老伴也力所能及地照顾他。老人的房间只有简单的生活日用品，没有电视、电话、电冰箱等现代家电。

老人所在的地区是山东省N市S县，属于经济欠发达地区，2011年全县生产总值106.96亿元，农民人均纯收入为6357元。老人的年收入五、六千元，收入主要有养老金（新型农村养老保险）、子女供给、最低生活保障等。老人参加的新型农村养老保险每月领取55元的基础养老金，最低生活保障每月80元。上一年度老人的日常消费性支出5000元（包括2000元的医疗支出），老人收支基本上相抵。老人没有欠债。

尽管子女很孝敬，儿子轮流来照顾，但是老人仍感觉孤独，主要原因是"平日里说话的人少"。虽然感觉孤独，当问及老人"是否希望去儿子家里居住并得到照顾"时，老人表示仍然希望留在自己家里居住。

笔者访谈老人时，正在老人家里照顾他的这个儿子55岁了，初中文化程度，有配偶，均务农，他有两个儿子，分别是35岁（机关干部）、34岁（经商）。儿子家距离老人的家200米，儿媳经常帮助照护老人。儿子认为父亲的身体健康和心理健康状况都"很差"；老人因为完全失能，"吃喝拉撒都得照顾"。在照顾老人时遇到的最大困难是"缺钱"，解决方式是"借钱"；有时朋友和邻居会主动来帮忙。老人所在的镇或村没有社区服务。

儿子对照护父亲的看法："自己的老人，有重病，做子女的理应照顾"；照顾老人对生活和工作的影响是："占用时间，没空出去打工"。对于自己以后的照护方式，老人的儿子回答："希望以后自己的儿子照顾自己"。

（2）老人在子女家里居住并得到照护

农村老年人特别是失能、高龄老人在子女家里居住并接受日常照护，在中国是一种很常见、很普通的方式。如果老年人有多个子女（特别是多个儿子）的话，对老人则大多采取"轮养"的方式。轮养是指两个或两个以上的儿子在结婚成家以后，轮流承担赡养父母或父母一方的责任。

个案 11：女性失能老人，83 岁。山东省 J 市 P 县。

老人患脑血栓已经 8 年，能自己吃饭、穿脱简单的衣服，其他日常活动都需要人帮助，属于中度失能。老人没有老伴了，有 3 个儿子两个女儿。老人在 3 个儿子家里轮流照护，一家住半个月。笔者去访谈时，老人正坐在床边的轮椅上，住在三儿子家里，同住的还有一个孙子和一个孙女。老人的儿子白天在村办企业上班，大多数时间是儿媳妇照护她。

老人所在的村位于山东省 J 市 P 县，2011 年全县生产总值 181.27 亿元，农民人均纯收入 8489 元。尽管 P 县的经济发展在 J 市是中等水平，但是老人所在的 × 村却是当地有名的"全国文明村"。访谈时笔者一走进这个村子，就感受到浓厚的文化气息。迎面看见的是"文化苑"的牌坊，正义厅、奉献厅分列两旁，象征该村文化之源的"孝俚"铜像居中而立，还有街心公园、文化广场。在广场内、道路旁，名人雕像、名言警句、村庄典故、村民事迹等随处可见，都在诉说着该村文化的厚重与扎实。该村的荣誉栏内排列着众多响亮的荣誉称号，如"全国文明村"、"全国精神文明创建先进单位"、"全国先进基层党组织"，等等。

在这样一个村集体经济发达、先进文明的村里，老人儿子家里的条件很好，是二层小楼。由于该老人不能清晰地表达自己的想法，因此无法得到她关于养老和照护的态度和意愿，但是从她儿媳妇那里，我们能感觉到老人儿孙满堂，子女都很孝敬，老人生活比较舒心。老人的儿子在村办企业上班，家庭年收入 3 万多元。儿媳妇 49 岁，小学文化程度，当老人不在他们家里居住（轮到其他儿子家里）时，她会做一些农田里的活。

笔者在访谈时，老人的儿媳妇没有太多话语，但是她憨厚、淳朴的性格以及心甘情愿照顾婆婆的态度都给笔者留下了很深的印象。笔者问她："在照顾老人时遇到什么困难？"她说："没有困难，与他们（另两个兄弟）轮流"，然后又补充道："自己的老人，（照顾她是）理所当然（的事情）"；"有没有心情不好的时候？"，她笑着说："没有"；"对于政府和社会有什么要求和期待？"她说："没有，养老是自己家里的事情"。对于自己以后的照护方式，老人的儿媳妇回答："全靠孩子"。

个案 15：女性失能老人，84 岁。山东省 N 市 S 县。

老人患有心脑血管疾病、关节炎、听力障碍等，吃饭、穿衣、上厕所可以，但其他日常活动都需要人帮助，属于中度失能。老人的老伴早已经过世，她没有儿子，但是有 5 个女儿，老人在这 5 个女儿家里轮流居住。笔者去访谈时，老人正住在三女儿家里，同住的还有一个孙子和一个孙女。老人的女婿务农，有时出去打工，大多数时间是女儿照护她，已经照顾 21 年了。老人一年的收入大约 5000 元，包括子女提供 300 元 / 月、最低生活保障金 80 元 / 月、新型农村养老保险 55 元 / 月基础养老金、高龄补贴 100 元 / 年。老人上一年度日常消费性支出（包括医疗支出）约 5000 多元，收支基本相抵，无欠债。老人的承包地由女儿耕种。

老人基本能表达自己的想法，表示对目前的生活"不太满意"，因为"女儿脾气不好"；希望的居住方式是"自己单独居住，住在养老或护理机构由那里的人员照顾"。笔者问她："住养老机构的话，谁给你出钱？"她说："女儿出一部分、政府（如最低生活保障金、补贴等）出一部分"。老人希望政府和社会能多给她一些补贴。

正在照护老人的这个三女儿 59 岁，没上过学，有配偶，有两个孩子均已成家，儿子 38 岁、女儿 36 岁，全家人都以务农为业，去年老人三女儿的家庭收入仅五千元。谈到已经照顾母亲 21 年了，老人的三女儿说"作为女儿，不管（她）不行，不管的话怕别人笑话"；在照顾老人时遇到的最大困难是"缺钱"，"（我对象）出去借钱，打工再还上"。

三女儿在照护失能母亲时有消极的心理。她感到照顾失能的母亲"使自己很累，误了农活"。她甚至毫不掩饰地对笔者说："有时累极了就对老人说'不死干嘛？'"在照护老人时她从没找别人帮过忙，也从没有朋友或邻居主动来帮她，只是在照护老人时如果心情不好会找邻居诉说。她们村和乡镇也没有社区服务。当笔者问她"等以后您年龄更大一些的时候，也会需要别人照顾，你希望别人怎样照顾你？"她回答："希望我的儿子和女儿能让我有吃、有穿、有零花钱，（如果）与子女（关系）处不好，我就自杀算了"，这样的想法正是她当前照护失能母亲时产生的消极和厌烦心理的表现，严重影响到她自己以后养老生活的计划。

个案 20：男性失能老人，77 岁。山东省 N 市 S 县。

老人患有心脑血管疾病、关节炎，完全失能 4 年了。老人有老伴，有两个儿子 3 个女儿，老两口在两个儿子家里轮养。老人在儿子家里住的是偏房，屋子里有简单的日用品。老人的收入除了子女供给 300 元/月以外，只有新型农村养老保险 55 元/月的基础养老金。老人上一年度日常消费性支出（包括医疗支出）4000 多元，收支基本相抵，无欠债。老人的承包地由儿子耕种。

老人的子女都很孝敬，给老人钱物、为老人看病等，但是老人还是因为身体不好而感到"孤独"，对目前的生活状况"不太满意"，希望的照护方式就是目前这样，即居住在家里由家庭成员照护。

该老人的老伴 79 岁，身体也不是很好，耳背，但是平日里一些基本的日常活动可以做，也能照护完全失能的他，不能做的则由儿子及儿媳妇帮忙共同照护。笔者在访谈时，老人的老伴因为耳背，有时也说不清楚，很多问题都是由其儿子代答的。他们认为在照护失能老人时遇到的最大困难是"缺钱"、"很累"。

二　居家—社会（社区）照护

与居家—家庭照护模式有一定相似但也有不同，居家—社会（社区）照护是指老年人居住在自己家里或者子女的家里，由社会服务人员上门照护的模式。居家—社会照护并不能依靠家庭独立完成，而是需要社会（主要是社区）来为在家里居住的失能老人提供支持和服务，包括各种形式的入户（上门）照顾和服务，使老年人能够尽可能地延长留在家庭和社区生活的时间，这种模式是对中国传统家庭养老护理功能弱化的必要的有益的补充。但是，居家—社会照护不能简单地理解为居住在家里接受照护，它被赋予了更全面也更丰富的内涵，是指老年人在家中居住、但照护服务却是由社会提供的一种社会化照护模式。

居家—社会（社区）照护的服务对象可以是中度失能或完全失能老年人，也可以是那些生活能够部分自理和轻度失能的老年人。对于轻度失能的老人，如果有社会（社区）服务人员入户照护几个小时，可以弥补轻度失能老人自己照护的不足，老人的家庭照护人员可以外出做自己的工作；对于中度和完全失能老人，如果有社会（社区）服务人员入户照护几个小时，可以暂时缓解失能老人家庭照护人员的照护压力。居家社会（社区）照顾的提供者主要是社区服务组织和机构、慈善、互助组织和志愿者等。

我国有的农村社区开展了一些为老年人提供的"居家上门服务"，但是大多数是在一些毗邻城镇的农村，即"村改居"社区。安徽省合肥市曙光社区是全市首批进行"村改居"的社区之一，居民大多数是附近的失地农民，其中老年人口的比例比较高，整个社区的人口老龄化问题非常突出。目前曙光社区实施居家养老新模式，在社区建立起了"居家养老服务中心"，安排了4名专职工作和服务人员，通过入户服务、上门走访等方式照顾生活在该社区的老年人[①]，取得良好效果。

有的农村社区成立"老年人互助会"，加入互助会的社区成员每天会对本小组的空巢、孤寡、高龄老人开展"一天一见面"的爱心敲门活动，借助这个灵活的形式及时掌握老年人的生活状况；社区里面的低龄健康老人为失能、空巢、高龄老人提供一些力所能及的照顾服务，比如洗衣做饭、打扫卫生、代购配药、陪同看病等。浙江省余姚市鹿亭乡由政府

---

① "中安在线"，《安徽日报》，http://ah.anhuinews.com/system/2011/09/28/004458133.shtml。

牵头组成老年人互助会工作网络，乡、行政村、自然村和村小组四级联动，老年人自愿加入。会长每天早上都会去村里几户孤寡老人和高龄老人的家进行"爱心敲门"。互助会里面设有助行、助医等多个志愿服务小组，根据"爱好相似、性格相近、住址相邻"的原则，每个互助会分片设立两到三个互助小组，由乡财政投入43万元，进而带动村也投入资金100万元，共同建立了互助会活动室，全乡12个行政村和27个自然村都已经建立。这种搭建平台、引导社区老年人通过相互帮助来解决彼此养老服务问题的"鹿亭乡模式"，对于我国公共财力拮据的地区和农村偏远山区，是经济易行又切实有效、值得推广的模式。[①]

社区面向老年人的入户服务目前我国主要是在城镇地区开展的居家养老服务，在农村还没有在较大范围开展起来，笔者在农村访谈时也没有遇到这种照护方式。不过今后，随着农村经济和社区建设的发展，农村人口老龄化的加深，居家养老服务会逐渐向农村地区延伸，应该会有更多居家养老的农村失能老人也能接受到社会（社区）照护服务，实现就地养老。

三　农村居家照护的特点

1. 有配偶的失能老人主要由配偶照护

表5—1的访谈个案中，有配偶的13位失能老人中有12位是由配偶照护的，另一位（个案10）是入住养老机构由机构服务人员照护的。其中4位失能老人是由配偶和子女共同照护的。因此，有配偶的失能老人的照护任务首当其冲的是由他们的配偶承担的。由于失能老人中高龄老人多，他们的配偶往往也是高龄、多病、轻度或中度失能，因此他们的配偶承担着繁重的照护压力和沉重的心理压力。当他们感觉自己不能或者难以承担全部照护任务时，首先会向子女求助，因此很多有配偶的失能老人的照护是由其配偶和子女共同承担的。个案21就是老两口在自己家里居住，子女上老人家里来帮忙照顾；也有的失能老人和配偶都住在

---

① 新华网，http://news.xinhuanet.com/2011−10/05/c_122120590.htm。

子女家里，老人由配偶和子女共同照护，如个案 20。

2. 家庭对失能老人的照护功能在弱化

在实地访谈时笔者能够深刻地感受到，尽管农村失能老人的照护主要是依靠家庭成员来完成的，但是因为成年子女外出务工、上学等，农村家庭对失能老人的照护功能也已经逐渐弱化了。在农村失能老人的家里，低龄老人照顾中、高龄失能老人的现象非常普遍。而且今后随着我国城镇化进程的加快，会有更多的农村中青年人口迁出，留守在农村的老年人口群体的规模却在不断扩大。

有学者（李建民等，2000）研究了家庭中能够提供高龄者照料服务的人力资源情况，使用的是 50 ~ 69 岁人口与 80 岁以上人口的比这一指标。结果显示，在一个家庭中，50 ~ 69 岁年龄组的人是提供高龄者照护服务的主体。在 2000 年，50 ~ 69 岁人口与 80 岁以上人口的比是 17.6，然后这一指标呈现逐年下降趋势，据预测到 2030 年这一指标将达到 13.0，到 2050 年又会减至 6.0，而在 2080 年会达到最低值，仅仅是 4.5。这意味着在中国，家庭作为高龄老人照护主要提供者的地位虽然不可能改变，但是家庭中能够提供高龄者照护的人手会越来越少，其份额有减少的可能。

3. 失能老人的家庭照护者承受着多重压力

对失能老人进行居家—家庭照护的照护者呈现经济条件一般、照护时间较长等特点。失能老人的家庭照护者承受着来自于经济、工作、心理等方面的压力：第一是沉重的经济负担，如被照料者的基本生活及医疗费用等，因为承担着照料失能老人的繁重任务，照护者无法同时从事有酬的社会经济劳动，也有一些之前有工作的照护者因为要照顾家中老人而不得不经常请假、旷工等，导致失去晋升机会、损失收入等。其次，会影响家庭照护者的身体健康。长期的、重复性的、高强度的照料失能老人会直接影响到照料者的身体健康，常常导致身体不适、身心俱疲、筋疲力尽等现象，从而严重影响了照料者的生活质量。第三，给家庭照护者带来很大的精神压力。照护者长期与失能老人紧密接触，极易受到失能老人的影响，产生失落、无望、孤独、沮丧等不良情绪，心理上会有许多负面的影响。照顾者在照护过程中面对生理、心理和经济的压力，虽然能够积极采取自我解压的方式，并从家庭获得支持，但他们对政府和社会提供支持也提出了迫切需求。

4. 农村家庭对失能老人的照护是低标准、非专业性的

笔者访问的 21 位失能老人中，80 岁以上的有 8 人，如前面分析，很多失能老人是由同样已经年老体衰的配偶照护的，这就很难保证照护的质量。从照料内容来看，农村家庭对失能老人提供的主要是日常生活起居方面的照护，仅仅是满足了较低标准的温饱和生活需求；而无法顾及老年人对精神和心理慰藉、社会参与等较高照护标准的需求。同时，由于家庭照护者的文化水平和护理的专业技能较低，在照护的专业要求方面，无法给与失能老人优质的营养配给、保健康复、心理辅导、慢性病预防等专业的指导和护理，而这些照护内容恰恰是失能老人非常需要的。在广大农村地区，失能老人由于缺乏专业性的照护，一旦疾病缠身，或者突发重病、重伤，往往不能得到及时的较好的康复性护理，极易导致瘫痪，甚至是短时间内就离世，这是家庭照护的最大弊端。

5. 社会对农村失能老人居家照护的支持严重缺失

在农村，由于养老体系尚未完善，失能老人的社会化照料需求与当地的服务供给处于明显的失衡状态。平时照顾农村失能老人的多为配偶和子女，社会支持少，一旦配偶或子女有事外出或能力受限，老人的日常照料就会出现空白。这种表面有人看护，但实际存在很多隐患的照护方式，难以满足失能老人居家照护的基本需求。一部分失能老人需要社会提供的洗衣服、打扫房间、理发等服务。特别是面向完全失能老人的基础护理、康复指导、做饭、陪诊、购买生活必需品、洗漱等服务更是空白。现阶段由于社会支持网络薄弱，我国广大农村地区失能老人的照护压力主要是在家庭成员的身上，最主要的是在失能老人的配偶身上，他们急需要来自于社会的支持和帮助。

6. 农村失能老人的居家照护主要依赖子女的孝敬

当前的农村老年人子女数量较多，因此失能老人照护的家庭人力资

源可谓丰富，但是访谈发现，农村失能老人的居家照护质量主要依赖于子女的孝敬程度。在子女孝敬的家庭里，失能老人往往都能得到很好的照护，老人的生活水平和精神状态都还不错；而在子女不是很孝敬甚至对失能老人不管不问的家庭里，失能老人的生活状况和处境就非常凄凉。即使在主要由配偶照护的失能老人那里，子女的孝敬、经济供养、生活照顾和精神慰藉也是至关重要的。访谈中，虽然大多数老人都认为自己的子女孝顺，很多老人由衷地对子女感到满意。但是也有部分老人表示对子女不满，认为子女没有尽到责任。个案15的失能老人没有儿子，5个女儿轮流照顾她，但是女儿在照护她时经常产生消极和厌烦心理。

由于居家照护存在的上述问题，导致了家庭在照护失能老人过程中，增加了家庭矛盾，失能老年人也极易产生悲观厌世情绪。访谈发现，被访失能老人和他们的家属一般都不愿意谈家庭矛盾，甚至会有意地隐瞒家庭中的冲突和矛盾。调查中发现部分失能老人有轻生的念头或自杀的行为倾向。由于家庭照顾存在缺位现象，农村失能老人极易陷入无人照护的困境，有必要大力发展社会化照护来弥补家庭照护的不足，提高失能老人的照护质量。

第三节 农村失能老人社区照护

社区照护强调的是社区作为人们社会活动和社会交往的空间地域，所具有的在为老年人提供养老、医疗、日常生活照料等方面保障的功能。社区对老年人的照护主要是通过社区助老（为老）服务的形式实现的，通常也被称为社区助老（为老）服务[①]，是一种服务保障。社区老年照护是目前西方发达国家鼓励、大力提倡和支持的老年照护形式，是对居家

---

① 有文章称"社区养老"，笔者认为不妥。养老，按照养老资源的主要来源，分为家庭养老、社会养老、自我养老。"社区养老"的提法混淆了上述概念，其意仍然指的是社区从服务的角度来满足老年人的特殊需求，保障老年人的权益，并非指社区成为养老资源的来源，因此不能与家庭养老、社会养老、自我养老并列而称。

照护的重要依托和补充。国内外虽然在对"社区照护"概念的理解上不完全一致，但是该项照护模式的核心是指由社区为失能老人提供照护服务，主要是通过动员社区（社会）各方面的力量来支持家庭照护，弥补家庭成员提供照护的不足。农村社区照护的本质就是村域照护资源的整合与运用，是一种多方的合作机制。

农村社区对失能老年人的照护主要有两种形式：一是社区服务人员入户为居家失能老人提供照护。这种形式实质上是上文谈到的居家—社会（社区）照护，此处不再赘述。二是失能老人在社区日间照护中心、托老所或护理机构，由社会服务人员、护理人员或医师提供的正式照护。这种照护方式目前在我国的发展主要是指城市社区的照护（照顾）机构（中心）、居家养老服务中心等，是一种日间照护。在我国广大农村地区，社区日间照护并未开展。

笔者在调研和访谈时发现，目前在广大农村地区，面向老年人的社区服务组织和机构还非常少，有一些经济发达地区的富裕农村也探索着改造或者建设了部分房屋、机构和设施，专门为老年人提供集中居住和照顾，如，有一些毗邻城镇的农村即"村改居"社区和集体经济富裕的农村地区自行探索出一种新的社区照护形式：在这些农村社区，村集中建设"老年房"、"老年公寓"等房屋、机构和设施，供高龄、困难、失能老人集中居住并养老，老人的子女可以共同居住以便照护老人，子女不方便或无子女的老人也可以由专门的服务人员进行照护。

本书将社区照护划分为社区—家庭照护和社区—社会照护两种形式，这是按照照护资源的来源进行划分的。

一 社区—家庭照护

如果老年人居住在社区组织或机构，由专业人员进行照顾和护理，但是照护资源（主要指经济供养）来源于家庭，那么这种照护方式称为社区—家庭照护。在农村社区，笔者在调研和访谈中收集到以下形式的老年人照护设施和机构：

其一，山东省 D 市 K 县 Z 村 "老年房"

D 市 K 县位于山东半岛东北部，Z 村位于 K 县城以北 3 公里处，是一个拥有 470 户、1500 多人的大村子，主导产业为棉花、水稻，土地面积 4600 亩（其中耕地面积 2500 亩），农民人均纯收入超过一万元。Z 村规划整齐，是附近远近闻名的小康文明村，他们关爱弱势群体，每年一到春节，村委会都会筹资十余万元，走访慰问 260 多名 60 岁以上的老年人和其他生活有困难的弱势群众。笔者在调研时一走进村子，就看到一排排崭新整齐的房子，亲切地看到墙体上印刷着尊爱老人、弘扬 "孝道"的图片和标语，村支书介绍，这就是 Z 村为老年人统一建造的 "老年房"，提供给村里贫困的老年人居住和生活。Z 村书记说："建设老年房的初衷，就是因为看到有的村民外出，一些老年人留守，无人照料，因此为了给外出的村民解决照顾老人的后顾之忧，就想了这个方法"。

其二，山东省 D 市 L 县 Z 村 "敬老幸福园"

Z 村在 L 县城北面，全村不大，一共有 145 户，487 口人。其中 60岁及以上的老年人有 89 人，占总人口的比例是 18%。由于位于城乡接合地带，Z 村的耕地已经全部被征用了，有一处大型的集贸市场。该村大力发展民营经济，带动全村第三产业发展，人均年收入 6000 余元。

Z 村大力加强精神文明建设，提高村民素质，在 2006 年投资 30 万元对文化大院重新进行了修缮，增设了老年活动室、文体娱乐场地、阅览室、篮球场、门球场等，配备了整套的健身器材。为活跃文化生活，2006 年Z 村组织了 130 人的威风锣鼓队，参加了市、县组织的元宵节民间文艺调演。近年来 Z 村获得 "市级文明单位"、"全省先进基层党组织"、"全市模范村民委员会"、"市级文明信用村"、"市级小康文明示范村"、"省级小康文明村"、"山东省民主法制示范村"、"省级文明村镇" 等荣誉称号。

村里 2009 年建造了 "敬老幸福园"，也是考虑到年轻人大多外出务工经商搞企业，一些老人或残疾人留守在村里，得不到很好的照顾。为了解决好老年人的养老和残疾人的照护问题，建造了总建筑面积 3800 平方米的 "敬老幸福园"，每户 58 平方米，设置了 102 张床位，同时配备了警务室、医务室、放映厅、健身房、残疾人康复室、休闲广场等服务设施。村里对老年人的入住规定得非常详细：老年人可以自己入住，也可以让子女同住以方便照护。本村 60 岁的老年人入住时交 3 万元房费，60 ~ 65 周岁每大一岁少交 1000 元，年龄小于 60 周岁的，每小一岁增交 2000 元，66 ~ 75 周岁每大一岁少交 1500 元，76 ~ 80 周岁每大一岁少交 1000 元，80 周岁以上一律交 5000 元，等等。村里还制订了"敬老幸福园"的章程、相关人员职责等，便于规范管理。

前文表 5-1 中个案 1 和个案 2 的失能老人都是在此村老年公寓生活并得到照护的。

个案 1：女性失能老人，79 岁。山东省 D 市 L 县 Z 村"敬老幸福园"。

老人患脑血栓 9 年了，当时经过及时治疗后，生活自理能力较好，只是半年前有点脑出血才需要有人专门照护。老人目前吃饭、穿衣没问题，其他日常生活都做不了，属于中度失能。老人有配偶，有两个儿子 4 个女儿。老两口住在本村的"敬老幸福园"里，老人的老伴除了有点耳背以外，身体很好。笔者去访谈时，老人的女儿扶她坐在沙发上与笔者交流。平时女儿白天在公寓里轮流照护两位老人，晚上一般只有老两口在公寓里居住。

老两口 2009 年入住的村"敬老幸福园"，刚入住时交了 5500 元，水电费全免费，现在不用交钱了。老人的房间里有电视、冰箱、太阳能热水器、电话等，都是村里统一配备的。

老人与前文个案 3 的失能老人都是山东省 D 市，虽然不在同一个县，但是因为 D 市制定的关于新型农村养老保险（D 市城乡一体化后，与城镇居民养老保险统称"城乡居民养老保险"）、高龄补贴等政策全市统一，因此两个县农村老年人的福利和待遇都一样。老两口的收入包括：每人每个月 120 元的城乡居民养老保险基础养老金；每人每年 360 元的高龄补贴；最低生活保障 200 元 / 月 / 人（仅老太太有）；村里每年补助 1000 元。仅上述几项，老两口一年的收入就达到 7000 元。老人有存款，根本不用儿女供给。

老人 9 年前得脑血栓时得到及时治疗，与她家里有人在医院工作有关系。老人有一个儿子、一个女儿、女婿、孙女婿共 4 人都在县医院工作。

笔者去访谈时正在照顾她们的女儿今年 59 岁，刚从县医院退休，因此有时间常来照护老人。子女会定期带父母去检查身体，父亲 84 岁，除了有点耳背以外，身体很好。女婿也常来看望老人，为老人做饭、陪父亲喝点小酒。老人的这几个子女相处得都很好，争相来照顾老人。我们问老人的女儿："在照护老人时有哪些困难？"她说："没有困难，有时自己有事不能来，妹妹就来替班"；她认为照护老人对自己的工作和生活"没什么影响，有时临时有事来不了，心里还很着急"。当问及"照顾老人时，有没有心情不好的时候？"她笑着说："没有，我还每天都逗她玩呢！"

确实，在访谈这位失能老人时，看到老两口的穿着很整洁、得体，看到老人脸上流露出的笑容，听到老人女儿轻松的话语，笔者已经感受到了她们对生活的满意。说实话，在访谈农村失能老人时，笔者往往心情很沉重，而在这家，笔者感受到了轻松。访谈结束笔者离开时又听说，这位失能老人的亲姐姐 92 岁了，就住在她隔壁。这位失能老人尽管近 80 岁高龄、患脑血栓 9 年、半年前脑出血导致中度失能，但是在老伴的关心、孝顺子女的呵护、亲姐姐的陪伴下，老人才能有思维很活跃、能较好地表达自己想法、心情也比较好的状态。

个案 2：女性失能老人，90 岁。山东省 D 市 L 县 Z 村"敬老幸福园"。

老人 8 年前患脑血栓，站不起来也不能行走，两年前患胆结石。老人目前吃饭、穿衣没问题，其他日常生活都做不了，属于中度失能。老人无配偶，有 1 个儿子。平时都是儿子、儿媳妇照顾，儿媳妇陪老人住在本村的"敬老幸福园"里。

老人的房间与个案 1 的老人一样。老人的穿着很好。老人的收入包括：每月 120 元的城乡居民养老保险基础养老金和每年 360 元的高龄补贴，一年的收入有 2000 多元。

老人只有 1 个儿子，但儿子和儿媳妇都非常孝顺，有病能够及时去医院诊治。笔者去访谈时，老人因为胃病入院治疗后刚出院两天。老人当年上半年看病共花费4000元，其中新型农村合作医疗支付了2400元，儿子支付了1600元，目前没有应报销但未报销的医药费。

老人的儿子69岁，儿媳妇66岁，老人的两个孙子均已成家。老人儿子家的主要经济来源是养老金（每月120元的城乡居民养老保险基础养老金）和征地补贴（每人1000元/年）。儿媳妇照顾婆婆已经8年了，她认为照顾婆婆是"责任！自己的父母自己养。"笔者问她："在照护老人时有哪些困难？"她说："老人不能走，经常需要抱着她"，"与对象（配偶）一起照顾老人，有时邻居会来帮忙架扶一下老人"。

老人曾被评为村里的"好婆婆"，由村里出钱去北京、青岛、济南、烟台等地旅游。儿媳妇两次被评为"好媳妇"、村"老年功臣奖"。儿媳妇不仅孝顺老人，自己也是多才多艺，会跳舞，有时与村里其他人一起去外地演出。当问及"照顾老人时，有没有心情不好的时候？"她笑着说："没有，她坐轮椅上，我经常推着她去活动室，看别人跳舞、打麻将，与别人多交流。"儿媳妇活泼开朗的个性影响和感染着老人，老人每天心情都很好，"从不孤独"。笔者问老人的儿媳妇："以后当您年龄更大一些，身体状况不是很好、需要别人照顾时，希望采取什么样的照护方式？"她很肯定地回答："希望子女能照顾我，我自己对老人孝敬，子女都看在眼里，等我以后老了，他们会对我好的"。家长是孩子最好的老师，确实，家长在孝敬老人方面的身体力行会在无形中影响着孩子，这也正是我国传统孝道文化传承的基本方式。

个案1和个案2的失能老人都是入住村里建设的"敬老幸福园"，生活起居都是由子女照护的，感觉更方便、更亲近一些。当然，该村的敬老幸福园也有服务人员，如果老人有需要，是可以由服务人员进行照护的。

个案8：女性失能老人，75岁，山东省Q市J市（县）

老人半年前得脑血栓，瘫痪在床，属于完全失能。老人的老伴已经76岁，平日里都是老伴照顾她，子女供给他们一点钱物。老人与老伴住在村里废弃的一个小学校（破旧的房子）已经 17 年了。老人原来有房子，但是给小儿子结婚用了，他们老两口就没房子住，村里看到老两口无处安身，就让他们搬到村里一个废弃的小学校里住。老人居住的房子不是自己的，尽管不是村里专门建设的，但是因为是村里提供的，应该算作村级社区给他们的福利，在这种意义上，应归为社区照护。

老人的 3 个儿子和 1 个女儿均已成家，3 个儿子都住在本村，女儿的家离老人的家有 15 里地。老人的这四个孩子每人一年给老两口 300 元，除了子女给，老两口每个人还有新型农村养老保险 55 元/月的基础养老金，有时老人自己的姐妹也会给一点。老人在得脑血栓之前身体一直还都挺好，老伴还为村办公室打扫卫生，每年有 800 元的收入，老两口自己做饭吃也还凑合。但是两年前老伴因为身体不好不能为村办公室打扫卫生，也就少了那份收入，老太太一年前又得了脑血栓，这之后老两口的生活更加陷入困境。

老人的女儿经常来看望，但是 3 个儿子相互攀比，除了每年必须要给的 300 元钱以外，对老人的照顾和关心很少。有的儿子多年来一直认为老人对他们弟兄分配不公平，因此耿耿于怀，都不愿多照顾老人，甚至平日里都很少来老人面前看望。半年前老人得了脑血栓以后，老两口生活实在困难，同村的 3 个儿子才轮流来给母亲送饭，但是送的饭菜仅够母亲吃，都不愿多送点饭菜让父亲也一同吃，父亲只好自己再另外弄点饭吃。

老人的其他亲戚和邻居们看到这种状况也都觉得无可奈何，他们也只是在逢年过节时力所能及地给老人一点钱。其实这位老人所在的村是山东省东部沿海经济发达地区，但是村委会和乡镇从没有人来看望过老人，也没有相应的社区服务。

二　社区—社会照护

如果老年人主要在社区服务机构或者组织得到照护，与此同时照护资源（主要指经济供养）来源于社会，那么就是社区—社会照护。上面所讲的老年人在村级社区建设的"老年房"和"敬老幸福园"居住，如果他们不是由家庭和子女进行照护，而是由社会服务人员进行照护，则是属于社区—社会照护方式。

山东省 D 市 K 县 D 村 2006 年投资 92 万元建造了"幸福乐园"，这是该县第一座村级老年公寓。自从"幸福乐园"开园以来，已经有 20 多位老人入住，D 村 70 岁以上老人全部实现集中供养。在这里居住的老人有的由家人照护，有的由服务人员照护。通常，在我国农村的乡镇敬老院里无儿无女的老人居多，但"幸福乐园"却是个例外，里面居住的老人基本上都有儿女，有的甚至是儿女双全。"幸福乐园"里有食堂、澡堂，老人的房间里有床、柜、桌、椅和电视等。"幸福乐园"是村自己出资开办的，成立初衷一方面是尊老敬老，另一方面也是为在外工作的儿女们腾出时间好好工作。"幸福乐园"并不是完全免费的，虽然规定村里老人只要满 70 岁就可以住进来，但每位老人每年还要交纳 1500 元的费用，这些钱都是用于园区管理和雇用工作人员的开销上。"幸福乐园"的墙体上画着"颂古二十四孝"的宣传画，紧挨着"幸福乐园"的是村卫生室，村卫生室门口的墙上赫然印着毛泽东的指示："一切为了人民健康"。

笔者在"幸福乐园"里访问了两位失能老人：

个案 5：女性失能老人，82 岁。山东省 D 市 K 县 D 村"幸福乐园"。

老人患股骨头坏死，曾做过两次手术，哮喘，属完全失能，需要照护已经 3 年多了。据她老伴介绍，老人原来思维还算清晰，能表达自己，只是前几天才开始有点糊涂。笔者在访谈时，老人的情况是由其老伴代答的。老人有 4 个儿子 1 个女儿。老人在 2006 年"幸福乐园"建好开园时就入住了，目前由老伴和"幸福乐园"的服务人员共同照护。

老人的老伴 88 岁，原来是村里的老书记，每月有 400 元的退休金。除了老伴的退休金，老两口的收入还包括每人每月 120 元的城乡居民养老保险基础养老金和每年 360 元的高龄补贴，还有占地补偿款每人每年 2000 元，因此老两口的收入一年有 1.2 万多元。尽管老两口去年的日常消费性支出（包括老人看病吃药）有 1 万元，但是老两口还有 3 万多元的存款。

包括"幸福乐园"，整个 D 村有着非常浓厚的尊老敬老的传统。该老人的五个子女都非常孝敬，每年交给"幸福乐园"的 1500 元费用都是子女争相去交的。老人的老伴说，不仅自己的子女孝顺，住在"幸福乐园"里的其他老年人的子女都很孝顺。子女孝顺，老人们也都相互攀比，争相说子女又送来了什么东西。老人的老伴说："（孝顺老人）是我们全村的好风气，每个人都是要脸要皮的，谁家的子女要是不孝顺老人，在村里都抬不起头来（别人会非常看不起）"。

老人在里间屋里的床上躺着，她老伴讲，尽管她不能自理，但是很有自尊心，很要面子，如果想要大小便时，即使儿子在身边，也绝对不会让儿子帮忙。她的心理有点消极，有一次说"不如死了呢！"但老伴从不嫌累，经常像哄小孩一样劝导她，"我常对她说，要是我像你这样，你不是也会给我指使（照顾）的吗？"因此让她心安理得地接受老伴的照护。老伴也有心情不好的时候，但是因为是村里的老书记，因此自我调整的能力较强，很坦然。

"幸福乐园"里的老人，生活能自理的自己去餐厅吃饭，1/3 的老人自理能力不是很好，就由服务员送饭上门。"幸福乐园"紧挨着村卫生室，"小小不然（很小、很轻）的病，去拿点药很方便。"老人的老伴说。

个案 6：女性失能老人，80 岁。山东省 D 市 K 县 D 村"幸福乐园"（同个案 5）。

老人曾经得过脑血栓，现在仍经常吃药。老人腿脚不便，不能走远路，虽然吃饭、穿衣、上下床、在室内走动、上厕所这样的日常活动可以自己完成，但是其他做家务就有很大困难，属于轻度失能，接受照护的时间有两年多。老人没有老伴了，有 4 个儿子两个女儿。老人一个人住在"幸福乐园"，由服务人员照护。

子女经常给钱，老人说："要多少给多少"。除此以外，老人的收入还包括每月 120 元的城乡居民养老保险基础养老金和每年 360 元的高龄补贴，还有占地补偿款每人每年 2000 元。子女经常来看望，送衣物、送药等。

平时都是由"幸福乐园"的服务人员照护她，有时陪同她外出看病。老人对服务人员很满意："（她们）一叫就来"，老人对目前的生活状况也是"非常满意"，她说："在这里不孤独，因为人多，比较热闹"，而自己希望的居住和照护方式就是在这个"幸福乐园"里。

老人思维很清晰，也很健谈，笔者与她多聊了一会。老人认为，应该通过评"幸福老人"、"五好家庭"、"好媳妇、好婆婆"等形式来强化尊老敬老风气。在农村失能老人的照护问题上，她认为，政府的角色是"多扶持，多给予资金支持，出台政策鼓励社会、企业都来扶持养老机构"。

我国还有一些地方探索出了多样化的农村养老和照护方式。河北省曲周县安寨镇东屯村有个"互助幸福院"，这是由村委会利用集体闲置房屋改建的养老院，县财政补贴了生活配套设施、添置了一些日用品，村里则承担了水、电、暖等日常开支，老年人只需自带锅碗瓢盆、柴米油盐就可以入住。村里独居的、子女无法照顾的老人集中居住在"互助幸福院"里，老人们在这里"抱团养老，就地享福，养老不出村"。①

2012年，河南新郑市要求15个乡镇、办事处依托村（居）委会闲置用房，因地制宜大力开展村级幸福院和社区为老服务中心试点建设工作，为老年人提供日常照料、文化娱乐、餐饮健身等服务，市财政对首批试点单位给予5万至8万元的建设补贴。城关乡东郭寺村建成了490平方米的新郑市首家村级幸福院。虽是"村级"，但东郭寺幸福院里有宽敞舒适的卧房，有设施齐全的健身房，还有调节生活情趣的图书室、娱乐室等，毫不逊色于城里的养老院。新郑市还计划在"十二五"期间，在社区为老服务中心和村级幸福院建设经验的基础上，实现每个乡镇建成4～6个村级幸福院，街道办事处各建成2～3所社区为老服务中心的目标。②

---

① 新华网，http://news.xinhuanet.com/2011-10/05/c_122120590.htm。
② 新华网，http://www.ha.xinhuanet.com/zfwq/2012-04/19/content_25091789.htm。

甘肃省张掖市甘州区小满镇金城社区（原金城村）结合新农村建设，采取公建公营的方式，投资450万元建立老年日间照料中心，占地3996平方米（其中建筑面积有1840平方米）。该日间照料中心设计为三层：第一层设有餐厅、厨房和会议室，是多功能活动大厅；第二层是提供日间照料服务的平台，配备有健身室、心理疏导室、医疗保健室、淋浴室、棋牌室、刺绣坊、休息室、洗衣房等，并配有16张床位和医疗设备；第三层是露天活动场所，配备了网络聊天室、图书阅览室和日光沐浴室。该老年日间照料中心根据老年人健身、休闲、学习、娱乐等特点，为社区和周边村60岁以上的老人和空巢老人提供日常生活照料，兼顾老年人餐饮、娱乐、医疗、住宿、心理需求。①

三　农村社区照护的特点

对农村失能老人进行社区照护是近些年才刚刚发展起来的一种照护方式，它的特点主要有以下几点：

1. 农村社区照护的发展主要依靠发达的集体经济

发达的集体经济才能为农村社区服务业的发展提供足够的资金支持。无论是上面提到的山东省D市K县的"老年房"、"幸福乐园"、L县的"敬老幸福园"，还是河北省曲周县的"互助幸福院"、甘肃省甘州区金城社区（原金城村）的老年日间照料中心，都是依靠比较强大的集体经济。甘肃省甘州区金城社区（原金城村）的老年日间照料中心甚至都超出一些城市社区的老年日间照料中心的规模和档次。这些农村地区的共同特征是集体经济发达、年轻人大多数外出上班、年老的父母留在家中无人照护，因此为了解除年轻人对父母养老的后顾之忧，这些村集中建了"老年公寓"、"老年房"等养老服务机构，供有需求的老年人集中居住养老。为了便于子女照护老人，他们允许老人的子女与老人同住。除了居住上

---

① "全省首个农村老年人照料中心在金城村揭牌"，记者朱兴忠，《张掖日报》2011-04-02。

的灵活以外，照护人员的安排也很灵活，老人的子女在身边居住并照护老人固然好，如果子女不方便，则可以由专门的服务人员照护。这种照护方式虽然很好，但是由于必须依赖发达的集体经济，因此有很大局限性，难以推广。

2. 农村社区照护是家庭照护和社会机构照护的结合

其实，无论是"互助幸福院"、"老年房"还是"敬老幸福园"，都是中国各地农村探索社区照护模式的缩影。为应对日益严峻的人口老龄化问题，各地农村都在想方设法地丰富家庭照护的内涵，在社区层面努力完善家庭照护的多重支持体系，帮助农村老年人摆脱失能、空巢的焦虑与无助。农村社区的这种养老和照护方式具有家庭照护和机构照护都无法比拟的优点，是将我国传统的老年人居家并由家庭提供养老的方式与社会机构专业化养老相结合的一种模式。与居家照护相比，社区照护很好地排解了失能老人无人照顾的烦恼，为子女外出务工解除了后顾之忧；与机构照护相比，这样的社区照护是农民负担得起的方式，更重要的是它的居住方式和照护人员都比较灵活，既可以选择自己入住、让服务人员照护，也可以选择与家人同住并由家人照护；失能老人既能生活在自己熟悉的社区环境里，又可以时常有家人探望。

3. 农村社区照护形式是一种非正规的机构照护

通常意义上的机构照护是指老年人入住规范化、专业化的养老服务和护理机构，由受过正规培训的照护人员进行照护的方式。上面所探讨的几种农村失能老人在村级社区建设的"敬老幸福园"和"老年房"居住、由家庭成员和子女进行照护的方式，实际上并非真正意义上的机构照护。在农村社区那样的养老机构里，老年人的交费、居住和照护方式都非常灵活，有的是依靠家庭成员和机构服务人员共同照护，有的是家庭照护人员陪同老人一起入住，因此这样一种农村社区的机构照护是非正规的。

4. 农村社区照护发展存在一些障碍

目前农村社区养老和照护服务的发展表现出对集体经济的高度依赖性，农村社区照护发展面临的主要障碍是经费来源少、护理人员不足和管理水平较低等问题。从目前我国各地农村的经济发展情况和现行政策来看，仅仅依靠集体经济来发展农村社区照护是不现实的。更何况在我国大多数农村地区，集体经济往往少得可怜，甚至根本都没有集体经济。因此，建立和完善农村社区照护，还需因地制宜，充分利用当地的资源优势，同时需要政府大力扶持，并将农村社区照护机构的建设纳入新农村建设规划，逐步建立较为适宜的农村社区养老和照护设施，建立起协调的、可持续发展的社区养老服务机制，并切实提高管理和服务水平。

第四节　农村失能老人机构照护

机构照护是一种正规的照护服务，是指老年人居住在养老或照护机构，由受过专门培训的、有相应照护技能的服务人员提供照护。在西方发达国家，入住养老机构的老人大多数都是需要长期照料和特别护理的。

尽管长期照护在我国是一个较新的概念，但是长期照护服务的内容对于我们并不陌生。早在 20 世纪 50 年代，我国民政部门对"三无"（无子女、无依靠、无劳动能力和收入）老人提供社会救助的福利院和养老院就是长期照护机构[①]。目前我国的养老和护理机构是指为老年人提供长、短期居住养老、日间托老、生活护理等综合性服务的机构，如老年公寓、养老院、敬老院、老年护理院、老年医疗康复机构、托老所等。养老机构有多种类型，按养老机构的所有制性质来划分，可分为公办（国有）、民办、公助民办、公办民营等。公办养老机构是指由政府出资的福利养老机构，属于事业单位；民办养老机构是指由社会团体、组织、集体或个人举办的为老年人提供养老服务的机构，属于民办非企业单位。

农村老年人入住养老或照护机构的较少，但是毕竟还是有一小部分农村的老年人在机构接受照护。农村老年人在机构接受照护主要有两种

---

① 清华大学老年学研究中心：《老年长期照护体系的规划与发展》，《社会福利》2010 年第 4 期。

情形：一是在城市生活或工作的子女将农村老人送到城镇养老机构；二是农村"五保"老人在乡镇敬老院接受照护。山东省青岛市作为 2010 年全国失能老年人基本状况调查工作的十个城市之一，曾对市内四区 10个养老机构调查了 200 名老年人，其中非农业户口的 187 人、农业户口的 13 人，分别占总人数的 93.5% 和 6.5%。农业户口的老年人都是市内四区以外和外地的，这说明有的农村老人在城市养老机构接受照护。笔者在访谈失能老人时也专门找了两位入住城市养老机构的农村失能老人（表 5—1 中的个案 9 和个案 10）。

机构照护的费用可以来源于家庭，也可以来源于社会、其他组织或机构。笔者认为，如果照护资源（费用）主要来自于家庭，则应称为机构—家庭照护；如果照护资源主要来自于社会（政府、非政府组织等），则应称为机构—社会照护。

一　机构—家庭照护

目前我国养老机构中的老人绝大多数采取的是机构—家庭照护这种形式，是指老年人居住在专门的养老或照护机构，由受过专门培训、有相应照护技能的服务人员提供的正规照护服务，照护费用全部或大部分来源于家庭。

山东省 J 市 F 老年公寓是一家民营老年公寓，成立于 2003 年。公寓达到了二星级宾馆的标准，房间分为单人房、双人房、三人房，有电梯供老人上下。公寓居住、饮食、卫生、医疗、护理等基本设施完善，制度规范健全，从硬件到软件都体现了高水平、高质量、设施现代化、服务规范化。当时有 356 个床位，入住 354 位老人。据该公寓负责人介绍，入住公寓的老人大多数是城镇离退休老人，生活自理有困难的老人占 70%。在决定接收老人之前，公寓会有专门的人员先去家访、查询老人的患病档案等。在入住的老人中，因为心脑血管病而导致失能的老人占 70% 以上。该公寓也有来自农村的失能老人。

笔者在该老年公寓访问了两位农村的失能老人：

个案 9：男性失能老人，60 岁。山东省 J 市 F 老年公寓。

老人早些年患过脑血栓，现在仍有后遗症，有听力障碍，平时吃饭、上下床、在室内走动都能独立完成，但是其他日常活动则有一些困难，属于中度失能。老人未上过学，丧偶，有 4 个女儿。老人是半年前入住该老年公寓并接受照护的。

老人是 J 市 T 区 W 街道办事处 H 村的，笔者访问时，老人在此公寓住了 5 个月了，公寓给他定的护理级别是"中级"，因为是农村老人，公寓为其减免费用 100 元 / 月，实际交费是 500 元 / 月，由女儿分摊。老人的房间里有床、卫生间、穿衣镜、沙发、电视等。公寓为他的服务主要包括：打扫、协助老人整理床铺、提供干净衣服、丰富伙食、为老人做体检等。

老人的收入除了女儿供给以外，主要是村里给的 800 元退休金 / 月。老人上一年度日常消费性支出 3400 元，其中医疗保健 1400 元。老人参加了新型农村合作医疗和新型农村养老保险。

老人每天都看电视、翻阅报刊，还去活动室锻炼两个小时左右。女儿很孝敬，经常来探望，老人说："给我交养老费、给零用钱、带孙子一起来看我"，"（在这里）不孤独"。当前生活中遇到的最大困难是"身体有病，行动不便"，但是在生病时能够及时去医院诊治。

老人的穿着尽管很普通，但是他表示，对目前的生活状况"非常满意"。当笔者问他："您最喜欢的居住和照护方式"时，老人却说他想"在女儿家里住，由女儿照顾"。根据照顾老人的服务人员介绍，该老人虽然有 4 个女儿，但是女儿们都不经常来探望他，一两个月才会前来探望一次。正是因为如此，居住在老年公寓、声称对目前的生活状况"非常满意"的老人在内心深处仍然希望居住在家里由子女照护。

老人的饮食和日常生活起居由公寓一名 24 岁的未婚小姑娘负责，她同时还负责照顾别的老人。她来这个公寓照顾老人 1 年了，公寓里像她这个年龄的服务人员占 2/3。当笔者问她："是什么原因促使您来照顾老人的？"她回答："老人生活困难，是社会弱势群体，需要我们的帮助。"

她承认，在照顾老人时也有心情不好的时候，但"都是暂时的，没有怎么诉说啊，自己可以解决。"她说等以后自己老了需要别人照顾了，则"希望子女可以赡养"。这个小姑娘是大专文化程度，有一些自己的想法，她认为在失能老人的照顾上，家庭、政府、社会、社区应该发挥各自的作用：家庭应该尊老爱老，承担起家庭责任；政府应该建立完善的社会保障制度，她说："新型农村合作医疗就是很好的制度"；社会应该借助媒体的力量，塑造良好的社会风气，树立尊老敬老的理念；而社区的作用则是定期组织活动，可以促进子女与父母的互动，增进互信关系等。

个案 10：男性失能老人，63 岁。山东省 J 市 F 老年公寓（同个案 9）。

老人有脑血栓后遗症、语言障碍和听力障碍。穿衣、吃饭、上下床、上厕所、在室内走动、上下楼梯、扫地、做饭这些日常活动都能自己完成，不能自己洗衣、洗澡、日常购物、使用电话，属于轻度失能。笔者去访问时，正好他儿子去看望他，因为老人不能清楚地表达想法，因此是由他儿子代答的。老人上过小学，有配偶，有 1 个儿子 1 个女儿。

老人是 J 市 T 区 F 乡的，入住老年公寓两个月了，护理级别为"初级"。因为是农村老人，公寓为其减免费用 100 元 / 月，实际交费是 300 元 / 月，由子女分摊。老人的房间里有床、卫生间、穿衣镜、沙发、电视等。公寓对他的服务主要包括：打扫、协助老人整理床铺、提供干净衣服、丰富伙食、为老人做体检等。

老人一年的收入约 6000 元，主要包括：子女提供、村里给 100 元退休金、最低生活保障金 400 元 / 月；老人上一年度日常消费性支出 5400 元，其中医疗保健 2100 元。老两口有 1 万多元的存款。老人参加了新型农村合作医疗和新型农村社会养老保险。老人每天都看电视、听收音机、翻阅报纸杂志，去活动室锻炼两个小时左右。

老人反映儿媳妇不孝敬他，当地尊老敬老的社会风气不好。笔者在访问提纲中设计了"近一年来，您是否遭遇到严重的侵权事件"这一问题，绝大多数老人多选择"没有"，但是这位老人选择了"遇到过侵权事件"，就是"子女不赡养自己"，他的处理方法是"让别人（亲属、朋友等）

调解"。尽管如此，老人说"不孤独"。需要注意的是，上面已经说明，这位老人的问题是由他儿子代答的，看来儿媳妇对老人不孝敬、甚至到了需要亲属、朋友等调解的地步，这种情况儿子一定很清楚，但是他没有向笔者隐瞒。因此笔者推断，对于自己媳妇的做法，儿子应该是不满但无奈的。

老人的儿子32岁，高中文化程度，在企业做销售工作，父母与他同住（父亲是两个月前被送到这个老年公寓的）。老人儿子去年的家庭收入12万，妻子30岁，有个8岁的女儿。儿子对照顾老人的态度是"自己的父母就应该自己照顾"，但是他认为在照顾老人时遇到的最大困难是"父亲的脾气越来越坏了，不容易相处"，解决方法是："等父亲不生气了再沟通"。在照顾老人时，有心情不好的时候，"主要就是找妻子说说。说过后也就算了，不能真和自己的父亲生气啊"。他说等以后自己老了需要别人照顾了，则"希望和女儿一起住"。在养老问题特别是对失能老人的照顾问题上，他认为家庭的作用是"做好顶梁柱，多赚点钱，多多孝顺老人"；政府的作用"最好是医疗保险更加完善，这样给老年人看病就更方便了。"社会"应该加大宣传尊老敬老"，对于社区，他说"没有什么要求，已经做得很好了"，看来他对所在的城市社区的为老服务工作比较满意。

上面所谈的个案9和个案10都是在城市民办养老机构中接受照护的农村老年人，他们是因为子女在城市居住和生活，因此把他们接到所在的城市养老机构中进行照护。老人的照护费用都是由家庭或子女负担的。

二　机构—社会照护

机构—社会照护是一种正规照护服务，是指老年人入住养老或照护机构，由养老机构里面受过专门培训、有相应照护技能的专职服务人员提供照护服务。照护费用大部分或者全部都是来源于社会、政府或其他慈善组织和团体。

20世纪六七十年代初，我国农村的敬老院其实就是最早的机构—社会照护模式，是以"五保（保吃、穿、住、医、葬）"老人为基本养老对象，将他们集中起来进行供养的模式。在以后的发展中，各地逐步形成了集中供养和分散供养相结合的模式：集中供养是指兴办敬老院将"五保"对象集中起来供养；分散供养是指"五保户"没有进农村敬老院，而是在家生活、由亲友供养或委托他人供养。我国先后颁布了《农村五保供养工作条例》（1994 年颁布、2006 年修订）、《农村敬老院管理暂行办法》（1997 年）、《关于农村五保供养服务机构建设的指导意见》等。民政部从 2006 年开始，实施了"农村五保供养服务设施建设霞光计划"，在全国范围内投入大量福利彩票公益金，各级地方政府也将供养服务机构建设纳入经济社会发展规划，积极加大投资力度，在很多农村地区新建、改建和扩建了五保供养服务机构，改善了农村五保供养的条件，提高了服务水平，在很大程度上改观了农村五保供养服务机构小、散、差的局面，很多地方呈现出二、三层的较大规模、设施较完备、管理和服务都比较到位的敬老院。不仅如此，近些年来，各地纷纷提高"五保"老人供养标准。

农村敬老院是农村五保供养的重要载体，"五保"老人在敬老院居住，并且照护资源都是由社会（主要是政府）承担，也是我国农村地区社会化养老服务的典型代表。这种形式的养老服务在我国广大农村地区很普遍，但是它主要是面向"五保"老人的，因此农村敬老院所覆盖的农村老年人并不多。

山东省 J 市 P 县共有 7 处敬老院，近年来，该县加强敬老院的基础设施建设，提高供养标准，规范管理服务，五保对象供养水平有了较大提升，在省农村五保供养服务评审中全部获得了"省一级"荣誉称号。他们的主要做法是：一是加大经费投入，完善五保供养服务机构设施建设。近几年，该县累计投资 2720 余万元，建设了全县 7 处乡镇敬老院，通过新建、改建、扩建，统一规划，敬老院新增建筑面积 19000 平方米，房屋 650 多间、床位 300 多张。二是逐年提高五保对象供养标准，并建立五保供养标准自然增长机制。自从 2006 年至今，逐年提高五保供养标准，2011 年的分散供养标准是每人每年 2600 元，集中供养标准是每人每年 4200 元。三是规范农村五保供养机构管理，提升敬老院管理服务水平。健全完善了敬老院管理规章制度，落实岗位责任制，加强内部管理，完善服务流程，提高服务标准，打造"365 爱心敬养"服务品牌，创新院务管理机制，培养工作人员"爱院如家"和"爱老人如自己的亲人"的爱心意识，不断提高敬老院的管理服务水平。2012 年苏宁电器向该县捐赠了总价值 10 万元的 4 辆"爱心慈善助老服务车"，服务车主要用于五保老人物资的采购发放、运输及五保老人定期巡回服务、医疗检查和日常慰问等。X 镇敬老院是原来的乡政府办公楼，建筑结构和地理位置在当地都是一流的，镇政府将其改建为敬老院，为五保老人提供良好的生活环境。该乡镇"五保"老人集中供养率为 80%，共有 150 名"五保"老人，按照 1:10 的比例为敬老院配备了 13 名管理和服务人员。目前该敬老院里生活的老人都是"五保"对象，没有面向社会代养老人。

个案 13：60 岁男性失能老人。山东省 J 市 P 县 X 镇敬老院。

笔者进行访谈时发现，老人的右手和右脚一直在不自主地抖动，原来他在两岁时就患了婴儿瘫，后来导致轻度失能，平时吃饭、穿衣、上下床、在室内走动、上厕所等日常活动都可以自己独立完成，但是做其他家务则有一定困难。老人初中文化程度，曾结婚后离异，无子女，父母均已去世。老人属于"五保"对象，早在 2004 年就住进敬老院。老人的父亲曾是离休干部，老人有 4 个姊妹，他们都在县城里，经常来看他，给他送衣物和钱、烟、酒（老人因为身体的原因，早些年就养成了抽烟、喝酒的习惯，如果不喝点酒，晚上就睡不好）。

老人原来有最低生活保障，来敬老院以后就取消了。敬老院给他发衣服（夏装 3 套），每个月有 15 元的零花钱，房间里有电视、沙发、暖气等设施。老人参加了新型农村合作医疗（个人缴费部分由县民政局代交）、新型农村社会养老保险（每个月能领到 60 元基础养老金）。

老人每天都看电视、看报纸杂志，还经常在院子里锻炼身体。他对目前的生活状况"非常满意"，说自己在这里"不孤独"，还多次向笔者表示："政府好、社会好，在敬老院衣食无忧，每天还有很多人作伴。"该老人还表示，就像这样目前在敬老院里生活，也正是他所希望的居住和养老方式。

笔者还访问了在敬老院里照顾老人的一名服务人员：男，44岁，初中文化程度，有配偶、有1个孩子17岁。他2007年来敬老院工作，是聘用人员，工资1300元/月，去年家庭收入3万元。当初来此工作的原因是"能挣点钱，也是献爱心"。妻子对他在敬老院照护老人这项工作很支持。他在敬老院里照顾多个老人，有时还打扫卫生。笔者问他："当您以后年龄更大一些的时候，身体也需要别人照顾，您希望是什么样的方式？"他说："到时候再说"。

该敬老院的院长介绍，敬老院采取的是封闭管理，平时都是大门紧锁，这是为了避免有精神疾病的老人走失等现象的发生。现在该敬老院没有专门的医护人员，"五保"老人如果需要看病拿药则会联系县医院。该院长对农村失能老人照护的看法是：应以家庭照顾为主，同时与社会养老相结合，如果农村老人想进机构养老应该能进得去。他们敬老院目前还没有面向社会代养老人，以后可以先搞试点，但是需要政府投资、改善条件等。另外，乡镇敬老院应提高护理人员的待遇，留住好的护理人员。他说，农村老人（包括"五保"老人）的照顾问题，是全社会的问题，应加大财政投入力度，"老人安，则年轻人安"。

三 农村机构照护的特点

1. 除乡镇敬老院外，农村养老和护理机构都很缺乏

目前我国农村的养老机构主要还是为"五保"老人提供的敬老院，近年来各地都加大了建设力度，改建扩建了一大批农村敬老院，很多地方建立起两层甚至三层的硬件设施比较好的敬老院。政府还多次提高供养水平，并出资为"五保"老人缴纳新型农村合作医疗、新型农村养老保险，很多"五保"老人衣食无忧，安度晚年。但是除了乡镇敬老院，除了极少数富裕的村有村集体办的养老机构以外，其他形式的养老机构

在农村非常缺乏。上面提到的个案9、个案10都是在城市民办养老机构中接受照护的农村老年人，来到进城子女所在的城市，在城市的养老机构接受照护，主要是因为他们有进入城市的渠道，那就是因为子女的缘故。在广大农村，能够借助子女的力量进入城市养老机构接受照护的农村老人很少。

在农村，一般性的养老机构都非常少见，而接收失能老人的护理型养老机构在农村更是难以寻觅。《全国城乡失能老年人状况研究》（2010年）发现，超过60%的西部农村养老机构缺少专业医护人员，失能老人得不到专业的医疗护理，超过五成的养老机构没有配备医生；城市养老机构多于农村；取得养老护理员资格证书的不足1/3，经过护理及相关专业系统训练的护理员不超过30%。近一半的机构表示不收住失能老人，只接收自理老人或以接收自理老人为主。超过四成以上的农村养老机构明确表示只接收生活能够自理的老人。①

对于我国大多数农村地区的失能老年人来说，居家照护是唯一可以选择的方式，因为他们并没有合适的养老机构可以选择。笔者在调研中发现，有的失能老人的境况非常糟糕，尤其是仅有一个女儿并嫁到外地的老人，还有那些尽管有儿有女但是子女不孝敬的老人，这样的失能年人往往感慨："我们还不如无儿无女的五保老人呢"！言外之意，五保老人还可以入住敬老院，而他们连入住敬老院的资格都没有。

农村的养老和照护机构供给严重不足，但是需求却越来越大。随着农村人口老龄化的日益加深、农村家庭结构小型化和照护资源的日益匮乏，农村老年人一旦失能，家庭无法满足他们的照护需求，因此对养老和护理机构的需求也日益呈现出来。笔者在调研中发现，在我国一些经济发达地区的农村，很多青壮年在附近的工厂和企业上班，因工作繁忙而无暇照顾老人，同时他们的家庭经济状况相对好一些，能够负担得起

---

① 《全国城乡失能老年人状况研究》新闻发布稿，http://www.cncaprc.gov.cn:8080/info/13085.html。

把老人送到正规的养老机构接受照护，因此他们对养老机构有一定需求。但是由于农村养老机构很缺乏，只能把老人送到兼收养社会老人的乡镇敬老院（福利院）里养老。很多老年人及其子女非常盼望在农村社区能够发展小型的养老、托老和护理机构。今后，随着城镇化的加速、人口流动频繁以及子女外出上学、就业等因素的影响，农村老年人空巢的现象会更加普遍，农村对养老和护理机构的需求会有较大增长。

2. 乡镇敬老院覆盖面窄、服务水平低

敬老院覆盖面窄，收养对象有限，难以惠及大多数农村老人。尽管很多地方对乡镇的敬老院进行了改、扩建，但是，对于绝大多数乡镇敬老院而言，主要的工作就是份内的供养"五保"老人。即使这样，很多地方的农村敬老院利用率不高。有调查发现，尽管农村养老形势严峻，失能老人没有合适的养老机构可以选择，但是与此同时我国农村养老院床位闲置现象很普遍，闲置的床位多达 47.5 万张，实际床位的利用率只有 78%[1]。以贵阳市为例，据统计，贵阳市农村敬老院入住率偏低，目前 54 所农村敬老院，939 张床位，仅有 375 名"五保"老人入住，入住率只有 40%，床位闲置率高达 60%。另外，入住的 375 名"五保"老人只是全市五保对象总数 2856 人的 13.13%。[2]

敬老院的服务水平低。目前我国大部分乡镇敬老院管理和服务人员偏少，有的服务人员需要照顾 10 多位老人，而且服务水平很低。很多乡镇敬老院的服务人员是临时聘用的，没有专业的护理和服务知识，年龄偏大、文化程度低，而且大多数都没有经过专门的照护服务技能培训，只能为老人做饭、洗衣、打扫卫生。敬老院为"五保"老人提供的服务基本上就是负责老人的吃、住，不知道如何为老年人开展精神慰藉、紧急救助、健康咨询等较高层次的服务，更谈不上对老年人进行正规的医疗护理、提供较为科学的保健和康复服务，并不具备长期护理的功能。

---

① 《农村敬老院三分之二是"黑户"》，《北京晨报》2012 年 12 月 6 日。

② 贵阳新闻网，http://epaper.gywb.cn/gywb/html/2012-04/12/content_288062.htm。

更有甚者，有的敬老院因为服务人员缺乏责任心、管理不善，视老人为负担，损害他们的权益，甚至发生虐待老年人的现象。

3. 农村老年人机构养老的观念淡薄

目前我国很多农村地区，因为传统观念的禁锢，很多人不能接受把父母放到养老机构里养老和接受护理。延续了几千年的家庭养老观念在我国农村地区尤其根深蒂固，很多老年人不愿意离开自己曾生活多年的社区环境，拒绝到养老机构度过晚年，甚至他们认为，如果被子女送到养老机构，就意味着被子女和家庭所抛弃，他们更喜欢子孙满堂、儿孙绕膝的晚年生活。根据《中国城乡老年人口状况追踪调查》（2010 年），我国大部分老年人都拥有自己的住房，城乡老年人在居住方式上基本都选择在家居住，这一意愿始终占据主流。就老年人居住养老机构的意愿上来看，农村老年人愿意住养老机构的比例 10 年间从 14.4% 下降到 12.5%，而城镇老年人则是从 18.6% 降到 11.3%。[①]

上面所分析的个案 9 那个男性失能老人，有 4 个女儿，尽管在女儿的安排下住进了市里的养老机构，但是老人表示，他所希望的居住和照护方式仍是"在女儿家里住，由子女照护"。居住在市一级养老机构的农村老人尚且如此，而在我国绝大多数农村地区，凡是提及养老机构，他们脑海里出现的画面就是乡镇供养"五保"老人的敬老院。很多农民认为，敬老院里是"五保"老人，无儿无女、无人管的老人才进去呢，因此很多农村老年人对敬老院都是敬而远之。现实情况是，很多乡镇敬老院只是面向五保老人，并且也没有向社会老年人开放，即开展社会代养服务，上面提到的山东省 J 市 P 县 × 镇敬老院就是如此，该敬老院院长说，在他们那里的农村，只要是有儿有女的，都不会把老人送到敬老院里，目前也没有人来咨询能否接收社会代养老人。当然，农村老年人对于机构养老的淡薄观念和不认可态度，原因是多方面的，既有传统观念禁锢的原因，也有农村养老机构自身的原因。在农村，往往一提养老

---

① 人民网，http://politics.people.com.cn/n/2012/0710/c1001-18486633.html。

机构，很多农民想到的就是乡镇敬老院，因为在大多数农村地区，仅此一家，别无其他。而乡镇敬老院供养的是"五保"老人，并没有其他更多的面向社会的养老服务和功能，有了这种印象，农村老人对其"不向往"则是可以理解的。

而在一些集体经济发达地区的农村，集中建立了村级的老年公寓，如个案 2 的失能老人所居住的山东省 D 市 L 县 Z 村"敬老幸福园"、个案 6 失能老人所居住的山东省 D 市 K 县 D 村"幸福乐园"等，尽管这样的村级老年公寓是家庭照护和农村社区照护的结合，算不上真正的、正规的养老服务机构，但是，入住的农村老人则是非常满意和认可的。这也提示我们，农村养老机构的规划和建设必须紧密结合农村当地的经济、社会和传统文化的实际状况、尊重农村老人的意愿和需求，才能真正发挥作用。

4. 农村老年人收入低，对机构养老的支付能力低

与城镇老年人以保障性收入为主要来源不同，我国农村老年人大部分没有养老金。2009 年我国开展新型农村养老保险以来，农村老年人才能领到基础养老金，但是基础养老金大多数在 60、70 元左右，是一个很低的水平。根据《中国城乡老年人口状况追踪调查主要数据报告》（2010年），我国农村老年人平均月养老金为 74 元，尚不到百元，确实太微薄；城市老年人平均月退休金为 1527 元，是农村老人的 20 倍。有 44.3% 的农村老年人仍然在干农活，做生意、务工的仅占 8.6%。

根据第六次人口普查数据，我国 60 岁以上乡村[①]老年人中，生活来源是"劳动收入"的占 41.18%，是"离退休金养老金"的占 4.60%，是"最低生活保障金"的占 4.50%，是"财产性收入"的比例为 0.19%，47.74%的乡村老年人的生活来源是"家庭其他成员供养"，"其他"的占 1.81%。可见，农村老年人的两大生活来源是"家庭其他成员供养"（47.74%）和自身的"劳动收入"（41.18%），而依靠离退休金养老金、最低生活

---

① 这是我国统计上划分城乡的规定，详见本书第二章中的概念界定。

保障、五保供养等方式来养老的老年人比例很小。

由于低收入和多子女，当代的农村老年人大多数经济状况很差，以靠子女供养为主，很少有剩余钱储蓄。在这种情况下，农村老年人即使愿去养老机构养老，他们也无力承担较高的费用。《2010年中国城乡老年人口状况追踪调查主要数据报告》称，12.5%的农村老年人有入住养老机构的意愿，自报个人（家庭）平均每月可承担费用172元。山东省老龄委2008年对5400份老年人的问卷调查也显示，若住养老机构，农村老年人每月能承受的最高费用平均仅为162.1元，与全国的调研数据很接近。可见，即使有意愿入住养老机构，农村老年人的月承担费用还不到200元，这样的数据就提示我们：如果在农村建设养老机构，就必须充分考虑当地农村老年人的实际需求和经济承受能力，如果在收费上超出老年人的承受能力，则很可能会造成老年人住不起、资源浪费的情况。

第五节　结论与讨论

一　家庭和子女是农村失能老人主要照护资源

无论居家照护、社区照护还是机构照护，农村失能老人的照护资源主要来自家庭和子女，这是目前我国农村失能老人照护乃至整个农村养老的最主要、最基本的特征。在中国广大农村地区，有着更为浓厚的儒家尊老敬老传统，几千年来一直以家庭养老为主，即家庭几乎提供了所有的养老资源（包括生活照料服务、经济供养、精神慰藉等），承担了全部的养老责任，反而对家庭外部资源（如社会、政府等）的依赖性不大。这也是我国当前农村养老的家庭优势。

但是，这种得到世界各国肯定和效仿的"东方养老模式"已经受到巨大挑战，难以维系下去。特别是近些年，我国家庭结构更加小型化，家庭成员居住生活方式发生改变，家庭养老功能逐渐弱化。一方面，生育率下降直接导致家庭中能够照护老年人的人力资源减少，子女赡养老人的人均经济负担几倍增长。妇女的生育率大幅度下降，从过去的5～6

个孩子，降到只生 1 ~ 2 个。子女养老的人均负担从过去的 1/4 ~ 1/5 上升到如今的 1/2，甚至 100%。尤其令人担忧的是，鼓励一孩政策在社会中形成庞大的独生子女群体和少子女家庭。目前，我国第一代独生子女的父母已经陆续进入老年期，独生子女群体都将陆续进入婚姻期和生育期，独生子女父母的养老和生活照料仅靠家庭难以解决。另一方面，由于人口预期寿命延长和生育率下降以及人口的流动，"空巢"家庭正在逐年增加，我国家庭结构趋向小型化，空巢家庭、独居老人日益增多，山东省的调查显示，农村老年人中独自一人居住的占 18.2%（城镇老年人占 11.3%）。人口预期寿命不断提高，高龄老人增多、生活不能自理期延长等都势必加重家庭照护的负担。

我国家庭在失能老人照护上日益力不从心。老年人失能对家庭的影响首先是家庭人力资本的消耗。由于照料失能老年人，子女特别是家庭中的妇女很难选择就业，不仅家庭收入的来源会减少，子女们也失去发展的机会，人力资本或者生产力被束缚在对失能老年人的照料服务上。其次是家庭财力的消耗。家庭必须支付失能老年人所发生的一切费用。对失能老人的长期照料会消耗掉家庭的财力资源，整个家庭甚至都会陷入财力危机。许多老年人家庭的贫困表面上是因病致贫，而实质上是因失能致贫。再次是家庭成员身心健康的消耗。如果家里有一个失能老人，照料失能老年人会给家庭成员造成很大的心理上的压力，会消耗家庭成员的绝大部分体力和精力，子女往往不堪重负。

中国农村失能老人在家庭之外得到的照料服务是相对有限的，即使是完全失能老人也很少能得到社会服务的支持。养老机构往往更愿意接收有一定生活自理能力的老人，而不愿意接收失能老人，究其原因，一方面是因为大多数养老机构缺乏受过专业训练的照护人员，而且接收失能老人往往面临一些风险；另一方面，即使养老机构有能力接收失能老人，照护价格往往也比较高，很多家庭难以接受。所以，在农村，自理能力差的老人一般还是得靠家庭成员进行照护。但是农村失能老人对家庭和子女照护的过分依赖同样面临子女不孝敬所带来的的风险。子女一旦不孝敬，失能老人的处境很凄凉。个案 8 的女性失能老人有 3 个儿子 1 个女儿，女儿嫁到外地。3 个儿子都在同村，但是相互攀比，都不愿对老人多加照顾。老人与老伴住在村里废弃的一个小学校（破旧的房子）已经 17 年了。

因此，我国农村失能老人的照护问题上，一方面应该充分利用我国农村当前老年人子女数量多、家庭养老资源丰富以及传统的家庭养老优势；另一方面，也不能一味依赖家庭照护，政府和社会应积极有所作为，以弥补家庭照护的乏力和不足。

二　农村社区尚未发挥对失能老人的照护作用

在我国城市中社区养老服务体系发展很快，但在农村，社区为老服务整体上仍是空白，社区尚未发挥对失能老人应有的照护作用。老年人一般的生活照料服务、医疗卫生服务、尤其是失能老年人的长期护理服务等在很多农村地区都没有真正建立起来，对失能老人的照护责任全部都还是由家庭承担的，甚至在许多农村地区根本就还没有这种意识。

农村社区尚未发挥对失能老人应有照护作用的主要原因有：一是集体经济薄弱。目前，我国有相当一部分村集体没有经济收入，更谈不上为群众提供服务和发展必要的公益事业。村集体经济薄弱制约着农村各项事业的发展。二是基层组织软弱涣散。一些乡村基层党组织和政权组织不能自觉代表并维护群众利益，未能认真履行职责。有的地方甚至出现"村官"长期在外，让村委会也陷入无人值守的"空巢"状态。如，江西上饶市广丰县横山镇山头村村主任竟然将公章交由其父母保管，自己长期在外省承包工程，这是对当前整个农村社会生态秩序的一种严重警示，是农村社会管理和公共服务的危机[①]。在农村基层组织涣散的状态下，农村的各种社会秩序和公共服务需要，比如农田、道路、水利等农村基础建设和留守儿童教育、留守老人赡养等社会问题都处于无人问津的状态。三是农村社区建设落后。我国的农村社区长期以来没能得到充

---

① 中国新闻网，http://www.chinanews.com/gn/2011/10-06/3369531.shtml。

分发育，大多数农村社区还是自然村落，社区建设落后，社区服务能力也较弱。

但是，我国随着经济社会的快速发展，农村人口往城镇地区的流动性增大，留守在农村独居的老年人会越来越多，对社区照护的需求是必然的。其实，在农村，开放的、亲密的、融洽的邻里关系是我国农村的优良传统，更是很好的可以利用的照护资源。社区照护适应性强，形式灵活多样，在农村发展社区照护符合我国的国情。应该结合新农村建设，采取资金补助、部门帮扶、企业结对、项目扶持等措施，制订出台专项扶持政策，努力为村级集体经济发展创造良好的政策环境，加快乡村振兴步伐，壮大村级集体经济，加大对村级集体经济的扶持力度。同时，健全农村基层组织，建设新型农村社区，科学规划、合理发展农村社区服务。通过引导和规范的政策，农村社区可以为老年人提供越来越多的照护服务，农村社区照护在老年照护体系中占有更重要的地位。

三 农村养老和照护机构很匮乏

目前我国农村的养老和照护机构仅仅是为"五保"老人提供的敬老院，在大多数农村敬老院里，政府和社会能够提供给"五保"老人的往往是最低生活保障水平。除了极少数富裕村镇有村集体办的养老机构，乡镇有为"五保老人"服务的敬老院以外，其他形式的养老机构很匮乏，大多数农村地区的老年人没有合适的养老和照护机构可以入住。今后，随着我国农村的人口老龄化日益严重，随着城镇化的加速、人口流动频繁以及子女外出上学、就业等因素的影响，农村老年人空巢的现象会更加普遍，老年人及其子女对养老和护理机构的需求将会有较大增长。很多老年人及其子女非常盼望在农村社区能够发展小型的养老或托老机构。

农村的养老和照护机构很匮乏，仅有的社会养老机构提供失能照护服务的资源很有限，不仅服务质量与照护需求有很大差距，提供照护服务的数量也很短缺。这不仅是农村机构养老存在的问题，近年来，虽然在很多城镇地区养老机构增长很快，但是真正以失能老人为服务对象的也非常少。与发达国家的情况不同，在我国入住养老机构的老年人通常都有一定的生活自理能力，而大量的失能老人更多是在家中接受照护。出现这种现象一方面是因为我国的养老机构专业化程度不高，发展不成熟，接受过专业护理知识培训的服务人员相对较少，另一方面也是因为失能老人没有足够的经济能力接受专业的高质量的照护。我国无论城乡，目前的养老机构提供的为老服务更多还是属于最基本的日常生活照料，专业护理服务跟不上。总体来说，在中国，机构照护还有很大的发展空间。当然，机构照护也有很多局限性，发达国家早已经发现，机构照护存在着成本较高、人情淡漠、老人难以适应机构的环境等问题，因此，中国在发展机构照护时，必须有很好的定位，那就是机构照护仅仅是补充，它不可能替代家庭在失能老人照护中的地位。

农村老年人机构照护的观念淡薄也在一定程度上制约了农村养老和照护机构的发展。我国很多农村地区，因为传统观念的禁锢，很多人不能接受把父母放到养老机构里养老和接受护理。在我国农村，延续了几千年的家庭养老观念根深蒂固，老人不愿到养老机构度过晚年，无法割舍自己曾多年生活的环境，他们认为如果子女把他们送到养老机构，就意味着子女和家庭要抛弃他们。除了观念因素以外，农村老年人收入低、对机构养老的支付能力低也是影响失能老人不愿去机构接受照护的原因。

四　不同照护方式各有优劣，因人而异

根据本章对失能老人三种主要照护方式的个案访谈资料和分析，可以看出，不同的照护方式各有优劣，适宜于不同的失能老人，见表5—4。

居家照护的优点是失能老人能在自己多年生活而熟悉的家庭得到照护，有家人的亲情慰藉和熟识邻里的陪伴，老人即使失去一定的生活自理能力，但是也能心情轻松地生活。居家照护的另一大优点是它的费用很少。居家照护的缺点是由于农村人口普遍受教育程度低，因此农村家庭对失能老人的照护是低标准、非专业性的，很多失能老人是由同样已经年老体衰的配偶照护的，这就很难保障照护的质量。目前农村家庭对

失能老人提供的照料只是能够基本保证老人吃饱穿暖，照护水平和质量都比较低。不仅如此，居家照护依赖家庭和睦、子女孝敬，如果家庭不和睦、子女不孝敬，失能老人的处境会很凄凉，晚年生活无法得到保障。居家照护适宜于在自己家里或子女家里有居住场所、身边有照护人员（配偶或子女）的失能老人。

表5—4　　　　　　　不同照护方式的优缺点及适宜人群分析

	优点	缺点	适宜人群
居家照护	1.环境熟悉 2.亲情慰藉 3.费用最少	1.低标准 2.非专业 3.面临子女不孝风险	1.家庭有居住场所 2.家庭有照护人员
社区照护	1.环境比较熟悉 2.离家庭和子女近便 3.费用较少	1.社区需要有一定经济实力 2.需要规范的组织、设施和配套的服务	1.身边缺乏照护人员 2.社区服务和组织较发达 3.有一定收入和支付能力
机构照护	1.设施科学合理 2.照护标准较高 3.照护专业性较强	1.环境不熟悉 2.人际关系陌生 3.费用很高	1.身边缺乏照护人员 2.老人外向型性格 3.有较高收入和支付能力

社区是老年人最熟悉、最习惯的生活区域，因此社区照护的优点主要是老人在环境比较熟悉的社区接受照护，这不仅对于老年人而言是很欣慰的事情，毕竟故土难离、叶落归根，而且社区照护便于家庭和子女对老人的看望和关怀，因为目前农村失能老人的子女（特别是儿子）大多是在同一个社区居住生活。同时，社区照护的费用相对较低，老人和子女更易于接受。但是农村社区照护的发展受一些硬性条件的制约，如社区需要有一定集体经济实力、需要规范有力的基层组织、需要相应的配套设施和服务等，因此在经济欠发达的农村社区，短期内很难发展规范的全面的社区照护服务。农村社区照护适宜于家庭或身边缺乏照护人员而社区经济、服务和组织都比较发达的失能老人。

机构照护的优点主要是老年人居住和生活的配套设施比较科学合理、照护的标准较高、专业性较强，特别是一些大型的公办养老和护理机构，环境优美安静、房间设计合理，护理人员大都接受过比较专业的培训和指导，能够按照不同程度失能老人的需求进行照顾和护理，因此照护质量相对较高。但是机构照护也存在着非常明显的缺点，那就是老人对居住和生活环境不熟悉、人际关系陌生、费用很高等，有的农村老人一辈子都没离开过自己的村庄和周边社区，到晚年失能了反而被送到一个陌生的环境中，他会感到被家人抛弃，会很不适应，会产生排斥心理，从而导致郁郁寡欢。机构照护所带来的老年人心理上的困扰以及过高的费用都是很多国家限制其发展的一个重要原因。机构照护适宜于身边缺乏照护人员、有一定支付能力、性格外向的失能老人。

可见，三种照护方式各有优缺点。老年人是个内部（年龄、收入、文化程度等）差异性很大的群体，失能老人更是因为所患疾病以及失能的程度不同而在照护需求上存在很大差异。不同失能程度和家庭结构的失能老人适合不同的照护方式。对失能老人的照顾和护理应该根据不同失能老年人的需求，提供不同内容、不同程度的照护，选择和使用适宜的照护方式，并使他们在接受照护时保有自主和尊严。

五　失能老人照护依靠政府重视和经济发展

其实无论哪种照护方式，只要是适宜的就是最好的。笔者在调研和访谈中发现，农村失能老人养老和照护质量的高低严重依赖于当地政府重视和地方经济发展。

在一些经济发达地区，政府高度重视农村的养老问题，多年前就建立起相对规范的高龄补贴和服务政策。本章所访谈的个案1~6都是山东省D市的，2011年D市生产总值2676.35亿元，农村居民人均纯收入10025元，地区经济发展水平较高。D市开展的新型农村养老保险已经实现城乡一体化，所有60岁以上的老年人每个月都能领到比国家规定标准高一倍多的120元基础养老金。D市自2005年就为农村老年人建立了生活救助制度，补贴标准为75 ~ 89周岁的农村老人每人每年360元，90周岁及以上的农村老年人每人每年960元。自2011年起D市将高龄补贴发放范围扩大到了70周岁以上老年人，按每人每年240元标准发放。笔者在调研时了解到，今后 D 市还将进一步提高老年人补贴标准：75 ～ 79 岁老年人每人每年 360 元、80 岁及以上老年人每人每年 960 元。不仅如此，D 市还积极探索了"老年房"、村级"老年公寓等"等新型的农村养老和照护方式。

在经济状况一般甚至欠发达的农村地区，农村养老服务机构和设施都很匮乏，养老问题尚未有效解决，对失能老人的照护主要依靠家庭。在这些地区，农村社区硬件设施严重不足，社区养老和照护服务几近空白。机构照护仅限于乡镇一级所设立的敬老院，基本上接收的都是"五保"老人，并没有面向广大农村老年人的养老和照护机构。

有的县、市的经济发展水平并不是很高，对农村的扶持力度也并不大，但是有的农村社区在积极发展经济、为老年人提供更多物质帮助和补贴的同时，大力倡导孝文化，在全村及周边地区都形成良好的尊老敬老氛围，在这种环境下，尽管当地社区服务组织和机构也很缺乏，失能老人（如个案 11 和 12）都是在家里由配偶和子女进行照护，但是他们也都生活得非常安心和满意，这种良好的状态得益于村级组织的重视、文化的倡导与优良传统的发扬。

应该注意经济发达地区农村失能老人照护的"不发达"现象。在有的经济发达地区的农村，由于各级政府部门包括村集体对养老事业不重视、扶持力度小，传统的孝文化严重缺失，农村的养老和服务处于无人问津的无序状态。有的失能老人（如个案 8）因为子女不孝敬，生活难以自我料理，日常生活缺乏关怀，病痛无人过问，处境非常凄凉。农村失能老人的养老和照护问题不仅依赖当地经济发展，还依赖政府重视，并大力倡导我国传统的孝文化。只有政府重视、孝文化浓厚，才能避免"经济发达养老不发达"的现象。

第六章　失能老人照护的国内外经验

由于进入老龄化社会早，发达国家非常重视老年人的健康和失能问题，构建了全方位的失能老人照护模式。总结国内外的经验和发展模式，可以为农村失能老人照护制度的完善提供有益的借鉴。

第一节　国外失能老人照护模式

很多国家对失能老年人照护的制度和模式并非拘泥于一种，而是多种制度和保险的有机结合。

一　建立长期照护保险制度

在美国，失能老人可以获得补偿以支付其家庭照护者，通过以下三种方式：一是通过老年医疗辅助计划的 A 部分——医院保险，能够获得出院后的家庭服务、专业护理、临终关怀等项目。但是需要注意的是，该项目只能对失能老人进行短期护理费用的支付，且参加了老年医疗辅助计划者必须参加 A 部分；二是通过低收入家庭医疗补助计划获得免费长期护理，但由于此项计划的受益者不缴费，属于福利性质，因而其要求非常严苛，因此这一计划的覆盖面很窄；三是通过商业保险机制为筹集长期照料服务费用而建立的制度——长期照料保险（吕晶等，2012）[①]。

---

① 吕晶、熊吉峰：《农村失能老人家庭照护者的财税政策研究》，《科技创业月刊》2012 年 7 月 10 日。

二 国家卫生服务模式下的老年长期照护保障制度模式

世界上很多国家对老年人健康和医疗的保障是涵盖在全民医疗保障模式中的，如加拿大、英国等。加拿大和英国是国家卫生服务模式的典范，既有国家卫生服务制度，又独立设立了专门为老年人服务的医疗保健援助制度。特别是加拿大政府对 65 岁以上的老人提供家庭护理、长期护理保健和免费药品。

在英国，老年人的长期照护保障主要是通过国家医疗（National Health Service）和社会服务（Social Services）两个基本体系来实现的。社会照料服务是在国家卫生服务制度之外，专门建立的一项护理和保健的援助项目，为老年人、精神病患者和儿童提供服务。英格兰老年人国家服务体系 2001 年开始实施，旨在为身体孱弱的老年人提供社会照料，提高老年照护服务质量。维护老年人的尊严和人权，以增强其独立性、健康和提高福利为目的。接受照顾、看护的尊严和晚年健康是老年人国家服务体系的三个主题。老年人国家服务体系的作用非常明显，至 2006 年已有 32% 的老年人被纳入到该体系中，重症患者减少了 2/3 以上，同期的老年医疗费用反而大幅度减少[①]。

三 社会保险型老年长期照护保障制度模式

20 世纪 90 年代，德国建立了全民性的长期照料社会保险计划，首先是提供家庭护理保障。在该制度模式下，失能老人获益很大。德国的长期照料社会保险制度的政策目标是以社会保险机制为依托保障失能老人晚年生活，建立筹集长期照料服务费用的制度。该制度要求，所有参加国家医疗保险者必须参加该项护理保险，参加私人医疗保险者要求参加至少一项长期私营护理保险，且私营保险公司必须参照国家长期照料社会保险的给付水平承保，不得以任何理由拒绝承保。同时，德国还大力发展长期照料

---

① 刘苓玲：《发达国家老年健康保障模式》，《人口与计划生育》2008 年第 9 期。

服务体系。根据相关资料，德国长期照料服务体系的居家服务机构数量达到 10600 个，且其服务人员接受过专业技能培训，还可以按失能等级实行分级给付服务，服务水平很高（吕晶等，2012）。[①]

日本的老年健康保障制度除了独立的老人保健制度以外，还有两个重要的组成部分：一是涵盖于国民健康保险制度内的部分；二是老年护理保险制度。2000 年日本出台了《长期照护保险法》，正式实施护理保险制度。原则上 40 岁以上的人都必须加入护理保险，并缴纳一定的保险费。在加入护理保险的人中，65 岁以上的人为第一被保险人，40～64 岁的人为第二被保险人。护理保险的保费支付根据在家服务与设施服务有所区别。不管何种服务，使用者在使用的限度内均需要支付护理费的 10%，其余 90% 的护理费的经费来自于两部分：一是保险费；二是公费筹措。其中公费筹措中，国家负担 25%，都道府县和市町村各负担 12.5%。在服务内容上与德国相似，也是按照居家护理需求等级提供专业服务。[②]

第二节　韩国老年福利设施发展经验 [③]

应韩国社会福祉协议会邀请，笔者曾于 2013 年底赴韩国考察老年福利设施，此部分内容来源于那次实地考察。我国和韩国有着深远的历史渊源，传统文化、生活习惯、人体机能特征以及人口老龄化程度都很接近。我国和韩国都是 2000 年进入老龄化社会，当时我国 65 岁以上老年人口比例为 7%，韩国为 7.2%；目前我国 65 岁以上老年人口比例为 10%，韩国为 12%。韩国老年福利设施的发展经验值得我们学习和借鉴。

---

① 吕晶、熊吉峰：《农村失能老人家庭照护者的财税政策研究》，《科技创业月刊》2012 年 7 月 10 日。

② 刘苓玲：《发达国家老年健康保障模式》，《人口与计划生育》2008 年第 9 期。

③ 高利平：《韩国老年福利设施发展经验及启示》，《中国人口报》2015 年 9 月 21 日。

一 韩国老年福利设施发展状况

1. 建立健全严格规范的法律制度体系

韩国自 20 世纪 80 年代起重视老年服务法律法规建设，至今已形成包括《老年人福利法》（1981）、《国民养老保险法》（1988）、《老年长期疗养保险法》（2008）等多部法律制度，对于养老机构资质评定、老年人健康等级评估等都做了详细规定，针对性和操作性很强，如《住宅法》规定：供老年人居住的老年住宅如"银镇"，必须出售或租赁给 60 岁以上老年人；《老年人福利法》规定：老年人长期疗养等级规定 1 个疗养保护师最多负责 7 名老人。严格规范的法律制度体系保障了老年福利设施的建设和运营有法可依、有章可循。

2. 实施公建民营为主体的运营方式

为提高老年福利设施的运行效率，韩国采用公建民营为主体的运营方式，即：政府投资建设老年福利机构和设施，具体运营和服务则按市场原则通过公开招标的方式交给民办组织和法人主体（如社会福利法人、财团法人、非营利机构、社团法人等）。为了提高民间组织的公益性和公共性，政府赋予其法人资格，即社会福利法人。社会福利法人根据所从事的业务可分为：①设施法人。以设立和运营社会福利机构为目的，按其使用形态可分为生活设施（具备居住环境和条件，有专人提供日常生活起居的机构，如老年福利院等）和利用设施（社区居民可以利用的各种福利设施，如社区综合福利馆、老年人日托护理中心等）。②支援法人。利用出资和收益资金支援社会福利事业的法人，通过招标项目、开发项目等方式开展社会福利事业。韩国老年福利设施运营费用的 70% ~ 90% 由政府提供，其他由民间组织、法人、赞助商等提供，较好地实现了公共财政支持、社会组织参与、市场主体运作的结合。

3. 合理分类，定期检查评估

韩国老年福利设施分为居住型、医疗型和上门服务三种基本类型：

居住型福利设施主要为健康老人提供帮助，根据老年人经济状况分为免费、低价自费和完全自费三个收费级别；医疗型福利设施的服务对象是经过评估需要接受长期疗养 1～2 级以及重症、痴呆老人，其他老人如有需求则提供一定费用补贴；上门服务福利设施为居家养老的老人提供上门服务。韩国《社会福利事业法》规定，每三年对社会福利设施进行一次评估，对优秀机构给予表彰，对成绩差的机构批评并限期整改。韩国区政府一年两次检查老年福利设施，健康保健部（相当于我国卫生部）两年一次检查。韩国注重在社会福利法人中设立社会各界代表参加的运营委员会对各运营主体进行监督、约束和评估。韩国社会福利协议会作为公益法人、公共机构，2004 年起受政府委托每三年对老年福利设施进行一次评估。

4. 立足社区，开展多项老年福利服务

韩国注重发展社区老年福利服务设施，很多社区都有综合性老年人福利馆，面积虽不是很大，但功能齐全、经济实用。一个区的老年人福利馆可以带动、辐射和服务本辖区的众多小型敬老院。韩国注重动员社会力量特别是社区居民对老年人进行支持和帮助，注重转换社区居民的意识，构筑社区内的为老年人服务的支援系统。绝大多数老年福利馆都有送餐车，给居住在家里需要送餐的独居老人派送食物。仁川西区老年人福利馆开发了"基础食物银行"项目，收集在生产、流通、销售和消费等阶段产生的剩余食品，无偿地提供给低收入阶层。韩国老年福利馆大都集福利、文化、体育、医疗设施等为一体，并保障有就业意向的健康、低龄老年人充分就业。经济合作与发展组织（OECD）的统计数据显示，2011 年韩国 65 岁至 69 岁老年人就业率高达 41.0%，位居所有成员国第二位；韩国有效退休年龄（即实际退休年龄）男性为 71.4 岁、女性为 69.9 岁，排名同样位居第二。

5. 建立专业化服务队伍，树立善待老人的理念与运营方针

韩国注重培育专业人员为老年人提供福利服务。1987 年就开始实现社会福利专业公务员制度化，2012 年地方行政机构人数达到 1.2 万人，

持有社会工作者资格证者有 57 万人，长期疗养保护师有 30 万人。韩国的老年福利设施均树立善待老人的理念与运营方针，有的老年服务机构陈列了多种韩国传统生产生活道具，目的是营造怀旧氛围，通过回忆、感官等刺激对失智老人进行训练。老年服务设施都有着严格的安全管理，注重人性化、便利化、安全性和实用性。韩国的老年福利设施均向地区（社区）居民开放，促进老人与社区居民的交流互动。

二 韩国老年福利设施给我们的启示

1. 遵照规范的老年福利法律制度

老年福利设施的健康有序发展依赖规范的法律制度。首先，应制定包括发展方向、设置原则、准入条件、质量控制、检查评估、监管措施等详细可操作的具体法规，使老年福利设施的发展有法可依、有章可循；其次，制定老年照护服务的质量标准体系和老年福利设施的评估制度，规范各服务机构的运作，并且通过确立监管机构来监督服务质量；第三，认真落实维护老年人合法权益的法规，采取支持和鼓励老年人继续就业的政策和措施，如适当提高退休年龄、促进中高龄健康老人就业等。

2. 科学分类，发展方向明确

老年福利设施按功能可分为居住照护机构和日间活动场所两种类型。居住照护机构为老人提供居住养老和护理，分为三个层次："基本型"面向"三无"老人，政府兜底；"福利型"面向困难老人，政府给予部分补贴；"市场型"面向中高收入老人，完全交给市场。合理确定不同类型老年福利设施的布局和规模，重点发展医养结合型照护机构。日间活动场所为广大居家养老的老人提供日间照料、服务和休闲娱乐，是对居家养老进行服务和支持的重要载体。居住照护机构和日间活动场所应功能互补、科学分类、规范发展。

3. 严格评估和管理

老年福利设施应开展科学规范的绩效评估。我国老年福利设施普遍面临缺乏评估或者评估主体不明确、内容不规范等问题，应制定不同类型老年福利设施科学规范的绩效评估指标体系，提高评估结果的效度与信度，实现评估结果应用多样化，把绩效管理贯穿于日常工作。居住照护机构的健康发展需要行业监管和评估，依此作为奖惩、接受政府补贴和社会捐赠以及老年人选择的依据。对于公办养老机构，基于其所承担的社会养老责任和示范功能，其绩效评估指标必须强调长期和近期、公平和效率之间的平衡。

4. 积极探索"公建民营"发展模式

老年福利设施应由政府为主体转向以民营、民办为主，政府的任务是兴办公益性、示范性机构设施，重点为困难、失能老人提供长期照护服务；倡导兴办微利型和非营利机构，营利性机构交给市场。积极探索"公建民营"、"民办公助"、政府购买服务等多种模式，将原来经营管理差或新建的公办养老机构，通过招投标方式，交由经营管理经验强的社会组织、企业或个人管理经营。鼓励社会力量以独资、合资、合作、联营参股等方式兴办各类老人福利设施。研究出台设施建设、管理运营等环节的成本分担机制。

5. 打造专业化老年服务团队，提高服务质量

首先，加大对现有护理人员的教育培训和资格认证，提高护理人员的专业技能，并制定相应就业政策，引导职业护理院校毕业生到养老服务机构就业；其次，对养老服务人员严格管理，建立从业人员诚信系统；第三，加强对老年服务人员职业素质教育，树立善待老人的理念，提高服务质量；第四，发展老年服务志愿者队伍，对参加老年服务志愿活动的企业执行减免税等优惠政策，吸引企业、社会组织及志愿者到老年福利设施服务。

6. 拓展老年福利设施功能，支持居家养老

进一步拓展老年福利设施的功能，特别是政府办的市、区级大型、示范性老年福利设施的功能应辐射到城乡社区小型机构；加强老年福利设施与家庭间的联系，社区老年福利设施应为居家养老的老人提供支持，对抚养和照护老人的家庭成员进行必要的护理培训，依靠社区资源实现

"就地老化"；增强老年福利设施对独居、空巢、困难老年人的预防服务，细致筛选高危人群，减轻抑郁、阿尔茨海默症等疾病对老年人的伤害。

第三节　国内外失能老人照护的经验借鉴

一　政府在失能老人照护方面发挥重要作用

发达国家都运用社会性手段保障老年健康，政府在老年健康方面发挥着重要作用。一个国家的老年医疗健康保障制度模式是与其总体的医疗制度模式密切相关的。如英国、瑞典、加拿大等实施全民医疗保险制度的国家，其老年人也在这个体制中享受相应的待遇。德国、日本等实行社会保险体制的国家，参保人到老年后可不缴纳保费而享受一般性的社会保险待遇，另外在此基础上还设立老年补充性特殊险种，由政府提供资金扶持。由于老年人群健康需要的特殊性，政府向他们提供的人均补助通常比其他人群高出几倍。例如美国由联邦政府提供资金建立的老人医疗保险制度 2006 年的支出达到 4012 亿美元，占所有联邦政府卫生公共支出的 57%，占卫生总费用的 20%，而美国 65 岁以上人口占总人口的比例仅为 12%。日本 2000 年建立的"介护保险制度"规定参保人服务费用的 45% 由各级政府财政预算支付（李绍华等，2007）。[①] 1984 年澳大利亚就发展了老年保健方案"家庭与社区照护项目"，该方案是由政府主导的；1993 年又启动了"社区老年照护服务包"计划，为老年人提供照护服务（胡琳琳等，2008）。

二　建立长期护理保险制度

德国早在 1995 年实行的长期照护保险（Long-Term Care Insurance）为世界各国解决老年问题做出了一个范本，满足老年人口的长期照护需

---

① 高利平：《山东省老年人口健康状况及影响因素研究》，博士学位论文，山东大学，2011 年。

求。德国实施长期照护保险的主要目的就是扩大社区照护和居家照护，通过发展市场竞争来提高服务质量；鼓励居家和社区照护的模式，减少机构照护；减少家计调查的福利；支持非正式照护者（施巍巍，2011）。世界卫生组织曾提出对长期照护首先需要立法组织长期照护保险。到 20世纪末，已有至少 5 个国家颁布和实施了长期照护社会保险相关法案。21 世纪以来，立法组织长期社会保险的国家数量不断增加。日本早在 20世纪就建立了老年护理保险制度，2008 韩国也通过了老年长期照护保险的立法（裴晓梅，2010）。

在加拿大有三种类型的长期照护：安宁照护（Pailiative Care）、居家照护（Home Care）以及机构照护（Institutional Care）。安宁照护是专门针对身患绝症的个人和家庭成员提供的照顾，护理的重点是坚持最好的服务和质量，为被护理人员在生命剩余的时间里提供一个舒适和没有任何压力的环境；居家照护是指病人在家中接受护理和照顾；机构照护则是指个人由于身体、生理或心理等原因而需要得到护理机构的照顾。长期护理保险在加拿大是一种新型的保险，大约有十多年的历史。一个人越年轻，交的保险费越少，因此老年人交的保险费相对较高；男性和女性所交的保险费也不一样，通常情况女性要高一些，因为传统上女人比男人寿命更长，需要的护理更多（于戈等，2009）。

三　合理安排居家照护、社区照护和机构照护

发达国家在 20 世纪初曾经大办养老机构，但是随着人口老龄化程度的提高、医疗新技术的应用和医疗系统的浪费等原因，各国老年健康保障普遍面临财政和资源压力，为有效解决这一棘手问题，他们积极寻找新对策。西方发达国家的养老大都经历了这样一个过程：在人口老龄化社会初期，国家大规模兴办养老机构；当社会经济发展到一定程度，发达国家突然意识到，养老机构对老人的心理可能会造成伤害，老年人养老还是应该回归他所熟悉的家庭和社区。因此，近些年，西方发达国家致力于将养老机构和服务设施建立在老年人所在的社区内，并着力为居

家养老的老人提供更完善的照料体系。

新加坡老年人基本上是"就地养老"。政府认为社区有义务协助和支持家庭担负照顾老人的责任。因此，新加坡非常重视发展社区老年活动设施。新加坡有全面、系统的以居民和社区为基础的医疗保健服务体系，目的就是为了满足国民居家照护的需要。提供的服务包括社区医院、慢性病患医院、护理之家、家庭医疗、家庭护理及家居善终服务、日间康复中心、老年痴呆症患者日间护理中心等。不仅如此，新加坡以利益为导向，积极引导家庭成员承担照护老年人的责任。瑞典控制老年人照护费用的方式主要是通过大力发展社区照料等低成本照料（汤哲等，1998）。

在老年人长期照料形式方面，西方各个国家的政府都出台了一系列降低机构养老、鼓励居家养老或社区养老的措施和政策，因此导致各个国家机构照料的比例在缓慢降低，与此同时，社会或家庭照料需求在不断上升，而且社会照料的作用在不断增大（FIFARS, 2004）。[1]

四 鼓励、支持居家照护老年人

很多欧盟国家通过支持家庭照料来缓解整个社会的老年照料压力。"居家照护优先于机构照护"是德国长期照护保险的重要原则，这不仅是因为居家照护的费用比机构照护便宜很多，而且由于大多数受益人都有在家中得到照护的偏好。2005年选择居家照护的人数已占总体被照护人数的大约62%，而选择机构照护人数的比例大约为38%（施巍巍，2011）。

新加坡政府支持家庭成员与老人共同居住，并且还推出了一系列切实可行的鼓励支持措施。"组屋"住房保障措施就是新加坡的一大特色，有40多年的历史，是政府引导鼓励子女与父母共同居住的举措。三代同堂的家庭在分配政府组屋时，给予顺序上的优先安排和价格上的优惠，单身青年如果愿意与父母或老人同住，可优先照顾购买组屋。政府还鼓

---

① 顾大男、柳玉芝：《老年人照料需要与照料费用最新研究述评》，《西北人口》2008年第1期。

励子女与父母特别是丧偶的父亲或母亲共同居住，并给予一系列减免税的优惠政策；如果纳税人和父母或患有残疾的兄弟姐妹一起居住，该纳税人可享有优待。新加坡政府还会给予与父母居住较近的子女一定的住房补贴，子女探望父母时还可以免除部分小区停车费。新加坡的这一系列政策措施有助于三代同堂的家庭结构得以延续，也增强了每个家庭的家庭责任感。①

为了支持家庭养老，在澳大利亚，国家对承担老年人照护的家庭成员给予经济补贴和定期休假优待，家庭成员在休假期间，老人的照护服务由社区提供。澳大利亚有大批的志愿者和大量的非正式团体参与到为老年人提供服务的活动中。②

近年来美国政府开始注重家庭养老的功能，目前的美国老人以居家养老为主。美国约有2000多万非正规的家庭照护人员承担着失能老人的照护任务，这一团队包括老年人的配偶、成人子女及亲属和朋友。全国家庭护理照料人员支援计划是美国老年法案的组成部分，该计划号召各州为家庭护理照料人员提供多方位的支持和帮助：一是为他们提供经济上的资助；二是协助他们从社会上获取支援性服务；三是为他们提供组织支援团体、心理咨询等，并解决有关照料护理方面的问题；四是提供间歇护理服务，以便使他们得到暂时休息，减轻照料压力；五是提供其他一些辅助服务。政府对家庭护理照料人员给予的诸多社会支持，可以看作美国对"尽孝道"的人的一种社会认可。③

五　重点发展社区照护

原来由国家承担的老年福利服务也不能满足社会日益增长的福利需

---

① 中国经济导报，http://www.ceh.com.cn/ceh/jryw/2012/5/19/113813.shtml。

② 澳大利亚的社会福利和养老政策，http://mzt.zjol.com.cn/newsxp/html/2007/08/6171602.htm。

③ 王雪媛：《浅淡国外的养老经验对我国的借鉴意义》，《劳动保障世界（理论版）》，2013-07-20。

求，作为其中的一个解决手段，社区照顾成为西方各国老年福利服务的必然选择。随着老年人问题的复杂化，老年社区照顾应运而生，其目的是加强对老年人在社区中的长期护理照料，以降低长期护理照料的成本，减少公共依赖，这是一种以社区为依托的、多元化的老年福利服务模式，以福利多元主义为思想理论基础（仝利民，2004）。

1992 年瑞典法律增加了社区对老人照料的义务，目的是科学分配社会资源，将医院缩减的设备和经费都投入到社区保健和照料服务上，改建、新建一些照料机构，使需要长期康复或照料的老人尽量住到社区，由地方政府负责，只有急性、重症老年病人采取医院治疗，这样就能减轻医院负担。

在中国香港地区，为老服务机构和项目主要包括长者度假中心、长者邻舍中心、紧急住宿服务、安老院舍暂托服务等。长者度假中心让需要长期护理的长者在郊外度假，让长者放松心情，更是给照护者歇息的机会；长者邻舍中心是一种邻舍层面的社区支持服务，给与一系列的服务，例如发展性活动及教育、护老者服务、义工服务、康乐活动、辅导服务及社区网络、短暂上门服务、饭堂膳食服务等，以满足长者在身心健康、社交及发展方面的需要；紧急住宿服务是提供短暂的临时居所，入住需要照护的长者；安老院舍暂托服务为长者提供暂时性的住院照护，帮助家庭照料护理人分担一下长期照护的责任。（周海旺等，2007）。

六 民间力量广泛参与老年健康服务

澳大利亚鼓励慈善机构、私人公司、非政府组织等机构介入和投资养老服务领域，政府的职责是在各个方面提供支持和服务。当前在澳大利亚，老年服务和照料的主要提供者是非政府组织和私营机构，这些组织和机构分为非营利性和营利性两种，其中以非营利性居多。非营利性主要是慈善、宗教和社区组织举办老年公寓和社区服务机构，同时也举办一些护理院；营利性公司则主要是建立一些高成本的护理院。

社会性的老年照顾机构在西方发达国家比较多。美国在 2004 年就有

16000 多所护理院（nursing home），拥有的总的床位数超过 170 万张。这些 nursing home 大都是私立非营利性质的机构。美国另外还有日间照料中心（daycare center）等各种形式的社区照护机构。积极参与老年照顾的还有各种各样的民间志愿者组织，社会互助十分普遍。德国实行 "储存时间" 政策，鼓励成年人不拿报酬，利用公休日或节假日义务去老年公寓或老年病康复中心为老年人提供服务，他们的服务时间可以储存在服务者的个人档案中，而当服务者将来在年老或需要护理时，可以根据其在年轻时 "储存" 的时间而免费接受相应的护理（蒋虹，2007）。日本为适应社会老人的多样化需求，早在 1974 年就出台了《营利性养老机构运营指导意见》，建立了市场规范和行业标准。1988 年又出台相应政策，对社会办养老机构提供低息或免息贷款，同时在税收上给予优惠，提供条件有利于民间资本进入养老服务行业，鼓励社会办养老机构蓬勃发展。据统计，日本全境 3000 家养老院，较少有纯政府投资建的，大部分是社会力量兴办，小部分为政府与社会合办，可见社会资本已大量进入养老行业（孟钧等，2010）。

新加坡政府非常重视发挥各种志愿团体、宗教组织、社会团体等非政府组织在养老事业中的作用。有调查显示，在 1996 年底，新加坡 87.9% 的老人是由非政府组织建立的养老院收养的。新加坡政府的社会发展部福利事务所会对这些养老院进行监督指导。"家庭和老年理事会" 于 1989 年成立，国会也制定了 "养老院管理法案"（周素勤等，2003）。

七　建立老年津贴制度

综观国外的养老保障制度，政府不仅仅是依靠社会保险来解决养老问题，还提供老年津贴、社会救济等。大部分国家的养老保障计划有缴费型的和非缴费型的两种。非缴费型的养老金保障计划就是以各种形式存在的老年津贴制度，如老年福利制度、国民年金制度、高龄津贴制度、国民基本养老金等。

丹麦是由国家为老人提供非缴费型养老金计划的首个国家。丹麦政府 1891 年就颁布了《老年援助法》，帮助 60 岁以上的贫困老年人。丹麦目前已建立了完善的老年津贴制度。1908 年英国就建立了老年津贴制度，规定实行免费原则和普遍原则，符合条件的英国人都可以领取养老金。除了法定保险养老金之外，英国的养老保障制度安排中还包括各种老年福利与救济，主要有住房补贴、高龄补助、交通优惠等一系列对老年人的补贴和优惠。

瑞典早在 1913 年就通过了《国民普遍年金保险法》，实施针对失去劳动能力者和老年人的普遍老年津贴制度。《国民年金保险法》（1935 年）将老年津贴标准依照各地生活水平不断提高。瑞典目前的国民基本年金制度规定，无论其退休前的工作、职位和收入水平如何，凡符合法律规定条件的一切退休人员，都可以领取国家统一规定数额的基本年金。1973 年中国香港推行高龄津贴，是为香港永久性居民的长者提供的福利金，高龄津贴分为高额高龄津贴和普通高龄津贴两种。高额高龄津贴的申领人不用经过资产及入息审查，申领对象是 70 岁或以上的老年人；普通高龄津贴申领人需要经过资产及入息审查，申领对象是 65 至 69 岁人士。[①]

很多发达国家对失能老人的养老护理制度已经比较完善。日本是"按需养老护理"，将需要护理的程度分成多个级别：不能步行、不能站立、不能脱穿裤子、不能用餐、不能排便、不能记忆、不能吞咽食物等，并按照不同的级别提供不同类型的服务，主要有：登门访问、赴养老机构一日、入住特别养老机构、短期入住、入住老人福利院等。美国则给予失能老年人一些政策倾斜，为失能老年人提供政府补贴，由老年人自主向社会购买日常护理服务，另外，还以政府采购的形式为失能老年人提供社区服务，同时提供公共设备、器具和设施等物品的支持。

总之，国内外发达国家和地区对失能老人照护的经验和做法非常丰富，尽管由于国情和经济发展水平的差异，有的经验和做法不一定适合我国农村地区，但是他们的一些思路和理念还是很有借鉴意义的。不仅

---

① 常红，人民网，http://politics.people.com.cn/n/2012/0808/c1001-18693477-3.html。

如此，发达国家和地区照护失能老人的经验并非是完全建立在经济高度发达的基础上的，有的经验和做法并非需要很高的成本，如鼓励和支持居家照护老年人、立足社区、发展志愿者服务等。从国外的经验来看，对失能老人进行长期照护责任的承担应该是多元的，政府应该给居家照护的家庭必要的支持。鉴于我国国情，以家庭为照护主体的非正式支持已经无力承担失能老年人的长期照护责任，政府应该及时给予必要的支持。应借鉴国际上养老保障制度的发展经验，充分考虑我国的具体情况，客观、全面地把握失能老人的照护需求，汲取西方发达国家长期照护政策中的优势，制定适合我国的失能老人照护政策。

第七章 农村失能老人照护的社会支持路径

社会支持水平是影响人们生活质量的重要因素之一，这一点在国外早已有研究证实[①]。失能老人心理健康总体水平低于一般老年人群；社会支持与失能老人生活质量呈正相关；失能老人获得的社会支持低于正常人（张国琴等，2011）。社会支持对于失能老人非常重要。对农村失能老人进行社会支持也是非常必要的。随着年龄的增长，老年人的生理机能在衰老过程中出现退行性改变，这是自然现象。由于老年人生理机能的特殊性，老年人一旦失能，身体机能再恢复（康复）的可能性很小，因此他们需要的照护往往是长期的。目前我国农村老年人对照护有着一定需求，但是实际供给却非常少，造成这种缺口的原因，首先是农村人口的人均收入较低，且增长缓慢；其次，农村大规模的青壮年人口因为工业化、城市化的迅猛发展而大量涌入城市，以往传统的家庭照料的人力资源急剧减少。一旦个人和家庭难以应对照护需求，农村失能老人只能向社会寻求帮助和支持。

借鉴国外发达国家的老年健康保障经验，我们应该积极为农村失能老人提供社会支持。为失能老年人提供的社会支持应该是指来自社会各

---

① Centers for Disease Control and Prevention (CDC) . Social support and health-related quality of life among older adults-Missouri 2000〔J〕. MM-WR Morb Mortal Wkly Rep，2005; 54(17) : 433-7.

方面（包括亲戚、朋友、社会组织、政府、志愿者等）给予老年人的物质和精神上的帮助和支持。家庭（包括父母、配偶、子女等）对老年人的帮助和支持不应该算做社会支持，而应该算作家庭支持。第五章已经详细分析了当前我国农村地区失能老人的照护方式主要是居家—家庭照护，有的经济较发达地区出现了带有农村特色的新型的社区照护，也有少数农村失能老人入住养老机构接受照护。在不同照护方式下，家庭、社区、社会和政府的角色分工和责任义务有所不同，因此对农村失能老人进行社会支持的具体路径亦有所不同，应区别对待。

第一节　对失能老人居家照护的社会支持

居家照护具有社区照护和机构照护所不具备的优势条件，如亲情关怀、熟悉的环境、生活较自由等。国外很多学者早在 1990 年代就已经指出，主要问题不是家庭是否正在逃避其责任，而是（国家或社会）可以做些什么来支持家庭，从而使家庭能够继续为老年人提供照顾服务。倘若家庭仍然是老人日常生活照顾的主要方式，我们必须认真考虑帮助家庭的方法，支持家庭就是至关重要的（Topinkova，1994；Dooghe，1992）。国内有学者比较研究了机构养老的老年人与居家养老的老年人的健康状况和死亡风险，结果发现，住养老机构老人的总体健康状况比居家养老的老人相对较差，死亡风险相对较高；在降低机构养老老人死亡风险中，家庭或社会的支持更具有重要性（顾大男，2006）。

其实，浸润着浓厚儒家尊老敬老传统的中国，几千年来就一直把家庭作为老年人养老和接受照护的场所——家庭是养老和照护资源（经济供养、生活照料服务等）的主要来源，对家庭外部资源，如社会资源的依赖性不大。我国传统的家庭养老实质上就是现代意义上的居家养老（照护）。但这种得到世界各国肯定和效仿的"东方养老模式"正受到巨大挑战：其一是我国家庭结构趋向核心化、小型化，2010 年我国第六次全国人口普查显示，每个家庭户的人口平均为 3.10 人，家庭人口规模呈减少趋势，而十年前第五次全国人口普查时该项指标是 3.44 人。家庭结构小型化的同时，代际分离趋势也在增强，独居老人、老年夫妇、"空巢家庭"日益增多，传统家庭养老功能受到影响。其二是我国人口预期寿命不断提高，生活在家庭里的老人（特别是高龄老人）越来越多，老人的照顾需求日益增大，势必加重家庭照护的负担。三是由于现代化生产节奏不断加快，成年子女工作和生活压力大，即便能向老年人提供经济供养，令老人吃喝不愁，但是对老年人的生活照料也力不从心。

尽管我国传统的居家养老和照护模式在现实条件下存在着诸多困难，但是正如许多学者所指出的，亲属照护居家高龄失能老人仍是中国现阶段和今后较长时间内的主要照护形式（刘婕等，2012），家庭对失能老人的长期照护具有基础性作用（熊吉峰等，2012）等。我国农村现阶段仍以家庭养老为主，对失能老人的照护也主要是以居家—家庭照护为主。我国当前农村老年人子女较多，应充分利用照护人力资源比较充裕的优势，鼓励和支持老年人在家得到照护。应从以下方面对失能老年人居家照护进行社会支持。

一 弘扬孝文化，强化子代对亲代的照护责任

"百德孝为本，百善孝为先"，孝道文化在中国传统文化中居于首德地位，人们的日常生活、传统的政治文化都和"孝"有着非常密切的关系，如"以孝治天下"、"举孝廉"等。但是近些年在我国农村，"养儿防老"的传统受到一定冲击，农村地区出现了子女对年迈父母"孝道沦落"的现象，虽然我国在法律上规定了子女有赡养父母的义务，但是道德规范和社会习俗约束力不大，其中最重要的是子女的"孝心"。

我国是儒家文化发源地，尊老敬老的传统由来已久。应更加明确子代对亲代的照护责任，大力弘扬孝文化，传承孝文化，促进家庭和谐。首先，要树立敬老、养老的意识，在家庭内部继承孝敬老人的优良传统。其次，从初级教育开始，把老龄社会教育纳入各层次教育体系，从"娃娃"抓起，给孩子们培养和树立养老、助老、敬老的意识。第三，应在

社会上继承和发扬儒家文化中"关爱老人、尊敬老人、赡养老人"的传统，形成"年轻时我养老、助老、敬老，年老后人家助我、敬我、养我"的良好社会风尚。另外，还要广泛通过电视、广播等多种大众传媒形式积极宣传老龄化社会，引起社会广大民众对老年人口的关注，在精神、物质等各个层面真正关爱老年人，消除歧视和虐待老年人的不道德行为，维护老年人的权益，努力形成家庭和谐、老少共荣的文明社会氛围①。

大力弘扬尊者爱幼的传统美德，开展评选"好媳妇"、"十佳孝星"、"文明家庭"等活动，评选标准是优生优育、孝敬老人、团结邻里、家庭和睦等，通过各种喜闻乐见的形式弘扬孝文化，这些形式虽然是多年都进行的，并非新鲜出炉的，但是在农村确实能够发挥一定作用。应注意不能流于形式，要选出左邻右舍都认可、在村里有口皆碑的模范典型，通过树立典型，鞭策差的、奖励好的，让"身边的典型感动影响身边的人"，这种"传帮带"的作用是会很明显的（高利平，2014）。

二　为失能老人发放失能和护理补贴

目前我国很多省市为高龄老人发放一定的补贴，今后应该充分认识到失能老人的需求，建立为失能老年人发放护理补贴制度。其实有的老人虽是高龄但是身体健康状况良好，而有的老人尽管才六七十岁，但是已经丧失一定的生活自理能力，他们更需要经济上的支持和帮助。可以根据各地经济发展水平和老年人的失能程度，对失能老人所需要的护理进行分级和评估，给予不同等级的补贴额度，把失能老人的护理补贴列入财政预算，重点支持和帮助困难家庭中的失能老年人，减轻他们的疾病经济负担，并让失能老人的养老和保障制度化。

我国有的地区已经在积极探索对失能老年人进行护理的保障措施。上海市探索依托基本医疗保险制度，启动老年护理保障试点，对高龄老人进行评估，如果达到一定护理需求等级，则试行居家护理费用医保支

---

① 高利平：《孝德文化与农村失能老人照护》，《中国人口报》2014-03-03。

付政策。上海市的失能和半失能老人占户籍老年人的比例约为 6.7%，因此失能老人的护理问题尤为突出。上海市 2009 年就开展了"老年护理保障计划"调研，后来提出的对策就是：整合现有的居家养老、家庭病床、机构养老等养老服务资源，对城乡老年居民给予老年护理费用专项补贴，补贴对象是因为生理功能衰退或者疾病而导致生活不能自理的、一定年龄以上的老年人，还需要经过专门评估，按照所达到的护理等级进行补贴。上海市选择部分区县、街镇试点居家护理医保支付，先从 80 岁以上、护理需求达到中度和重度的失能老人开始。补贴经费可由个人和医保基金两方负担。如果老人经济困难，那么其个人负担部分还会由政府给予一定补助。以后上海市还会研究建立老年护理专项基金，根据情况逐步增加政府投入。①

上海市的探索和经验应积极推广。政府出面为农村失能老人发放一定的失能和护理补贴，不仅能在一定程度上对低收入甚至无收入的农村失能老人给予经济上的帮助和支持，也能在很大程度上引起子女和家庭对失能老人的重视和关注，让他们意识到，老年人即使失能了，也并不是家庭的包袱，还有政府和社会在关心着他们，子女和家庭也更能善待失能老人。

三　支持家庭照护人员

家庭照护人员是失能老人最熟悉、最亲近的照护人员，在照顾失能老人日常生活上承担了最重要的角色，沉重的照护负担包括提供照顾所带来的身体和精神负担、社会负担、经济负担以及照护与工作的冲突等。有研究发现，如果没有来自其他方面的支持，家庭照护人员的负担或压力无法缓解的话，他们很难继续提供这种照顾（陈树强，2002）。对家庭长期照护者普遍提供支持是发达国家的通常做法，国家为提供了大量照护服务的老年人的子女或亲友提供一定补贴和帮助。补贴形式多样，

---

① 　《新民晚报》2012 年 10 月 9 日 A3 版。

挪威是按照一定标准给付薪金，英国则是给与特别的补贴，还有的国家是提供临时性替换照护（Respite Care），还有的国家是给与一些税收优惠，例如美国的《老年人照护和救济授权法》中的相关规定[①]。目前"Care for Caregiver"（照顾照顾者）在国际社会已经成为社区照顾特别关注的主题，其理念就是强调通过辅导、培训和合理补偿等方式给予照顾者以精神上和物质上的支持，从而提高照顾者的责任感和服务质量，努力提高其自我效能，避免出现因照护工作过量引发的负担和半途而废等问题。

随着经济社会发展，我们需要对照护提供者的家庭照护责任给予充分的认可并进行适当的经济补偿。我国应借鉴德国、英国、日本等早已实行的"家庭照料补贴"政策，对家庭成员因家庭照护责任而导致的养老金损失进行补贴，应该为长期照护失能老人的家庭照护者提供一定的照护津贴，缓解其因承担家庭照护责任而不得不放弃工作或因收入减少甚至陷入贫困而产生的压力。应该在新的历史时期继续发扬我国"孝道"传统，鼓励子女为失能老人提供尽可能多的照护服务。另外，我国应当借鉴国际经验，积极探索建立临时性替换照护服务制度（Respite Care）[②]，给照护失能老人的家庭人员以短暂的喘息机会，在他们客观上暂时不能继续提供照护服务或者需要休假进行调整的时候，由国家提供的替换照护临时承担照护责任，将需要照护的老年人临时送到专门机构进行照护，这既能及时缓解一下家庭照护者的压力，也能够进一步鼓励家庭成员的责任感。

其实，我国有的地区已经在支持家庭照护者方面进行了一些有益的探索，如浙江省探索为长期照顾失能老人的家属提供临时性替代照护服务，即为失能老人家庭提供"喘息服务"，正是借鉴了国外的经验，目的就是让长期在照护压力之下而感到身心疲惫的家属得到"喘息"机会；

① 刘乃睿、于新循：《论我国孝道传统下老年人长期照护制度的构建》，《西南大学学报》（社会科学版）2008 年第 5 期。

② Staicovici S, "Respite Care for All Family Caregivers: The Lifespan Respite Care Act" [J], *Journal of Contemporary Health Law and Policy*, 2003, 20:243–272.

他们还采取有效措施，对家庭主要照护者提供免费或低价的照护技能培训；划分不同层次的照护补贴标准，对失能老人实施分类照护服务；并为失能老人特别设计房间、为失能老人家庭增添无障碍设施等。这些都是值得在全国推广的经验。

四 开展上门探望和照护服务

目前我国很多城市社区积极开展了居家养老服务，对困难老年人进行照护需求和经济状况综合评估，然后提供政府购买的服务。尽管城市社区开展的居家养老服务也还面临一些问题，如：居家养老服务时间相对较少，服务的对象仅仅是民政部门认可的特殊困难群体，对失能老年人而言，往往是杯水车薪，造成服务定位与需求内容不匹配等。但是，即使是这样的居家养老服务也只是在城市社区开展，广大农村社区并没有开展。我国《社会养老服务体系建设规划（2011—2015年）》要求，"在农村，结合城镇化发展和新农村建设，以乡镇敬老院为基础，建设日间照料和短期托养的养老床位，逐步向区域性养老服务中心转变，向留守老年人及其他有需要的老年人提供日间照料、短期托养、配餐等服务"①。目标是到"十二五"末，老年人日间照料服务基本覆盖半数以上的农村社区。时间紧迫，任务繁重，在农村社区为失能老人开展上门探望和照护服务还有很多工作要做。

应借鉴目前我国城市社区开展的居家养老服务，积极探索将居家养老服务模式在农村推广，在初始阶段，可以先在农村社区设立居家养老服务中心，并借助老年人协会、农村老年关爱之家等平台，试行居家养老服务，对失能老人开展上门照护服务。实行居家养老服务可以根据农村实际采取以下形式：一是组织专门的服务人员（同村的低龄、健康老年人等，可由村老年协会等组织安排），对有需求的失能老人开展上门

---

① 《国务院办公厅关于印发〈社会养老服务体系建设规划〉（2011—2015年）的通知》，《中华人民共和国国务院公报》2012年1月10日。

探望和服务；二是邻里互助，动员组织左邻右舍，为行动不便的失能老人提供暂时照护、代购物品和应急救助等服务；三是社区和村老年协会定期上门探望高龄、失能老人，并提供一定的心理咨询、精神慰藉和生活服务等。对失能老人提供的上门服务应该根据老年人的家庭经济和失能状况而确定：对于困难失能老人，上门服务的资金应由村集体或县财政负责，对于家庭条件较好的失能老人，可以部分补贴或全部由家庭买单，这样可以在很大程度上既给予困难失能老人以必要的帮助，也照顾到了一般失能老人的需求，还不会给财政造成较大压力。

第二节 对失能老人社区照护的社会支持

农村社区是维护家庭养老功能正常发挥的重要平台，同时也是家庭养老功能丧失时最直接、最有效的接替者。农村社区为失能老人提供支持性服务是最便捷、最低成本的。有学者对社区支持性服务进行了界定：是指由政府或非政府机构在社区中所提供的服务，既可以是在社区机构中提供服务，也可以上门为老年人提供入户服务；社区支持性服务的内容既可以是情感或认知性的，也可以是工具性的（陈树强，2003）。笔者对社区照护的定义是：社区照护是指失能老人在社区日间小型照护中心、托老所或护理机构，由社会服务人员、护理人员或医师提供的正式照护。笔者认为，社区为失能老人提供的入户服务是居家—社会（社区）照护方式，应该归为对居家照护的支持行列（详见第五章）。因此，对于以社区照护为主的失能老人，社会支持的重点是在社区提供适宜的照护场所、机构以及休闲、健身场所和设施等。

一 加强农村社区公共服务设施建设

社区公共服务设施，是指直接为本社区居民提供服务的共享性、基础性设施，一般包括公共建筑及其场地，还有其他相关附属设备等。社区公共服务设施是社区提供服务的基本平台。

我国长期"重城轻乡"，与城市地区相比，农村地区的公共设施不受重视，配套设施的建设标准不完善。尤其在村庄一级，不仅燃气、公厕、垃圾收集等公用设施建设标准不高，而且也没有配套的公共生活服务设施，幼儿教育、文化活动、养老服务、医疗卫生服务等都比较缺乏，整个农村地区公共服务设施建设水平和服务质量都较低。

江苏省南京市在全国较早实现了农村地区公共设施配套的全市性标准，2011年出台《南京市农村地区基本公共服务设施配套标准规划指引（试行）》，对南京市农村地区新市镇、新社区的学校、卫生院、文化活动室等基本公共服务设施的规模、配置有了明确规定。南京农村公共服务设施标准为1个1000人的一级新社区，须配建1个120平方米左右的卫生室、1个200平方米的托老所、1个100平方米的文化活动室、1个40平方米的公厕、1个160平方米的邮政代办点以及一片用地面积达3000平方米的公共绿地等设施①。按照使用功能，农村地区基本公共服务设施分为八大类，包括行政管理服务设施、文化体育设施、教育设施、社会福利与保障设施、医疗卫生设施、商业金融服务设施、市政公用设施、公共绿地。按照规定，社区行政中心、卫生院（室）、体育健身设施、菜市场、垃圾转运（收集）站、公厕等为新市镇、一级新社区中必须设置的公共服务设施，其相应标准为刚性规定。南京市的目标是2015年初步达成城乡服务均等化。②

各地应该积极借鉴南京市的做法，立足当地农村发展实际，借鉴城市社区建设和管理的经验，积极制定《农村社区服务设施规范化建设方案》，注重利用闲置房屋，盘活利用闲置宅基地，整合周边社区和学校资源，在广大农村社区高标准规划、设计和建设基础性公共服务设施，规范服

---

① 官卫华、刘正平：《城乡统筹视角下农村公共服务设施的规划探索——〈南京市农村地区基本公共服务设施配套标准规划指引（试行）〉介绍》，《江苏城市规划》2012年6月28日。

② 国务院新闻办公室门户网站，http://www.scio.gov.cn/xwfbh/gssxwfbh/xwfbh/jiangsu/201110/t1036617.htm。

务内容、完善服务方式、提升服务功能。

建立农村社区基础性公共服务设施需要政府大力扶持，并将其纳入新农村建设规划，因地制宜，充分利用当地的资源优势，政府应对农村社区居家养老服务中心、设施、网点、机构的建设加大投入，可以考虑以村委会为依托，成立社区老年服务中心，有条件的建立日托养老站、老年食堂等，为那些子女白天忙于工作、不在身边的失能老人提供日间照料。

针对农村生活环境相对开放的特点，可以因地制宜，结合农村文化广场等的建设，在农村社区普遍建设老年活动中心或场所，配备一些健身器材，不一定要有太多的项目和内容，而是让农村老年人有一个可以去并且愿意去的地方。让轻度失能老人有锻炼的去处和活动的场所，不仅可以使他们精神愉悦，利于慢性病的康复和部分生理功能的恢复，而且能够融洽邻里关系，营造和谐的社区文化。

二　发展农村社区服务组织和机构

除了建设政府主导的农村社区基础性服务设施以外，为农村社区照护提供社会支持还应该积极培育和发展农村社区服务组织和机构，来承担具体的服务和管理工作。社区服务组织，指的是非政府、非营利组织，或称第三部门组织，主要从事公益性的社区服务工作，承办社区内的各类服务项目，满足社区成员的多层次服务需求。

目前我国很多农村社区成立了老年人协会、老年人互助组织、老年人关爱之家等涉老组织和机构。在农村，老年人养老一般依靠子女，遇到家庭不和、子女不孝的，老年人的养老问题就难以解决。很多农村涉老组织在宣传老年政策法规、处理赡养纠纷、维护老年人的权益等方面起到很重要的作用。但是也有一些农村根本就没有涉老组织，或即使有也只是流于形式，难以发挥作用。

应该充分认识到，在农村社区的熟人社会里，推动基层老龄工作的有效载体是农村老年协会等涉老组织，应该挑选那些愿意为老年人服务的、工作经验丰富的、德高望重的老干部、老教师或者从机关退下来的老同志担任协会会长、副会长或秘书长等职务。老年协会应有固定的活动场所、一定的活动经费和完善的规章制度和章程等。应该多渠道筹措老年协会活动资金，引导老年协会广开门路，适当经营棋牌活动室、花卉苗木基地等产业，使协会有一定的经费保障。农村社区养老和照护服务业是一项新兴产业，也是一项系统工程，涉及面广、政策性强，只有真正做到政府主导、全社会参与，农村社区才能为广大农村失能老人提供养老和照护服务，从而真正做到让每个老人都老有所养。

三　引导、组织社区邻里互助

农村开放的、融洽的邻里关系是个很好的资源，应充分利用这个有利条件，开展社区邻里互助的养老和照护服务模式。通过搭建"邻里互助、社区联动"活动平台，采取自愿结对帮扶、互助服务、为孤寡失能老人安装爱心门铃等多种形式，拉近邻里彼此间的距离，增强邻里亲情感和社区认同感。

特别是在经济落后的广大西部农村地区，较为可行的一种照护失能老人的方式是提倡代际互助和邻里间的互助，可以由村委会根据本村需要提供服务的失能老年人的数量及需求状况，在村里选定若干名有爱心、有空闲时间的中、高龄妇女，组成"邻里互助服务小组"，按每人照顾4至5名失能老人的标准，定期上门给失能老人开展家政服务或心理慰藉。对"邻里互助服务小组"的成员，市、县、乡三级财政应给予适当补助。应积极鼓励社区邻里互助，为那些中年妇女和健康的低龄老人照护高龄、失能老人搭建平台，在农村社区依靠这种互助模式来弥补家庭照护的不足是切实可行的。

农村社区邻里互助也可以探索实行"时间储蓄"制度。"时间储蓄"一词来源于国外，我国上海等城市社区进行过探索（陈功等，2001）。"时间储蓄"是指低龄老人如果为高龄、失能老人提供志愿服务，就可以由工作人员做好记录并存储进档案，志愿者在将来自己年老时就"提取"年轻时存储过的"服务"，即可以享受同样长时间的志愿服务。其实，在广大农村社区中有大量 50 多岁的准老人和低龄健康老人，这部分人群是非常丰富的人力资源，他们既是当前养老服务的潜在提供者，是可以充分利用的照护资源，也是日后养老服务需求的潜在消费者。她（他）们也很愿意无偿或有偿地帮助有需求的失能老人，只是缺少一个平台，如果有人组织，农村邻里的互助会做得更好。可以依托社区，探索建立"时间储蓄"制度，形成社区成员互助养老新模式，最重要的是要有专人负责管理账户，当服务提供者提供服务后，要及时准确地记录在册，以备日后他本人或家人需要帮助时，可以由社区中其他人提供相等时间的服务。这个做法提倡互助友爱的社会氛围，不仅可以极大程度地节约照护人力资源，而且可以有效缓解社区服务需求与供给的现实矛盾，因此适宜作为农村社区解决失能老人养老和照护问题的有效路径而大力推广。

四　营造良好的社区爱老敬老文化

一个好的、团结向上的村集体非常重要，包括老龄工作在内的各项工作都会做得有声有色。因此，营造一个充满爱心的、敬老爱老的农村社区，在轻松、和谐的社会氛围中，让老年人感受到社会的关爱，享受到温馨、方便、安全的社区生活和服务，是从文化的角度对社区照护的支持。

前面第五章所提到的个案 11 那位失能老人，她是在山东省 J 市 P 县 X 村，尽管她所在的这个县的经济发展在 J 市也就是中等水平，农民年人均纯收入仅 8000 元，但是老人所在的 X 村却是周边村落闻名的全国文明村。该村多年来践行"以德治村"、"文明治村"、"以法治村"的理念，村集体经济发达、秩序井然。同时，该村注重文化建设，通过开办电视台、农民自编自导拍电影、办村报等形式开展文化娱乐活动，广泛宣传诚信、孝道、正义、奉献等优秀品德和优良传统。近 20 年来，他们坚持开展"五好家庭"评选活动，在村文化广场建立了"奉献厅"和"正义厅"，对先进个人进行表彰奖励，社区内敬老爱老美德蔚然成风。在全社会达成敬老、爱老和助老的共识，人人以尊敬老人为荣，家家以虐待老人为耻，在良好的爱老敬老社区文化氛围中，失能老人也过着舒心的生活。

加强社区文化建设，营造和谐氛围。社区应积极开办各种文化娱乐活动，例如向老年人普及健康生活习惯、举办健康讲座、培训自我护理常识、组织老年人编排节目、自娱自乐等，鼓励轻度失能老人走出家门，多参加社区活动。笔者在山东省 D 市 K 县对失能老人进行访谈时，曾到过 Y 村，这个村历来就有演唱吕剧的传统，早在 10 年前，村里就出资 5 万元建立了一处文体活动中心，供村里的男女老少茶余饭后到此哼唱几句。2006 年成立了一家全部由群众演员组成的农民艺术团。艺术团自成立以来，共编演了 40 余个节目，大小演出活动近百场，荣获"山东省优秀庄户剧团称号"。村里的老人都喜欢来此活动娱乐，老人们反映"越活动越逍遥，心情好"，"全村没有不孝顺的，都很团结"。丰富多彩的娱乐活动和积极向上的社区文化有助于营造温馨和谐的养老环境，有助于维护老年人的健康，农村社区应该积极组织和行动起来，努力为老年人开展丰富的娱乐活动、营造良好的社区爱老敬老文化。

第三节　对失能老人机构照护的社会支持

对于以机构照护为主的失能老人，社会支持的重点是规划建设规模适宜、功能齐备、收费合理的养老和照护机构，培训专业照护人员等。

一　拓展乡镇敬老院功能

乡镇敬老院是目前我国农村地区唯一政府办的养老机构。随着前几年乡镇敬老院的更新改造，很多地方出现了二、三层的较大规模、设施较完备、管理和服务都比较到位的敬老院。一方面是敬老院扩大规模，有闲置的床位。据统计，2010 年农村敬老院床位利用率只有 78%，47.5 万张床位闲置，没有发挥养老中心的作用。另一方面农村养老形势严峻，老年人的养老生活不如过去①，一些社会上的非"五保"老人对机构养老

①　新华网，http://news.xinhuanet.com/yzyd/fortune/20121216/c_114041177.htm。

和照护有需求。因此应该把这两方面结合起来,拓展乡镇敬老院功能,使其发挥乡镇一级养老中心的作用。

完善乡镇敬老院的功能,并将其作为乡镇居家养老服务中心向社会老人提供服务。在满足本区域内"五保"对象需求后,供养能力有富余的敬老院可面向社会开放,吸纳社会老人自费代养。即使敬老院入住率高、供养能力没有很多富余,也应该在原有设施和条件的基础上,加大投入力度,扩建一部分,使敬老院逐步转型,从主要收住"五保"对象向同时收住"五保"对象和社会老人过渡。面向的社会老人应该主要以高龄、困难、失能、家庭照护人员缺失的老人为主,以后可以逐步过渡到收住其他有需求的社会老人。这样农村敬老院就可以实现多种服务方式并举、多种照护形式、照护对象共享的农村养老新机构。

在农村敬老院的建设和管理上,可以将敬老院划分为"养老区"和"敬老区",分区供养社会老人和"五保"老人:养老区面向社会开放,供养社会老人;敬老区主要供养"五保"老人,保持原来的功能。一些公用的设施如医疗机构、健身设施、娱乐场所等可以实现共享。这样就将原来的乡镇一级的敬老院建成乡镇的养老中心,覆盖全部乡镇的老年人。

二　鼓励并扶持社会投资兴办养老和照护机构

尽管目前农村失能老人的照护主要依靠家庭,但是在我国一些经济发达的农村地区,子女外出务工普遍、留守老人多,很多老人和子女对养老和照护机构有一定需求。有的集体经济发达的农村已经建设了"老年房"、"老年幸福园"等供老人集中居住生活的机构,如第五章所提到的。但是绝大多数农村地区尚没有社会力量投资兴办的养老和照护机构。

今后应该继续倡导有条件的村集体建设适宜的养老机构。在农村养老照护机构建设上,特别是政府投资兴办的养老机构,应避免当前城市养老机构在认识和建设上的偏差,即一些地方政府热衷建大规模、豪华高档、收费不菲的养老院,却收住健康的、能自理的老人;而大量生活有困难的、失能失智的老人却被挡在养老院之外。我们应该将重点放到失能、失智老人的养老和护理工作上来，给更多失能、失智老人带去他们需要的服务。政府的责任是为弱者提供帮助，那部分有需求也有购买力的老人，完全可以交给市场去解决。应该结合新型社区的建设，合理规划建设农村养老院，这是最根本的出路。让农民的生产生活能够真正一体化，不要分开。

目前我国很多省市对于城镇民办养老机构有优惠的政策和措施，补贴和扶持的力度较大。2008 年山东省出台《省级财政扶持城镇养老服务机构暂行办法》，从 2008 年起，省级财政每年安排专项资金 600 万元，扶持城镇养老服务机构 30 个，每个扶持 20 万元[1]，已经连续扶持十多年。重庆市 2012 年出台政策，新建和扩建社会办养老机构增加床位 100 张以上的，市财政对其新增床位给予每张 4000 元的建设补贴，每个机构最高补贴不超过 500 张床位。对租用房屋兴办的社会办养老机构，增加床位 50 张以上、房屋租期在 5 年以上含 5 年，重庆市财政对其新增床位给予每张 1000 元的建设补贴，每个机构最高补贴不超过 200 张床位[2]。这些对城镇民办养老机构的补贴和扶持政策应向农村延伸。

今后应在农村地区鼓励个人和社会力量兴办养老和照护机构，制定相关政策措施进行扶持。农村地区的养老机构不一定要很大规模，可以是立足社区的小型的养老机构，扶持政策可以比城镇地区的要宽松。在农村兴办养老和照护机构应该重点关注农村地区失能老人的照护需求，制定切实有效的扶持措施，鼓励有能力、热爱公益事业的社会力量（包括自然人、社会组织、非政府组织、企业等）积极建设农村养老机构，为广大农村失能老人提供适宜的养老机构，满足老人需求。

三 宣传和引导养老观念的转变

因为传统观念的禁锢，目前我国很多农村地区，老人喜欢在家养老，

---

[1] 新华网 2009 年 1 月 1 日。

[2] 新华网，http://news.xinhuanet.com/fortune/2012-09/15/c_113090956.htm；新浪重庆新闻（http://cq.sina.com.c），《养老机构新增床位 市财政每张补贴 4000 元》。

四世同堂；子女也不愿意把父母送到敬老院里养老和接受护理。前文第五章中个案 13 所在的山东省 J 市 P 县 X 镇敬老院院长说，他们目前还没有开展社会代养服务，也没有人来咨询能否接收社会代养老人。在他们那个地区，老年人只要是有儿有女的，子女一般都不会把老人送到敬老院里。受我国传统文化中"养儿防老"观念的影响，从老人的角度而言，大部分老人晚年也更喜欢和子女住在一起，或者把保姆、护理人员请到家里来照护老人。在很多农村地区，老年人和他们的子女们普遍都认为，去敬老院里面养老的都是"五保"老人，是无儿无女、无人管的老人（高利平，2014）。

居住在家里由家庭人员照护，或者在社区日间照料中心接受照护是大多数失能老人所喜欢的照护方式，尽管如此，随着农村人口大量向城镇地区流动，农村的家庭结构也是日益趋向小型化，农村很多老年人家庭照护资源匮乏，在这种情况下，采取灵活的照护方式，比如进养老机构接受照护，要比失能老人一个人在家里合适得多。我国已经发生多起独居老人在家里发生意外的事例。如果失能老年人坚持要自己留在家里，则不仅对老年人自身有不利的影响，更会给子女造成很大压力。因此，应该对农村老年人及其子女进行宣传和引导，采取多种渠道和形式，引导失能老人减少对家庭的过分依赖。这样的转变不是短时间就可以实现的，而是需要更多的相关配套政策措施的支持，建设适宜的养老和照护机构、提高照护水平、对于入住养老机构的失能老人给予全部或部分补贴等。只要政府和社会能够给农村失能老人提供物质和精神上的养老、照护和帮助，老人就应该积极配合。[①]

四　对失能老人入住养老机构给予补贴

农村老年人收入很低或几乎没有收入，特别是失能老年人，他们因为疾病和失能几乎已经耗光了自己和家庭的积蓄，疾病经济负担沉重、

---

① 高利平：《孝德文化与农村失能老人照护》，《中国人口报》2014 年 3 月 3 日。

生活水平低，对于这样的困难老人群体，即使个人有意愿进养老机构接受照护，那也是可望而不可即的事情。政府应该拿出专项资金，不仅要在农村积极兴建适宜的养老机构，更重要的是应该对农村失能老人入住养老机构给予补贴，以此鼓励失能老年人入住养老机构。

目前我国很多地区出台了对失能老人入住养老机构给予补贴的政策。北京市针对贫困家庭失能老人，2011 年制定并出台了养老补助政策，规定：在享有最低生活保障制度的家庭中，60 岁以上生活不能完全自理的老人，如果在户口所在地入住县民政局选定的社会福利机构，则每月会给予 1100 元的补贴；北京还将建立居家养老床位补贴制度、建立高龄津贴的正常增长机制。将根据身体状况、不同年龄段的老人的实际需求，制定不同的政策制度，对居家养老床位给与补贴[①]。大连市规定 2012 年起对收养特困失能老人的养老机构给予补助，具体的补助标准是：生活完全不能自理的每人每月补助 600 元，生活半自理的每人每月补助 400 元[②]。这些补贴政策和措施应该积极推广。

各地区应因地制宜，制定对低收入的农村失能老年人（不一定专门针对失能老人，也可以扩大到对高龄、独居等养老困难的老年人）入住养老机构给予资金补贴的政策，根据老年人的失能程度和经济状况的不同，采取政府补贴的形式，给予相应的资金补贴，减轻农村失能老人的经济负担。

第四节　结论与讨论

一　发动社会力量为失能老人提供社会支持

为失能老人接受照护提供社会支持不能完全依赖政府，应广泛发动社会力量。社会力量是指能够参与、作用于社会发展的个人、机构、组织、

①　中国网，http://www.china.com.cn/economic/txt/2011-07/24/content_23056545.htm。
②　新华网辽宁频道，http://www.ln.xinhuanet.com/xwzx/2012-01/02/content_24461891.htm。

企业、团体等。《社会养老服务体系建设规划（2011—2015 年）》要求，采取公建民营、民办公助、政府补贴、购买服务等多种模式，鼓励城乡自治组织参与社会养老服务，支持和引导社会力量兴办养老服务设施。发动社会力量积极参与对失能老人的照护，开展社会养老和照护服务。鼓励民间资本投资建设专业化的服务设施。加强培育和扶持社区为老服务机构和组织，采取民办公助等形式，对非营利性社会办养老机构给予相应的建设补贴或运营补贴，大力支持其发展，不断提高社会养老服务的水平和效率。

应该充分利用社会上的各种资源对失能老人进行支持和帮助：一是亲情资源，主要由老年人的配偶、子女、亲戚、朋友组成，他们是老年人身边最熟悉、最信任也是最便捷的社会资源；二是互助资源，包括农村社区内部、邻里之间的互助，尤其要充分引导和发挥农村社区低龄、健康老年人在照护失能老人中的作用；三是福利资源，包括由政府买单或按一定比例补贴的上门服务、政府兴建的非营利性的老年照护服务机构和设施等；四是市场资源，包括保姆、护工以及市场上各种提供有偿服务的老年服务组织和机构。

对于社会上出现的尊老敬老模范应予以表彰、宣传，让他们起到辐射带动作用。山东省菏泽市郓城县双桥乡后黄岗村农民、退伍军人黄修良自掏腰包 20 余万元资助 400 余名孤寡老人，还创办了"孤寡老人节"（2005 年创办，定于每年的农历腊月十六举行，当天孤寡老人免费观看文艺演出，免费吃午餐，同时获赠一瓶 500 克的香油等）[①]，以自己的实际行动号召大家敬老爱老。在支持和帮助包括失能老人在内的困难老人事情上，每一个人的力量是有限的，但是如果这种力量能够在更多人、更多的社会组织和机构那里传播开来，则是无穷的。

二　不同照护方式的社会支持有差异，应有效结合

接受不同照护方式的失能老人所需要的社会支持是有一定差异的，

---

① 新华网，http://www.sd.xinhuanet.com/news/2012-02/20/content_24738813.htm。

不能一概而论。对居家照护的社会支持主要是从家庭内部、外部提供帮助和支持：对家庭内部的支持包括直接向失能老人发放失能补贴和从多方面帮助家庭照护人员；对家庭外部的支持包括继承和发扬孝文化、为失能老人开展上门服务等。对社区照护的社会支持主要是通过加强农村社区基础设施建设、发展服务组织和机构、营造良好的社区爱老敬老文化等途径，提高农村社区对失能老人的照护和服务能力，同时凭借农村社区融洽和谐的邻里关系，搭建平台，积极开展社区互助服务等。对机构照护的社会支持首先是要兴建适宜的农村养老和服务机构，包括依托乡镇敬老院并拓展其功能向社会失能老人开展照护服务、鼓励并扶持社会力量兴办农村小型养老和照护机构等，其次是要对失能老人入住养老机构给予补贴、引导农村老年人从家庭养老向社会养老的观念转变等。其中，有些社会支持路径是相互影响、相互促进的，如对孝文化的倡导，既是对家庭照护的支持，也有利于社区照护和机构照护的发展，能起到"一箭多雕"的效果。不同的社会支持路径应该有效地结合起来，只要失能老人有需求，社会就应该及时提供支持和服务。

　　我国 2011 年发布的《中国老龄事业发展"十二五"规划》在谈到我国养老服务体系和服务网络时，对居家养老服务、社区照料服务和机构养老服务这三种服务方式的发展方向是这样表述的：居家养老服务应重点发展，社区照料服务应大力发展，机构养老服务应统筹发展。与三种服务方式相对应，为失能老人（包括农村失能老人）提供的照护方式就是居家照护、社区照护和机构照护三种基本方式，这三种照护方式的发展方向应该与服务方式一致，即重点发展居家照护，大力发展社区照护，统筹发展机构照护，这是基于我国国情和传统文化而考虑的，也是世界范围内对失能老年人进行照护的基本方式。联合国《2002 年国际老龄化行动战略》就曾指出："在过去二十年里，就地养老和社区护理已经成为许多政府的政策目标"。尽管在我国农村地区，居家照护是最主要的方式，社区照护和机构照护并没有相应地、较好地开展起来，但是社区照护是居家照护服务的重要支撑，机构照护是居家照护的必要补充。这三种基本的照护方式尽管发展的方向不同，但他们不是各自独立的，而是相互补充的，应根据老年人的失能程度，并结合失能老人的具体情况（年龄、子女、婚姻和家庭、经济状况等）安排适宜的照护方式。即使是以家庭照护为主的失能老人，他们也对社区服务有一定需求，而且也可能随时会转向社区照护或机构照护。因此，对三种照护方式的社会支持应该有效结合起来。

非正式照护支持应与正式照护支持相结合。联合国《2002 年国际老龄化行动战略》指出：目前"大多数护理是以非正式的形式提供的"，从家庭护理到机构护理，只要"提供负担得起的各种护理选择都是可取的"，"即使是在正式照顾政策非常发达的国家，互惠关系和代际联系也保证大多数护理是非正式的"，目前我国对农村失能老人的照护应以家庭非正式照护为主，以社区照护为辅，以机构照护为补充。充分利用和挖掘农村老人子女较多、社区邻里关系密切等现有照护资源，积极开展以家庭、邻里、亲戚为主的非正式照护，引导并支持失能老人首先要利用自身、家庭和社区的照护资源。鉴于机构照护容易造成失能老人与社会疏离，而且机构照护目前在我国农村不具备大规模推广的可能性，机构照护这种方式应该适度发展。必须因地制宜、因人制宜，为不同照护方式下的农村失能老人提供适宜的社会支持，需要综合考虑失能老年人的经济基础和支付能力、各地经济发展水平、当地的社会文化背景、老年人的思想观念等方面。

在贫困线以下农村家庭的失能老年人，当地集体应直接给予其家庭照护者补助；如果家庭成员因为客观原因而不能照护，则应该由当地政府有关部门聘请护理人员对失能老人进行家庭照护；对于失能前未达到贫困标准但由于失能导致家庭贫困的老年人，当地集体应该给予补贴，用于支付失能老人家庭照护的费用；而在贫困地区，则应该直接由国家财政给予失能老人家庭照护者补贴。未来我国会有更多需要家庭照护的农村失能老人，我国应建立可持续性的、多层次的农村失能老人家庭照护制度，以有效补偿家庭照护者的资金缺口，对失能老人的照护应努力做到全覆盖、无缝隙。

三 政府补贴部分应综合考虑老人的失能程度和经济状况

无论对哪种照护方式的社会支持都离不开政府的财政支持和补贴。老年人是个内部差异性很大的群体，不同子女数量、婚姻和经济状况的失能老年人所需要的照护方式有别，对其进行社会支持的形式和力度也应有所区别。有配偶或子女贴心照护、经济状况良好的失能老人往往不用政府和社会太操心，对他们进行社会支持是锦上添花的事情。但是对于家庭照护资源匮乏或经济状况很差的失能老人而言，就非常需要政府和社会的大力支持。应该综合考虑老人的失能程度和家庭经济状况，科学评估照护需求，然后确定政府补贴的数额。

应尽快研究制定包括失能老人照护需求的评估标准。目前，我国很多省市开展了养老服务需求评估，主要是用于城镇老年人居家养老政府补贴（买时）服务。上海市居家养老评估和服务指导中心开展了"养老服务需求评估"项目，通过对有日常生活照料服务需求的老年人进行评估，确定其生活自理情况，以提供更适宜、合理的服务。养老服务需求评估包括服务需求评估（首次评估）、持续照料评估和复检评估。目前，中心可提供的养老服务需求评估包括针对入住养老机构老年人的身体评估，还有针对社区居家老年人的养老服务需求评估。通过对老年人开展养老服务需求评估，以了解老年人在生活自理能力、认知能力、情感行为、视觉能力、社会支持网络和重大疾病等六个方面的状况，实现"评估为服务导航"的目的。尽管上海市的"养老服务需求评估"主要是针对城镇老年人的，但是有的项目可以借鉴并用在农村失能老年人身上，对老年人的失能严重程度进行综合评估，然后根据评估结果，确定老年人的护理需求和护理等级，避免过度照护，让老年人在适宜的护理层次上接受服务，避免"过度照护"，有助于维持老年人的自理能力，提高其生活质量，又可降低失能老年人的社会经济负担。刚开始时，评估项目不一定很多很详细，标准可以根据各地经济发展水平适当降低，但这是一项基础性的工作，必须抓紧时间制定出来，政府在补贴失能老人时才可以有章可循。

四　社会支持应惠及照护人员

上文提到在对失能老人居家照护的社会支持中应该帮助和支持家庭照护人员，其实，不仅是要帮助家庭照护人员，任何形式和机构中的养老和照护人员都普遍存在着劳动量大、工作辛苦，工资待遇低等问题，都需要社会的认可、帮助和支持。已有研究表明，照料者的身心健康受到负面影响，因为在照料过程中消耗了时间、精力和各种机会（Chappell 等，2004）。应该对这些照料者进行适当的补助，为此，暂替（respite）照料日益受到重视（Coleman，2000）。很多国家开始提供照料补贴或给与照料者现金福利、保险金或者养老金，其中一部分是给被照料者的，另一部分是给照料者的（顾大男等，2008）。

目前我国政府部门对养老行业的支持主要体现在硬件建设上，如设立床位建设补贴和床位运行补贴等，但是对"软件"的扶持却没有跟上。"软件"主要指养老服务行业管理以及护理人员。根据 2010 年《全国城乡失能老年人状况》的数据，我国城乡部分失能和完全失能老年人已经超过 3600 万，中国也成为世界上失能老人"照护"压力最重的国家。如果按照 1:3 的失能老人养护比例，我国养老护理员的需求量大约为 1000 万人，但是目前全国养老机构的服务人员还不到 100 万，供需矛盾十分突出，而且照护人员的素质亟待提高，每年只有 2 万人取得养老护理员职业资格证书。在韩国、欧美等国家，他们都很重视培养养老护理团队。比如韩国，护理人员工资待遇很高，还有完善的社会保障等。

对养老护理员提供的社会支持主要有：

一是大力开展专业养老护理员培训。应有计划地对养老机构的管理者、护理员进行培训，提升服务人员专业化管理和服务能力。经过有关部门的免费培训后，养老护理员收获的不仅是技术的进步，还有待遇上的提高。2010 年民政部就从福利彩票公益金中拨出 1500 万元用于培训养老护理员，2011 年拨了 2000 万元专款、2012 年拨出 3000 万元举办养老护理员的培训，包括院长培训、高端培训，还有初级技师、高级技师的培训等。目前，我国多个地方已经出台细则，全面推行养老护理员的职业培训。山东省针对养老护理员技术良莠不齐的现状，要求省、市、县分别负责定向培训高级、中级和初级养老护理员，河南省从 2011 年开始对所有在岗养老护理员进行免费培训，保证"十二五"末，养老护理员的持证上岗率达到 90%，接近 100%[①]。

二是政府可以实行养老护理员特殊岗位和职业等级津贴。养老护理员特殊岗位津贴是指养老服务机构中的护理人员如果经过一定的专业技能培训、考核而取得职业资格证书，就可以按照不同等级，给予一定的特殊岗位津贴，有条件的地区可适当提高标准。养老护理员职业等级津贴是指按照养老护理员从事工作的时间长短和服务质量考虑给他们发放一定的岗位津贴，逐步提高养老服务人员的收入水平；还可以将从事失能老人照护工作、从事居家养老服务工作的就业困难人员纳入公益性岗位管理，以吸引更多的有爱心的人员加入到养老护理队伍中来。

---

① 大众网，http://www.dzwww.com/2009/sdfc/cpyw/201210/t20121017_7524897.htm。

第八章　思考与建议

　　本书基于我国第六次人口普查数据、山东省 5400 份问卷调查数据以及 21 份对农村失能老人的访谈资料，分析了我国农村老年人生活自理能力及其影响因素、患病及其经济负担，梳理和研究了农村失能老人的三种主要照护方式，在此基础上并借鉴国内外老年人健康保障的先进经验，提出了一系列对不同照护方式下的农村失能老人进行相应社会支持的举措。实证调研和对国际国内相关发展经验的深入研究，让我们更清晰地看到农村失能老人的生存状态，更强烈地感受到这个现实性很强的问题在我国的紧迫性，更深刻地体会到为这个弱势群体构建社会支持的复杂性和艰巨性。

　　中国是目前世界上唯一一个失能老年人口超过 1000 万的国家，是世界上老年人口最多的国家，也是世界上失能老年人口最多的国家。中国 70% 以上的老龄人口分布在经济基础薄弱、居住分散的农村，农村人口老龄化的程度高于城市，而农村应对老龄化的经济基础薄弱，因此农村是失能老年人的"重灾区"。对于农村失能老年人的照护问题，还有以下方面需要认真思考。

第一节　补齐农村养老和照护短板

　　在人口老龄化加速发展的进程中，农村老龄化程度高，养老和照护保障问题尤为突出。总体上看，我国农村老龄化形势尤为严峻但未引起足够重视，养老事业发展的热点和亮点在城市，而重点和难点在农村。在打赢脱贫攻坚战、全面建成小康社会的关键时期，我们迫切需要充分认识农村失能老人照护的紧迫性，将城市老人照护经验努力向农村倾斜。

一　农村养老和照护面临严峻挑战

近些年来，我国农村老龄工作和养老事业的发展取得明显成效。但与农村养老需求和打赢脱贫攻坚战、全面建成小康社会的目标要求相比，农村老龄服务工作和养老服务体系建设还面临一些突出问题。

1. 农村老龄工作基础相对薄弱

主要表现在：一是农村老龄基础信息体系缺失。特别是在县区基层尚无一个工作部门能够全面系统统计掌握农村老年人口规模、人口结构、生存状况、身体状况、养老需求等基础信息；二是基层工作力量不足。乡镇机构改革后，往往只有1—2名民政干部要负责全乡镇的低保、五保、残疾、救灾救助、婚姻、新农合、新农保等全部民政工作，一名工作人员要直接服务于上万群众，难以做到及时、周到服务；三是国家和各省的养老事业发展规划对农村部分规划重视不够、针对性和可操作性不强；多数地市、各县（市）区没有农村养老服务体系建设和养老事业发展的专项规划。

2. 农村基本养老保障水平偏低

2013年中国实现了农村新型社会养老保险与城镇居民社会养老保险合并，实现了城乡居民社会养老保险一体化。但山东社会科学院《2016年度山东省经济社会综合调查》显示农村居民社会养老保险参保率只有79.5%，个人缴费全省统一为100元至5000元十二个档次。但由于老年人缺乏经济收入，大多数老年人选择不缴费，因此绝大多数农村老年人没有个人账户，只享受基础养老金。山东省现行基础养老金（2016年7月起由85元调整到100元），虽高于全国70元的指导标准，但低于全国120元的平均水平。另外，山东17地市的差距较大，青岛市的基础养老金已提高到150元。基础养老金对保障农村老年人生活发挥了重要作用，但相对于老年人特别是患各类慢性病的老年人医疗费用等需求，仍然过低。

3. 多元化、社会化农村养老服务体系尚未建立

据调查，农村养老方式依然是以家庭养老为主，山东省 87% 以上的老年人日常生活照顾主要由其家庭成员担负，96% 以上老人生病住院时照料由家庭成员承担，其中由子女照护的占 59%，多数鳏寡孤独和空巢老人只能自我养老。2015 年底，山东省农村五保老人 21.2 万人，入住乡镇敬老院集中供养的五保老人有 14.3 万人，集中供养率为 67.45%。作为日间照护的农村幸福院共建成 5745 处（2014 年数据），仅占行政村总数的 7.8%，农村老年公寓等社会机构养老、政府购买服务的居家养老等社会化养老服务模式仅在少数经济条件较好的村庄社区试点推行，尚未在广大农村广泛开展。"贴心一键通"为老服务平台等城镇养老服务方式向农村延伸覆盖远远不够。总体上看，农村社会化养老服务体系尚未建立。

4. 农村机构养老发展面临困境

民政部门数据显示：2015 年，山东省农村五保老人在乡镇敬老院和社会力量兴办的农村老年公寓实现集中供养率为 67.45%，而调研中发现乡镇敬老院的床位实际利用率仅为 38.09%。出现这种差别的原因有三：一是民政部门要求各地农村五保集中供养率要达到 70% 以上，而乡镇敬老院设施条件和服务能力不足，为达到标准要求，部分区县将一些农村五保老人转为低保供养，减少五保基数；二是乡镇敬老院设施条件较差，专业服务能力不足，没有能力收养失能老人，极少的乡镇敬老院可以接收半自理和失能老人，导致有自理能力的不愿住，无自理能力的难入住。目前，部分地区的乡镇敬老院还没有进行事业单位法人登记，致使难以按照事业单位有效引进和配备医护专业技术人员，没有能力供养患病或失能老人，而已经收养的老年人如果出现疾病或不能自理状况，敬老院也无法提供专业照护；三是有自理能力的老人穷家难舍、故土难离，不愿入住敬老院。

5. 农村贫困老年人生活状况堪忧

据抽样调查，农村老年贫困人口是城镇老年贫困人口的 3 倍，农村

老年贫困人口占农村贫困人口的 69.5%，这些老年人主要包括鳏寡孤独户、空巢老人（女儿外嫁、子女常年外出务工，空巢老人占农村老年人的 50% 以上），他们大多年老体弱、重病缠身、住房危旧、家居简陋、生活困苦。这些老年人多患有慢性老年疾病，需常年服药，虽有一定程度的医疗保障，但乡镇卫生院门诊和村卫生室报销比例过低，一些老年贫困户的低保金和基础养老金不够药费支出，又无其他收入来源，生活极为困难。一些贫困老年人因债务缠身、负担沉重而放弃医疗，特别是独居老人，身边无人照料，靠远亲邻里接济探视，生活极其艰难。

二 构建农村老年人健康支持体系

2015 年中共中央、国务院印发了《"健康中国 2030"规划纲要》，这是今后 15 年推进健康中国建设的行动纲领，要求大家"塑造自主自律的健康行为"。健康行为的广义概念为任何有益于恢复、保持、增强健康的行为，如合理营养、积极锻炼、充足睡眠、适量运动等。健康行为表现在日常健康行为、保健行为、避开有害环境行为、戒除不良嗜好、预警行为、求医行为和遵医行为等方面。国外关于健康行为对疾病的影响研究证实，健康生活方式能有效预防高血压及增强降压药物效果，不健康的生活方式是导致慢性病患病率上升的主要原因，有效的生活方式干预对糖尿病患者血脂的控制有益等等。

1. 农村老年人群中普遍存在不利于健康的行为

随着社会经济发展和生活水平提高，大多数老年人都能积极参加各种健身活动和社会活动，注重养成促进健康的生活习惯，但是老年人群中也存在不利于健康的行为，影响到老年人的身心健康。

不重视日常身体锻炼。随着年龄增长，老年人的机体功能日渐衰退是客观规律，但是如果老年人经常参加体育锻炼，有助于增强力量，提高生活自理能力，延缓衰老进程。我国老年人普遍不重视锻炼身体，有调查表明，老年人一周平均锻炼不到两次，一半多的老年人从不锻炼。低龄老人、中龄老人和高龄老年人每周锻炼的次数随着年龄的增大而降低的趋势明显。与男性老年人相比，女性老年人更不爱锻炼。老年人锻炼的适宜场所非常匮乏是造成老年人日常不进行身体锻炼的重要原因。大多数老年人是在马路上锻炼、跳广场舞，在较为正式的活动中心或健身场所锻炼的老年人很少。

有调查表明，四分之一多的老年人从来没有体检过；八成多的老年人从来不吃保健品；大约85%的老年人患有各种慢性病，其中以骨关节病（包括骨质疏松、关节炎、风湿、椎间盘疾病等）、高血压最为常见，心脑血管发病率也较高。老年人是疾病和失能高发人群，一旦患病或失能，便会给家庭和社会带来沉重经济负担。老年人医疗保健支出占日常消费性支出的比例接近30%，老年人的疾病经济负担沉重。

部分老年人有吸烟和饮酒的不良生活习惯。世界卫生组织2002年的报告"减少危险因素，促进健康的生活方式"中就曾指出，吸烟和饮酒都是危害健康的重要因素，它们引起的疾病和死亡远比以前想象的要多。我国也早有研究表明，吸烟、喝酒是影响高龄老人生活自理能力的主要因素。有调查表明，我国近五分之一的老年人经常抽烟，一成的老年人曾经吸烟；抽烟老年人的总平均抽烟年数长达37年。北京大学国家发展研究院发布的2015年中国健康与养老追踪调查项目（CHARLS）研究报告显示，2015年男女饮酒率分别比2011年增加了3%和30%，每天喝酒超过2次或最近一次酒精摄入量超过推荐量的男性比2011年增加40%，女性增加60%。

近三成老年人患病时不能及时就诊。由于老年人生理机能抵御外界的干扰能力减弱，比其他群体脆弱，他们需要更多、更及时的健康和医疗服务。老年人患病后能否及时就诊是衡量老年人对健康服务利用的一个重要指标。《第四次中国城乡老年人生活状况抽样调查》显示，2015年城乡享有医疗保障的老年人比例分别达到98.9%和98.6%，分别比2006年上升了24.8个百分点和53.9个百分点。但是仍近三成老年人患病时不能及时就诊。有调查数据表明，近两周生病的老年人中，自我治疗的占20%，未处置的占5%。在患病但是"未处置"的老年人中，"自感病轻"、"经济困难"、"行动不便"的老年人分别占 55%、33% 和 18%。老年人生病时自我治疗和未处置的就医行为反映了老年人不能充分利用医疗服务，就医需求受到抑制。

2. 引导老年人塑造健康行为

《"健康中国 2030"规划纲要》提出 2030 年的目标是人均预期寿命达到 79.0 岁，人均健康预期寿命显著提高。健康行为的塑造和维持对于有效控制老年人健康危险因素、大幅提高老年人的健康素养和预期寿命、实现健康老龄化都有非常重要的意义。

为老年人加强日常锻炼提供适宜的场所和设施。因为我国大多数老年人是在家里居住并养老，老年人的主要活动领域在社区，因此他们需要在社区配备便捷的锻炼场所和设施。应立足社区，多方搭建活动平台，大力建设老年人活动基地和锻炼场所，在城乡社区积极打造 15 分钟健身圈，方便老年人开展体育健身活动。积极推行公共体育设施向老年人免费或低收费开放。发动开展老年群众性老年体育健身活动，大力普及科学健身知识和锻炼方法，推动老年人健身生活化、常态化。开展老年人健身休闲和娱乐活动，丰富和完善老年人健身体系。大力开展老年人喜闻乐见的运动项目，扶持推广团体操、太极拳、健身气功、功夫扇等民间传统运动项目，并把老年人开展的各专项健身活动列入市全民健身活动的主要内容，引导广大老年人走出家门、融入自然、积极健身、增进健康。

提高老年人预防保健和定期体检意识。提高老年人的预防保健意识，不仅是老年人个人和家庭的需要，也是整个社会的需要。由于老年人警惕意识较弱，容易受到不法分子街边宣传保健品、药品的诱骗。应借助媒体加强宣传，定期在社区利用宣传栏、宣传单向老年人普及一些健康、养生、食品、药品、保健品的相关知识，引导老年人戒除吸烟、饮酒等不良嗜好，增强老年人的预防保健意识。定期体检是一种保障健康的有效手段，2010 年我国覆盖城乡老年人的体检制度就已经起步，老年卫生服务被纳入医药卫生体制改革基本公共卫生服务项目，由各级财政投入，免费为 65 岁及以上老年人开展每年一次的体检和健康咨询指导。今后应将医疗卫生服务真正延伸至社区和家庭，普遍为 65 岁以上老年人建立健康档案，每年一次免费体检，扩大检查项目，提高检查水平，并根据检查结果进行健康咨询和指导，重点做好老年人心脑血管疾病、癌症等慢性病综合干预和防治工作，切实增强老年人健康管理意识和健康素养。

增强老年医疗卫生服务的可得性和可及性。促进我国医疗卫生资源进一步优化配置，加强基层医疗机构建设，重点加强农村地区、老年护理、康复等领域的医疗卫生服务能力建设，提高医疗卫生服务的可得性。同时，保证基本医疗卫生的可及性，为全体老年人提供基本的健康服务和经济保障，逐步解决老年人的医疗费用负担问题，使绝大多数老年人老有所医，增强老年医疗卫生服务的可及性，尽最大可能延缓老年疾病的发生，提高老年人健康预期寿命和生活自理能力。重点关注高龄、患有慢性病以及失能、部分失能老年人对于医疗保健、康复护理的健康需求。稳步推进医养结合的服务模式，积极开展远程医疗和移动医疗服务，满足老年人多层次、多样化的健康养老服务需求。

切实帮助农村老年人塑造健康行为。因为受经济收入低、生活环境差和传统卫生习惯的影响，农村老年人在营养、锻炼、限制烟酒、疾病预防、就医等领域均存在一些不利于健康的行为，但是因为缺乏经济能力，他们往往面临更严重的健康问题和就医压力。农村老年人医疗保健支出占日常消费性支出的比例比城镇老年人高近 10 个百分点，疾病经济负担沉重。应采取多种途径对农村老年人进行健康教育，引导他们树立正确的生活观念和健康的生活习惯，增强保健意识，定期进行健康体检。同时，进一步完善农村老人的医疗保障并提高水平，加强社区卫生服务干预，切实降低疾病对农村老年人的经济负担，有效缓解人口老龄化给我国经济社会发展带来的消极影响。

三　高标准制度设计，实现医养结合

随着人口老龄化加剧和失能老人比例不断上升，我国传统的养老服

务模式难以满足老年人对养老、医疗、护理和康复等多层面的需求。鉴于老年人对医疗卫生服务的高需求，我国在积极探索将"养老"与"医疗"结合起来，实现"医养结合"，为老年人提供便捷的养老和医护服务。2013 年国务院《关于加快发展养老服务业的若干意见》就已明确指出，要积极推进医疗卫生与养老服务相结合；2015 年国务院《全国医疗卫生服务体系规划纲要（2015—2020 年）》再次强调，推进医疗机构与养老机构等加强合作。2015 年 11 月，国务院办公厅转发《关于推进医疗卫生与养老服务相结合的指导意见》，全面部署进一步推进医疗卫生与养老服务相结合，满足人民群众多层次、多样化的健康养老服务需求。

1. 医养结合的含义和优势

医养结合是将养老和医护的功能相结合，把养老服务（生活照料、精神慰藉、心理疏导、文化娱乐等）和医疗护理（健康检查和咨询、疾病诊治和护理、康复保健、临终关怀等）融为一体的新型养老服务方式，它是为适应高龄、失能老年人在医疗护理方面的需求而发展了的一种养老方式，严格意义上，它称不上是新型的养老模式。

学术界对于养老模式有不同的划分。一是按照养老资源的主要来源，分为家庭养老、社会养老。家庭养老是指养老资源（主要是经济或物质的供养、生活照料、医疗护理和精神慰藉）主要来自于家庭（配偶或子女）的养老模式；社会养老是指养老资源主要来自社会（政府、社区、非政府组织、志愿者等）的养老模式。二是按照养老场所不同，分为居家养老、社区养老和机构养老。居家养老是指老年人在家里居住养老。如果养老资源主要来自于家庭（配偶或子女），则可称为居家—家庭养老，是一种非正式模式；如果养老资源主要来自于社会，则可称为居家—社会养老，是一种正式模式。社区养老是指老年人在社区接受养老服务。严格意义上，因为社区并不能独立地成为养老资源的供给者，因此"社区养老"的概念不合适。尽管我国《社会养老服务体系建设规划（2011—2015 年）》指出，我国的社会养老服务体系主要由居家养老、社区养老和机构养老等三个有机部分组成，但是"社区养老"作为一个单独的词组仅出现这一次，该《规划》其他部分的提法都是"社区养老服务"。机构养老是指老年人居住在专门的养老机构（老年公寓、老年护理院、养老院等），由受过专门培训、有相应照护技能的服务人员提供的正式养老服务。

与以往的养老方式相比，医养结合最大的优势在于适应老年人对于养老和医护（保健）的双重需求，并突出医护作用，满足老年人养老过程中面临的疾病医治、失能照护、保健养生等需求。医养结合的服务对象主要分为两类：一是患病、失能老人医疗照护，重点是患病老人治疗、失能老人看护和慢性病老人医疗康复。老年人随着年龄的增长，慢性病的增长和活动能力的日益受限不可避免，我国大约80%的老年人口至少患有一种慢性疾病。2010年我国第六次人口普查数据，完全失能老年人规模为522.1万人，占老年人的比例为2.95%；当时全国老龄办的数据是1200万。中国社科院最新数据：我国失能老人数量已经超过3700万人，预计到2015年将接近4000万人。二是为未病老人服务，重点是健康老年人的医疗保障和保健需求，以及老人的养生需求。

2. 农村医养结合的实现形式

其一，居家医养结合。指的是老年人在家里居住并接受养老和医护服务。在城市和部分农村地区已经开展，就是结合家庭医生或签约医生制度的实施，由基层社区医护人员为老年人提供上门服务，或对家庭养老护理人员提供指导和咨询。这是符合我国城乡社会发展实际的医养供给方式，也应该是重点支持发展的医养结合的方式。只是受我国基层公共卫生服务体系不健全和基层医护专业技术人员队伍规模和技术水平双重不足的影响，居家医养水平总体较低且发展不平衡。

其二，社区医养结合。指的是老年人在社区日间照料中心（机构）接受养老和医护服务。一是社区卫生中心增设养老床位，并与医院挂钩，一旦老人有需要能够及时得到医护服务。目前这种方式在我国经济条件较好的城市社区推进得较快。但是大多数城市社区照料中心和农村敬老院（幸福院），基本都只接收健康老人，没有医护功能。主要是这些机构特别是农村敬老院由于大多没有进行事业单位法人登记，就没有办法配备医护专业技术人员和医护专业设备，再加上与乡镇卫生院分属于不同系统，大都没有医护服务，难以供养失能或患病老人。二是社区日间照料中心（机构）拓展功能，增设医护窗口，整合社区养老和医护资源。设置专业护理人员和必要的医疗设备，至少让半失能老人可以在日间照料中心得到照顾。

其三，机构医养结合。指的是老年人在养老或照护机构居住并接受服务。目前我国养老机构的三种类别（从性质上）：第一类是特定福利性养老机构，如一些机关单位、大型企业等主办的系统内疗养院、干休所等，第二类是公益性公共福利机构，如一些具备医护条件的政府兴办养老院、敬老院，第三类是社会力量兴办的走产业化市场化路子的养老机构。养老机构进行医养结合的具体实现形式（从运营模式上）：一是养老机构内设医护服务，并纳入医保定点，主要是以养为主、以医为辅；二是医疗机构内设养老病房或养老床位，并享受民政补贴，主要是以医为主、以养为辅；三是养老机构与附近医疗机构签订合作协议，开辟绿色就诊通道，为入住老年人开展医疗服务，这是松散型医养结合。从兴办主体上看，医养结合机构又分为：公建公办、公建民营（政府财政投资建设、社会主体托管经营）、民建民营（社会资本投资建设运营）、民营公助等类型，后两种模式是机构医养结合的产业化发展趋向。

由于我国老龄化程度高，老龄人口规模大、需求结构多元多层次，所以各种医养结合的养老模式均有巨大的发展空间和可预期的良好发展趋势。当前阶段看，居家医养结合、社区医养结合是公益性、普惠制的重点发展方向，针对城乡广大老年群众，是医养结合的基础性工程；而机构医养结合特别是公建民营、公助民营的医养机构则是养老产业化、市场化发展的趋向，重点针对有一定经济供养能力的老年人。

3. 医养结合的发展趋势

医养结合养老模式的发展离不开社会资本。原因有二：一是我国养老需求结构多元化和层次化，产业化与市场化的空间巨大；二是政府财政紧张，难以有效支撑庞大的社会养老需求。因此，社会（个人、组织、团体、机构、企业等）资本进入养老领域（包括医养结合模式）、实现社会化养老是发展趋势之一。

社会资本参与养老产业的途径：（1）民建民营。鼓励社会资本兴建医养结合的综合性机构。政府通过供给土地、金融支持、降低税收、购买服务等形式，鼓励社会力量以独资、合资、合作、联营参股等方式兴办各类医养机构，提供居家上门照护、社区医养、机构住养护理等服务。（2）采取公建民营模式，支持社会资本运营医养机构。（3）民营公助。对于现有的民办医养机构，在资金补助、税费减免、责任保险等方面享受优惠政策。

但是社会资本的作用有限，医养结合不能完全依赖社会资本。这是因为：一是社会资本的逐利性决定了其最关注的是高端养老领域，为的是能够实现其利润目标；因此，不能指望社会资本满足所有医养结合养老需求。应合理引导和管控社会资本进入养老产业。社会资本的逐利性与养老的公益性存在天然冲突，一些社会投资的养老项目容易变异为养老地产、养生保健、医疗医药等发展项目，因此，要预防和控制社会资本进入养老领域后变异，引导社会资本处理好获取合理利润、履行社会责任、创建老龄产业品牌、打造养老大产业链的关系。

四　提高农村养老和照护服务水平

总体上看，中国农村养老事业发展水平不高、进展不快、欠账较多，明显滞后于城镇养老事业发展水平。各级各部门应将养老事业工作重心向农村转移、养老设施建设和养老资源供给向农村倾斜，养老服务项目向农村覆盖，从顶层设计、制度保障等方面加快推进农村养老服务体系建设，切实提高农村失能老人照护服务水平。

1.尽快启动农村养老事业发展专项规划制定工作

建议民政、老龄工作部门抓紧启动农村老年人口养老状况调查，在摸清底数、厘清需求的基础上，研究制定农村养老服务发展专项规划和具体实施方案，为农村养老事业发展和养老服务体系建设提供工作指导。建议编制部门和各县（市）区研究强化乡镇基层民政工作力量，专设老龄服务工作岗位。

2. 适度提高农村基础养老金保障水平

根据各地发展实际，差别化提高基础养老金水平，基础养老金基本标准应根据经济发展水平适时提高。经济条件和财政能力较好的地市和县（市）区，可以适时适当提高基础养老金水平，建议调高到每人每月300元以上，优化市、县两级财政分担比例，适当提升农村老人生活保障水平。同时，在有条件的地市和县（市）区率先开展城乡低保一体化试点，尽快实现城乡低保一体化。

3. 优化乡镇敬老院养老功能，创新经营方式

一是进一步明确乡镇敬老院职能定位。乡镇敬老院作为履行政府基本养老职能的重要载体，要充分发挥其在农村养老中的兜底保障职能。严格落实民政部《农村五保供养服务机构管理办法》中"农村五保供养服务机构应当优先供养生活不能自理的农村五保供养对象"之规定，将敬老院主要供养对象调整为以收养不能自理和半自理五保老人为主，重点为失能半失能农村老年人提供生活照护、医疗康复、临终关怀服务。供养能力有富余的敬老院可面向农村失能半失能空巢老年人开放，吸纳子女不在身边农村老年人（特别是高龄老人、半自理或无自理能力老年人）自费代养。二是整合乡镇敬老院和卫生院资源，在乡镇敬老院设立医护专业技术岗位，鼓励县乡村全科医生按照多点执业的原则，到乡镇敬老院卫生室定期执业，按照"适度医护、全面覆盖"的原则，把乡镇敬老院真正建设成为医养结合的公益性养老机构。三是进一步优化乡镇养老院布局，整合各乡镇养老院资源，由"一镇一院"向"多镇一院"、"中心敬老院＋分院"等模式转变，逐步实现敬老院标准化、规范化。四是积极推进乡镇敬老院经营体制改革，在确保乡镇敬老院公益性的基础上，积极引入社会力量和市场机制，实现乡镇敬老院由公办公营向公建民营、民营公助的方式转变，或采取由民营养老机构、

医院托管的方式，政府承担基础设施建设、购买服务、经营服务监管等职能，提高敬老院的养老服务水平。建议民政部门尽快研究出台相关改制实施办法。

4.加快建设农村幸福院，积极推进就地相对集中养老

一是省、市、县三级财政应专门设立农村幸福院建设资金，在符合条件的村庄（社区）加快推进幸福院建设；二是把农村幸福院由村民委员会主办和管理、为农村老年人提供日间照料服务的公益性活动场所，优化完善为政府主导、村集体管理，集日间照料、居家养老服务供给和集中养老居住于一体的综合性农村社区养老服务机构；三是对于有自理能力的五保老人、空巢老人，可以根据需求，整合农村危房改造、卫生院建设、文化大院建设、幸福院建设等资金，按照人均20平方米左右的标准建设集中养老房，老年人集中居住，便于相互照护；四是对于入住幸福院的五保老人按照集中供养标准发放，通过与老年人协商，部分资金用于幸福院运转，其他归老年人生活自用。子女不在身边的空巢老人由子女承担相应运转费用，实现自费代养。幸福院同时为在家分散居住的老年人提供探视、医疗、送餐等居家养老公益性服务项目。

5.深化产权制度改革，积极探索试点农村以地、以房养老的新办法

党的十八届三中全会《决定》指出：赋予农民对承包地占有、使用、收益、流转及承包经营权抵押、担保权能，赋予农民对集体资产股份占有、收益、有偿退出及抵押、担保、继承权。保障农户宅基地用益物权，稳妥推进农民住房财产权抵押、担保、转让。这几项财产权益的进一步明确对农村养老事业发展有积极意义。目前，我国已完成农村土地承包经营权、宅基地使用权和农村住房所有权的确权登记工作。农业、国土、民政部门应加强相关工作协调，在确权的基础上盘活农村老年人口产权资源，鼓励村集体、合作社和其他新型经营主体优先流转五保老人、空巢老人及其他老年人的承包地，流转收益全部归老年人生活自用；对于入住敬老院或在幸福院集中居住的老年人，其原有宅基地或住房在产权

关系不变的前提下由村集体或合作社代其流转、转让或出租，收益全部归老年人所有。五保老人去世后，其财产权及其收益归村集体所有，增强村集体服务群众的能力。建议有关部门根据中央和省委的相关政策要求，研究制定农村以地、以房养老的实施办法，并试点推行。

第二节　家庭的责任

对失去生活自理能力的老年人进行养老、照顾和护理是社会文明进步、和谐发展的重要标志。家庭是对失能老年人进行照护的第一责任主体。我国宪法是这样界定父母和子女之间抚养和赡养的义务关系的：父母有抚养教育子女的义务，成年子女有赡养扶助父母的义务。中国传统的养老模式是反哺模式，即父母抚育子女长大、成年子女反过来赡养父母。家庭照护，实质上是"居家照护"和"子女照护"的结合，也就是第五章所论述的"居家—家庭照护"方式。

在对失能老人进行照护的问题上，家庭的责任主要在于：

一　传承孝文化

中国几千年来养老的主要形式是对老年人进行家庭养老和照护，虽然也存在政府和其他社会养老形式，但是就绝大多数城乡老年人而言，家庭照护始终占据着主导地位。

在中国，家庭照护得以实现得益于以"孝"为核心的传统家庭伦理。我国传统的孝文化是家庭照护的理论基础。儒家文化的核心内容之一就是"孝"，进而将"孝"具体化为"无违"、"尊亲"、"养亲"等行为准则。孝道，是中华民族五千年文明的传统美德，"孝"也成为我国传统社会中家庭养老的道德基础。依据我国国情和民族传统，在相当长的一段时期内，家庭养老和照护一直是我们的优势所在，永远都不应被人们所遗弃，家庭依然是老年人生活和养老的主要依靠。

从文化的角度看待养老和照护问题，可以看出，儒家孝道文化对我国影响深远，我国老年人对家庭照护一直情有独钟，几乎每一个中国老年人对晚年生活的最大精神寄托和最高理想都是"儿孙绕膝，含饴弄孙"。几千年里我国一直是一个家族本位的社会，"养儿防老"的观念绵延几千年深植于每个中国人的心里，尤其是对我国农村老人来讲更是如此。由于几千年儒家文化对"孝"的强调，赡养老人的义务已经变成了每一个中华儿女内在的责任要求和自主的意识；而对于父母来讲，提携子女也成为他们人生价值的一部分。因此，无论从传统上还是感情上，我国老人都无法完全脱离他们和子女之间的联系；无论从养老和照护资源的提供还是照护功能的承担来看，家庭照护都仍然在发挥着重要的作用，社会养老虽然逐渐发展但却没有取代家庭养老的主体地位，尤其在农村更是如此。而这都得益于家庭对孝文化的传承。[①]

家庭和亲情是每一个人都需要的。近些年经济高度发达、子女讲究独立的美国家庭也开始回归三代同堂。美国人口普查局最新数据显示，在 2010 年，大约有 440 万个美国家庭三代甚至四代同堂，较两年前的380 万增长 15%[②]。他们自己也承认，住在一起不仅省钱，还减轻了精神压力，在家里就可以彼此照顾，省时，也省资源。我国在今后应该更加珍视传承了几千年的孝文化，并依托家庭这个温暖而有效的载体继续传承下去。

二　供养和照护

家家有老人，人人都会老；"鸦有反哺之义，羊有跪乳之恩"（《增广贤文》）。家庭的具体养老责任包括为老年人提供舒适的养老环境，给予老年人生活照料、经济供养和精神慰藉。

尽管在现代社会里，我们并非要求做子女的都必须做到"父母在，不远游，游必有方"（《论语·里仁》），即使"远游"了，也请务必

---

① 高利平：《孝德文化与农村失能老人照护》，《中国人口报》2014 年 3 月 3 日。
② 新浪财经，http://finance.sina.com.cn/stock/usstock/c/20120404/012811743878.shtml。

安排好父母的供养问题。如果父母已经年迈体弱、甚至丧失了一些生活自理能力，子女务必安排好父母的照顾和护理问题。如果家中姊妹较多，至少要保留一个子女在失能老人身边；如果老人失能程度较高，务必安排一名合适的家庭成员与老人共同居住并贴身照护。如果老人只有一个子女，这一个子女就必须承担养老和照护责任：当老人身体相对健康、生活能自理时，子女只需做到经济供养、经常探望；当老人失去生活自理能力时，这一个子女就必须安排好老人的照护问题，或与老人同住贴身照护，或选择合适的方式如机构照护来安顿好老人。

家庭供养和照护失能老人的成本是最低的，无论从可行性、必要性、运行成本和效率来说，我国农村地区有着丰富的家庭照护人力资源，有着悠久的温馨和谐的代际关系，四世同堂、儿孙绕膝的传统都是其他国家所无法比拟的，因此家庭照护是最佳的选择。家庭和子女在农村失能老人养老和照护方面发挥着巨大的、不可替代的作用，扮演着非常重要的角色，能够较好地对失能老年人进行生活照料、解决经济供养、提供康复护理等。同时，自古以来，中国人提倡尊老爱幼，在我国，子女照护老人被认为是一种责无旁贷的义务，不赡养老人的子女不被法律和社会认可，家庭照护是传统道德强大内在力的必然结果，在全社会已经基本形成养老尊老的风气。[①]

近些年，我国家庭的养老和照护功能虽然都有所弱化，但实质并没有变化，我们不能轻易否定家庭养老的文化精神的内在活力。尽管在我国社会转型的过程中，农村的家庭结构也已经发生变动，传统四世同堂的大家庭已经日益核心化、小型化，家庭的代际关系也逐步现代化、平等化。当然，基于农村家庭养老和照护功能已经弱化的现实情况，完善农村社会保障制度是我国社会转型的必然要求。我国农村社会化养老还处在探索阶段，还没有形成特定的模式和一定的规模。应该继承传统的养老文化和发扬和谐的家庭关系，发展农村社会化养老，以社会化养老

---

① 高利平：《孝德文化与农村失能老人照护》，《中国人口报》2014 年 3 月 3 日。

弥补农村家庭养老功能的弱化。

三　精神慰藉

精神慰藉对患病和失能的老人至关重要。与很少或没有得到精神慰藉和情感的老年人相比，那些得到情感和其他精神支持的老年人生活质量较高，即使在生命的最后阶段，而且他们临终前的痛苦程度也相对较低[①]。也有学者发现，对癌症病人给予较多的精神慰藉能帮助他们维持躯体功能和日常生活自理能力[②]。这些研究结果充分表明了精神慰藉在失能老人照护中的重要作用。

对老年人来说，除了基本的生存需求以外，最需要的是情感的慰藉。老年人的自理能力影响其心理健康，对于失能老人来说，家人的关怀、亲情的慰藉尤为重要。2010 年全国老龄办发布的《全国城乡失能老年人状况研究》数据显示，完全失能老年人的孤独感更为严重，农村完全失能老年人常常感到孤独的比例达到 50.9%，比城镇老年人 41.1% 的比例高出近 10 个百分点；完全失能老年人中具有中度以上抑郁症状的比例达到 45.9%。特别是中、重度完全失能老年人的心理抑郁状况则更为严重。2004 年我国江西省一位七旬老人因为儿子不尽精神慰藉义务而自杀身亡[③]，导致老人自杀的原因，是严重的亲情缺位引发精神慰藉危机。

精神上的愉悦能够使失能老人克服孤独感和悲观情绪。我国 2012 年修订的《老年人权益保障法》要求："家庭成员不得在精神上忽视、孤立老年人"，这意味着对老年人不仅要从经济上供养，还要从情感上进行精神赡养。"与老年人分开居住的赡养人，要经常看望或者问候老人"。把"常

---

① Reynolds, K., Henderson, M., Schulman, A. and Hanson, L. C, "Needs of the dying in nursing homes," *Journal of Preventive Medicine*, 2002, 5 (6): 895–901.

② Levine, E. G., and Targ, E, "Spiritual correlates of functional well–being in women with breast cancer," *Integrative CancerTherapies*, 2002.

③ 北方网，http://news.enorth.com.cn/system/2004/07/17/000823460.shtml。

回家看看"写入法律，是给儿女一份法律义务，给老人一份法律权利。

家庭成员对老年人的供养和照护体现着对亲情的重视和守护，能促进代际交流，最重要的意义是给予老年人精神慰藉和满足感。家庭、子女和孙辈对失能老人精神上的慰藉是其他任何人都不可能给予的，是不可替代的。家庭是老年人毕生精力和努力的成果，是老年人的身心归属所在，寄托了老年人整个生命历程的期望。在家庭成员的照护和陪伴下，老年人感到安全，感到满足，有一种"叶落归根"的踏实。笔者在第五章所分析的个案9那个男性失能老人，有4个女儿，尽管在女儿的安排下住进了市里的养老机构，但是老人表示，他所希望的居住和照护方式仍是"在女儿家里住，由子女照护"。正如费孝通教授在《江村经济》中对"家"这个概念所阐释的：家，强调了父母和子女之间的相互依存。它（家）给那些丧失劳动能力的老年人以生活的保障。它（家）也有利于家庭成员之间的合作，保证社会的延续。失能老人即使衣食无忧、即使得到很好的照护，他们仍然需要精神上的尊重和真心的关怀。我国著名的教育家、思想家孔子就提到："今之孝者，是谓能养。至于犬马，皆能有养；不敬，何以别乎？""敬而能养"就是对"孝"最好的诠释。因此家庭、子女在关心、照护失能老年人时，要关注老年人的精神生活，多陪伴、多理解、多支持。

尽管现代社会经济快速发展，大量农村年轻人口离开故土向城市流动，但家庭成员之间的亲情仍然存在，农村的家庭关系网络仍然存在，当年老的父母不能进行劳作、没有经济来源甚至生活不能自理时，子女在力所能及的范围内去赡养、照料父母，让老人感受到来自于家庭的温暖，这是任何国家、任何现代的社会化养老所无法替代的。即使在养老保障很健全、社会化服务设施很完善的国外发达国家，社会也不能完全替代家庭在照护失能老人方面的全部功能。我国广大农村地区经济还不是很发达，社会化养老还处于初步发展阶段，家庭可以说是失能老人的第一个避风港，应该高度重视我国传统的家庭文化，重视家庭对失能老人照护的责任，并且采取有效举措去支持家庭照护。

第三节　政府的义务

政府的义务主要在于政策支持、制度安排、体系构建、基础设施建设等方面。各级政府是养老的责任主体和决策主体，具有不可推卸的责任，需要肩负起从战略上积极应对人口老龄化挑战的社会历史责任、民生保障责任和财政投入责任[①]。

一　政策支持

从规划、立法和政策三方面大力发展老龄事业和老龄产业是政府的首要责任。除 2011 年我国发布的《社会养老服务体系建设规划（2011—2015 年）》和《中国老龄事业发展"十二五"规划》、2017 年发布的《"十三五"国家老龄事业发展和养老体系建设规划》以外，在政策方面，鉴于目前我国农村失能老人面临的照护不足、特别是社会支持和服务缺失等问题，应考虑优先发展、扶持发展养老服务和照护服务，应该尽快制定关于优先发展（扶持发展）养老服务的意见、政策等，对发展养老和照护服务提供一系列的政策支持。在做好城市养老工作的同时，应重点研究和解决农村养老问题，将养老资源配置重点和工作重心放在农村，将养老和照护服务向农村、向困难老人群体如失能、高龄老人等倾斜。

在政策制定方面，应该把握好居家照护、社区照护和机构照护在农村的发展方向，并制定相应的扶持政策。在居家照护方面，重点关注为失能老人居家养老并接受照护提供相应的服务，如将在城市社区开展的"政府购买服务"等方式向农村延伸、对农村失能老人给予财政补助等；在社区照护方面，应该根据地区经济发展水平建设适宜的农村社区养老和照护的组织（机构），并按照照护服务的数量和效果给予运营补助；

---

① 穆光宗、张团：《我国人口老龄化的发展趋势及其战略应对》，《华中师范大学学报》（人文社会科学版）2011 年 9 月 27 日。

在机构照护方面，制定乡镇敬老院加强建设、拓展功能、成为乡镇一级养老中心机构的政策，同时为鼓励和扶持社会力量在农村兴办小型的养老照护机构而制定相关政策，促进农村社会照护和机构照护的合理发展。

二 制度安排

1. 完善城乡居民社会养老保险制度

我国为了提高农村养老保障水平，从 2009 年起开展新型农村社会养老保险试点，60 周岁以上老年人每人每月 55 元的基础养老金，地方政府可以根据实际情况提高基础养老金标准。前文第五章笔者所访谈的 21 位失能老人（包括一位在乡镇敬老院的"五保"老人）均参加了新型农村社会养老保险，并且均能领到基础养老金。近年来，很多地方政府已经提高了基础养老金，有的提高到每人每月二三百元或更高。笔者在访谈中了解到，农村老年人对新型农村社会养老保险赞不绝口。

但是，尽管有的地区发给农村老人的基础养老金较高[①]，但是绝大多数农村地区老年人的基础养老金仍然处于较低水平，尚不如很多地方的最低生活保障标准，也不及农村"五保"老人每年三、四千元的集中供养水平。较低的基础养老金对于一般农村老年人而言，能起到一定的补贴生活的作用，但是对于失能老人而言则显得太少。很多失能老人及其子女表示，养老金的标准偏低，希望今后能进一步增加养老金。国家应根据经济社会发展水平，逐步加大公共财政对农村社会养老保险的投入，稳步提高基础养老金标准，并建立正常调整机制，对农村老年人的养老起到切实的保障作用。

2. 切实提升老年人医疗保障水平

农村失能老年人的疾病经济负担较重，健全老年人健康医疗保障制度是促进老年健康工作的重要环节。今后应逐步完善农村医疗保障制度，

---

① 上文第五章所提到的山东省 D 市开展的新型农村养老保险已经实现城乡一体化，称为"城乡居民养老保险"，所有 60 岁以上的城乡老年人每个月都能领到 120 元的基础养老金，比国家规定标准高一倍多。

为农村失能老人提供质优价廉的医疗服务。一是巩固城乡居民基本医疗保险制度，逐步提高老年人医疗补贴标准；继续探索建立对 70 岁及以上农村老年人减免医疗费和提高失能老年人报销比例的制度。二是建立老年医疗救助制度，救助对象是高龄、失能等困难老人。三是在经济发达地区率先为农村失能老人探索建立长期护理保险制度。可考虑从低水平起步，为那些身体衰弱、生活不能自理或不能完全自理的被保险人建立不同层次的长期护理保险计划，提供经济保障或护理服务。山东省青岛市在全国率先实施长期医疗护理保险制度，重点解决失能老年人的医疗护理问题，这一制度可以探索向农村扩展。

三　构建长期照护服务体系

对于农村失能老人这个庞大而困难的弱势群体，我们首先应该想到的是要为他们构建一个长期照护服务的体系。这个体系应包括：一是政策制度体系。政府应出台相关政策，制定扶持措施，使农村失能老人享受更多的养老福利，提高护理水平。政策制度体系主要应包括：建立面向失能、低收入和高龄老年人的护理补贴制度；建立养老服务需求评估制度；建立老年人长期护理保险制度等。二是基础服务设施体系，加快建设社区老年人照料设施，并完善功能布局等。三是服务项目体系。持续推进社区居家养老服务，扩大服务覆盖面；实行项目化运作、集约化服务；完善机构照护并提升服务水平等。四是人力资源体系。包括加强养老服务从业人员队伍建设；将政府职业培训与专业培训机构、协会相结合，建立等级培训和岗位培训相衔接的机制，加强对所有养老服务管理人员、从业人员的全员培训等。

四　福利、补贴或救济

为弱势群体提供福利、补贴或救济是政府责无旁贷的义务。老年福利、公共养老机构和设施应体现"普惠性"原则。"普惠性"是政府对老年人的福利，是指无论老人有无收入、健康与否，都应该享有。应建立养老服务补贴制度，推动老年福利由"救助型"向"普惠型"发展，鼓励有条件的地方建立失能、困难、高龄老人津贴制度。我国多个省份为高龄老人建立了补贴制度，这是对高龄老人的社会福利，除北京、天津、吉林、黑龙江、上海、云南、宁夏等15个省份全面建立高龄津（补）贴制度、惠及900万高龄老人以外，大多数省份还没有建立这项制度，部分省份仍在市县试行推广。而已经建立的地区在享受高龄津（补）贴的年龄段和补助标准方面也存在较大差距，甚至在同一个省（市、区）内享受范围和享受标准也不一样。宁夏作为西部经济欠发达的省份，都已经能都做到统一发放高龄津贴，很多沿海发达地区反而没有做到，这不是经济水平的问题，而是观念问题，是重视程度的问题。而很多地方在具体项目上规划得太少。①

笔者在山东省D市调研时，了解到该市自2005年起在全省率先实施农村老年人生活救助制度（后称为高龄补贴），补贴标准为75～89周岁的农村老人每人每年360元，90周岁及以上的农村老年人每人每年960元，这项举措深得农村老年人欢迎。据当地老龄办一位副主任说，2006年时全国老龄办曾来调研，当时一位80多岁的老太太说了这样一句话："政府比儿强啊！"尽管这样的比喻不是很合适，但这是一位得益于政府好政策的农村高龄老人由衷的赞扬和感慨，听起来感觉朴实而可信。

目前我国各地开展的高龄补贴都是以年龄为标准提供补贴，今后应该更加合理地安排并有所侧重，可以根据老年人的健康和生活自理能力状况，为失能老人建立护理和补贴的制度，针对困难家庭的完全失能老人则应该给予一定的救济。

五 宣传和引导

宣传教育和舆论引导是政府的职责，也是政府有条件、简便易行的举措。应宣传健康的生活方式和加强锻炼的意识。老年人丧失生活自理

---

① 人民网，http://politics.people.com.cn/n/2012/0808/c1001-18693477.html 2012-08-08。

能力往往是由于健康状况衰退造成的，进入老年期之前的生活方式，包括饮食起居的习惯等与老年期的一些疾病具有因果关系。限制老年人健康和社会参与的并非年龄，个人和社会误解、歧视和虐待才是积极和有尊严老龄化的阻碍因素[①]。对于农村老年人来说，若想把患病、丧失自理能力的年龄推迟，就要及早预防，应大力宣传身体锻炼和健康生活方式的重要性和必要性，培养农村老年人对健康的重视和预防的意识，防患于未然。政府应当大力发展农村医疗事业，加强农村老年人的医疗保健与照料服务，制定相关的农村公共卫生项目，完善针对农村的科学普及和宣传体制，鼓励农村居民养成良好的生活习惯和生活方式，预防和延缓各种慢性疾病的发生。针对农村的常见慢性病，进行定期检查，做到早检查、早诊断、早治疗。

将孝道纳入公民道德建设工程，引导全社会形成尊老敬老的良好氛围。现在有些人在拜金主义、金钱至上等西方价值思想的影响下，对父母不敬不孝，甚至大逆不道，丢弃了孝文化，丧失了人格，这反映出我们在继承优秀传统文化方面做得还不够。"墙里开花墙外香"，在我们几乎无意间丢弃了"家珍"的近些年，我国儒家"孝道"文化在新加坡、日本、韩国等国家却日益得到了尊崇和应用（高利平，2013）。新加坡作为深受儒家思想影响的东方国家，特别重视孝道的传承。新加坡将传统孝道所提倡的数代同堂的居住方式作为增强家庭赡养功能的基本点，李光耀曾说："必须不惜任何代价加以避免的，就是决不能让三代同堂的家庭分裂"[②]。事实上，新加坡政府没有将弘扬孝道仅仅停留在口头上，为了"保持三代同堂的家庭结构"，新加坡政府支持家庭成员与老人共同居住，推出了一系列切实可行的鼓励和支持措施。在人口老龄化的今天，我国应该借鉴新加坡等地弘扬孝文化的经验，重拾、珍视和推崇尊老、养老、敬老等传统道德文化。各级党委政府应将弘扬中华传统美德作为

---

① 世界卫生组织网站，http://www.who.int/world-health-day/2012/toolkit/background/zh/index2.html。

② 戴卫东：《家庭养老的可持续性分析》，《现代经济探讨》2010 年 2 月 15 日。

社会主义道德建设的基本任务，将孝文化作为个人品德、家庭美德和社会公德教育的基本内容，引导人们自觉履行尊老敬老养老的法定义务，自觉承担在失能老年人照顾护理方面的家庭责任和社会责任。

第四节　社会的参与

与城市相比，社会的参与和支持是农村失能老人照护问题上亟须加强的薄弱环节。如果说家庭是失能老人的第一个避风港，政府责无旁贷地成为第二道保障线。而这还远远不够，失能老人的照护问题不仅仅是一个家庭的责任，也不仅仅是一国政府部门应尽的义务，更是需要整个社会的引导参与和支持帮助。

社会支持是指来自社会各方面（包括亲戚、朋友、社会组织、政府、志愿者等）给予老年人的物质和精神上的支持和帮助。良好的社会支持能够有效地缓解个体的心理和精神压力，增进个体的心理健康，提高生活质量。

失能老年人对于日常生活照料和长期医疗护理的需求很大，这些需求无法、也不可能完全依赖家庭得到满足，政府的角色和作用主要在于政策支持和制度安排等方面，不能包揽全局，这时就需要社会、社区等外部支持性因素的及时介入。应积极培育强大的社会力量与市场力量，充分动员全社会参与进来，引入市场机制，使农村失能老人照护服务的发展走社会化道路，使失能老年人不同层次的养老和照护需求得到满足。

一　照护主体社会化

农村失能老人照护的社会参与既要以农村社区、村委会为服务主体，又要有社区企业和个人共同参与。同时，鼓励农村自治组织参与养老和照护服务，引导社会力量兴办养老服务设施，通过政策扶持、政府购买服务、财政补贴等方式，进一步发挥专业化社会组织的力量，不断提高照护服务的水平和效率。我国很多城市地区都采取民办公助等形式，加强对非营利性社会办养老机构的扶持，全面放开养老服务市场，积极引导社会资本进入；鼓励民间资本投资建设各种类型的老年福利设施，满足老年人的多层次需求等。今后应将这种思路和政策措施延伸到农村地区，特别是一些经济发达地区的农村可以先行试验和推广，因为经济发达地区的农村老年人收入较高、对照护服务的支付能力高，但是子女较少而且多数在企业上班无暇照护老人，老人及其子女对照护服务的需求较大。鼓励和扶持社会力量兴办养老和照护服务机构，使失能老人的照护主体社会化，不仅有助于减轻政府的财政压力，也有助于养老和照护机构投入更多的资金改善服务环境，降低收费标准，提高服务质量。

二　照护资金筹措社会化

可以采取财政拨款、集体出资、社会集资、有奖募捐、企业捐助和市场化运作等方式解决失能老人照护的资金问题，改变资金来源的单一渠道，多渠道筹措资金。鼓励和发动社会力量捐赠失能老人照护资金，可以给予捐赠人一定的政策优惠。可以借助"老人节"、"国庆节"等特殊节假日，在多种媒体上大力发动企事业单位、社会团体和个人等社会力量，通过非营利性的社会团体和政府部门向福利性、非营利性的老年照护机构和组织捐赠，捐赠在缴纳企业所得税和个人所得税前准予全额扣除。对于民办养老和照护机构在创建时经费不足的，民政部门建立专项基金给予借贷，国家银行和政策性银行要给予项目贷款，从资金上帮助他们解决实际问题。鼓励和规范社会资本、城市工商资本兴办农村养老特别是失能老人照护机构，政府可以给予一定的财政补贴，允许其微利经营。

三　照护服务队伍社会化

尽管目前我国农村失能老人的照护仍然是以"居家照护"为主要方式，家庭人员包括配偶、子女是照护的主力队伍，但是，随着农村经济的进一步发展、社区建设的进一步完善，照护机构也会逐渐发展起来。与此同时，随着 20 世纪七八十年代计划生育政策在农村的逐渐推行，今后的农村老年人多子女的优势会逐渐消失，只有一个儿子或只有两个女儿的农村失能老人将会越来越多，因此，失能老人的照护队伍也不能只是盯着老人的家庭和子女，而应该广泛发动社会力量，扩充失能老人的照护服务队伍。

每个农村社区都应该建立一支由专职人员、兼职人员和志愿者组成的照护服务队伍。以专职人员为主体，兼职人员为辅助，中青年志愿者为基础，形成庞大的服务队伍。专职人员可以由村老年协会、老年互助组织的人员担当；兼职人员可以由村委成员兼任；中青年志愿者可以由村四五十岁有爱心的妇女甚至六七十岁的低龄、健康老人担当。通过免费培训、提高待遇、提供补贴等多种途径吸引更多有爱心的人员加入到失能老人照护队伍中来。同时，应进一步强化失能老年人护理专业队伍，包括养老机构里的养老护理员和居家养老护理员，应严格进行护理职业资格的认证和护理机构的专业等级认证，实施护理人员考试制度、受护理者申诉制度和服务质量检查制度等，以提高护理水平和护理质量。

参考文献

中文文献

〔美〕 Louis G.Pol Richard K.Thomas：《健康人口学》（第二版），陈功、庞丽华等译，北京大学出版社2005年版。

〔美〕F. D.沃林斯基：《健康社会学》，孙牧虹等译，社会科学文献出版社1999年版。

陈树强：《成年子女照顾老年父母日常生活的心路历程》，中国社会科学出版社2003年版。

龚幼龙：《社会医学》（第2版），复旦大学出版社2005年版。

郭平、陈刚：《2006年中国城乡老年人口状况追踪调查数据分析》，中国社会出版社2009年版。

李建民、原新、王金营：《持续的挑战：21世纪中国人口形势、问题与对策》，科学出版社 2000年版。

梁君林：《人口健康与中国健康保障制度研究》，群言出版社2006年版。

裴晓梅、房莉杰：《老年长期照护导论》，社会科学文献出版社2010年版。

苏珊·特斯特：《老年社区照顾的跨国比较》，周向红等译，中国社会出版社2002年版。

王莉莉主编：《老年人健康自评和生活自理能力》，中国社会出版社2009年版。

尹德挺：《老年人日常生活自理能力的多层次研究》，中国人民大学出版社2008年版。

游允中、郑晓瑛：《中国人口的死亡和健康》，北京大学出版社2005年版。

曾毅等：《老年人口家庭、健康与照料需求成本研究》，科学出版社
2010年版。

曾毅、柳玉芝、张纯元：《健康长寿影响因素分析》，北京大学出版社
2004年版。

中国老年学学会编：《持续增长的需求：老年长期照护服务》，中国文
联出版社2010年版。

陈功、杜鹏、陈谊：《关于养老"时间储蓄"的问题与思考》，《人口
与经济》2001年第6期。

陈友华：《居家养老及其相关的几个问题》，《人口学刊》2012年第4期。

陈超：《美国老年人长期照护法律体系及其对我国的启示》，《浙江树
人大学学报》2007年第2期。

陈树强：《老人日常生活照顾的另一种选择——支持家庭照顾者》，
《华东理工大学学报》（社科版）2002年第3期。

党俊武：《失能老人考验中国的社会安全网——中国失能老年人问题的
解决之道》，《中国社会导刊》2008年第11期。

党俊武、裴晓梅、宋岳涛、林艳：《为什么要在中国构建长期照护服务
体系？》，《人口与发展》2009年第4期。

丁志宏：《我国老年残疾人口：现状与特征》，《人口研究》2008年第4期。

杜鹏、武超：《中国老年人的生活自理能力状况与变化》，《人口研
究》2006年第1期。

杜鹏、李强：《1994～2004年中国老年人的生活自理预期寿命及其变
化》，《人口研究》2006年第5期。

高菊兰：《上海：倾力打造老年人照料需求评估体系》，《社会福利》
2006年第7期。

桂世勋：《上海市少子老龄化与可持续发展》，《市场与人口分析》
2005年第11期。

顾大男：《中国高龄老人就医及时性状况研究》，《人口学刊》2002年

第3期。

顾大男：《高龄老人个人社会经济特征与生活自理能力动态变化研究》，《中国人口科学》2004年S1期。

顾大男：《中国高龄老人生活自理能力多变量多状态生命表分析》，《人口与经济》2004年第4期。

顾大男：《婚姻对中国高龄老人健康长寿影响的性别差异分析》，《中国人口科学》2003年第3期。

顾大男、柳玉芝：《中国机构养老老人与居家养老老人健康状况和死亡风险比较研究》，《人口研究》2006年第5期。

顾大男、柳玉芝：《老年人照料需要与照料费用最新研究述评》，《西北人口》2008年第1期。

顾大男、柳玉芝、章颖新、任红、曾毅：《我国老年人临终前需要完全照料的时间分析》，《人口与经济》2006年第6期。

顾大男、曾毅：《1992～2002年中国老年人生活自理能力变化研究》，《人口与经济》，2006年第4期。

呙晶、熊吉峰：《农村失能老人家庭照护者的财税政策研究》，《科技创业月刊》2012年第7期。

韩琳、李继平：《我国老年人口面临的健康问题及相关对策》，《中国卫生事业管理》2004年第11期。

胡琳琳、胡鞍钢：《中国如何构建老年健康保障体系》，《中国经济转型与发展研究》2008年第6期。

黄文湧、宋沈超、杨敬源等：《老年人慢性病对日常生活功能的影响》，《中国慢性病预防与控制》2000年第2期。

焦开山：《中国老人生活自理能力与死亡风险的关系研究》，《医学与哲学》（人文社会医学版）2009年第7期。

蒋玲玲、熊吉峰：《贫困地区农村失能老人的居家养老服务研究》，《企业导报》2011年第16期。

蒋承、顾大男、柳玉芝、曾毅：《中国老年人照料成本研究——多状态生命表方法》，《人口研究》2009年第3期。

姜晶梅：《我国老年人生活自理能力受损情况分析》，《人口学刊》
　　1999年第2期。

李伟峰、梁丽霞：《浅析老年人社区照顾及其对中国的本土实践启
　　示》，《人口与发展》2008年第3期。

李文杰：《人口老龄化与农村失能老人的长期供养》，《湖北经济学院
　　学报》（人文社会科学版），2012年第2期。

林卡、吕浩然：《四种老龄化理念及其政策蕴意》，《浙江大学学报》
　　（人文社会科学版）2016年第4期。

凌文豪：《农村失能老人生活照料困境及出路——基于中国社会福利政
　　策研究》，《安徽农业科学》2011年第39卷第36期。

刘苓玲：《发达国家老年健康保障模式》，《人口与计划生育》2008年
　　第9期。

刘乃睿、于新循：《论我国孝道传统下老年人长期照护制度的构建》，
　　《西南大学学报》（社会科学版）2008年第5期。

刘婕、楼玮群：《完善上海居家高龄失能老人亲属照顾者的社会支持系
　　统》，《华东师范大学学报》（哲学社会科学版）2012年第1期。

刘腊梅、周兰妹、吕伟波：《老年家庭照顾者的研究现状》，《护理研
　　究》2007年第10期。

吕新萍：《院舍照顾还是社区照顾？——中国养老模式的可能取向探
　　讨》，《人口与经济》2005年第3期。

孟祥臻、孟庆跃、翟庆峰、刘晓冬、李向云：《山东省农村老年人健康
　　知识知晓现状调查与分析》，《中国社会医学杂志》2008年8月第25
　　卷第4期。

穆光宗：《老年人口大国的照料之难》，《中国社会工作》2011年第8期。

宁宇、李波、方芳、田丽君、王雪、高远、刘娅：《人口老龄化与老年
　　人口健康及疾病问题的研究进展》，《吉林大学学报》（医学版）
　　2008年第6期。

裴晓梅：《长期照护社会保险的世界趋势与中国推展》，《上海城市管理》2010年第1期。

亓昕：《农民养老方式与可行能力研究》，《人口研究》2010年第1期。

钱军程、陈育德、孟群：《中国老年人口疾病经济负担变化趋势与应对策略》，《中国卫生政策研究》2012年2月第5卷第2期。

乔晓春：《未来农村养老问题的估计与判断》，《人口研究》2000年第5期。

清华大学老年学研究中心：《老年长期照护体系的规划与发展》，《社会福利》2010年第4期。

全国老龄办宣传部：《全国城乡失能老年人状况研究》（新闻发布稿），http://www.cncaprc.gov.cn:8080/info/13085.html。

上海市民政局：《上海：着力构建老年人长期照护六大体系》，《社会福利》2010年第10期。

尚晓援、李振刚：《山西农村老年照料的个案研究》，《人口与发展》2009年第1期。

施巍巍：《国内外老年人长期照护制度研究综述》，《哈尔滨工业大学学报》（社会科学版）2009年第4期。

施巍巍、刘一姣：《德国长期照护保险制度研究及其启示》，《商业研究》2011年第3期。

石人炳：《美国远距离老年照料及其借鉴意义》，《人口研究》2008年第4期。

石人炳：《我国农村老年照料问题及对策建议——兼论老年照料的基本类型》，《人口学刊》2012年第1期。

宋新明、齐铱：《新城区老年人慢性病伤对日常生活功能的影响研究》，《人口研究》2000年第5期。

宋新明、陈功：《高龄老人慢性躯体疾病和认知能力对日常生活自理能力的影响》，《中国人口科学》2001年增刊。

苏映宇：《国外失能老人社会安全网体系的比较分析与借鉴》，《江西农业大学学报》（社会科学版）2009年第2期。

孙菲、汤哲、刁丽军、吴晓光、刘宏军、方向华：《老年人社区非医疗照料需求调查》，《中国老年学杂志》2005年2月第25卷。

陶立群：《高龄老人自理能力和生活照料及其对策》，《中国人口科学》2001年增刊。

田申：《我国老年人口长期护理需要与利用现状分析》，《中国公共卫生管理》2005年第21卷第1期。

仝利民：《社区照顾：西方国家老年福利服务的选择》，《华东理工大学学报》（社会科学版）2004年第4期。

王杰、戴卫东：《长期护理保险在中国的选择——基于制度经济学的分析》，《市场与人口分析》2007年第4期。

王德文：《居住及日常照料方式对老年人躯体机能转归的统计分析》，《统计研究》第25卷第8期。

王德文、叶文振、朱建平等：《高龄老人日常生活自理能力及其影响因素》，《中国人口科学》2004年增刊。

王萍、李树茁：《代际支持对农村老人生活自理能力的纵向影响》，《人口与经济》2011年第2期。

王瑞华：《日常生活活动能力（ADL）的测定》，《中级医刊》1994年第4期。

王静、吴明：《北京市某城区居家失能老年人长期护理方式选择的影响因素分析》，《中国全科医学》，2008年第12A期。

王帅：《老年人休闲体育发展趋势的研究——基于失能老人规模的增长》，《商场现代化》2010年第11期。

Win Tadd：《给予老年人体面的照护：为什么尊严很重要——欧洲经验》，《医学与哲学》（人文社会医学版）2006年11月第27卷第11期。

吴晓林：《中国五保养老的制度转型与科学发展》，《人口与发展》2009年第3期。

伍海霞：《当代农村老年人口的轮养分析——以河北经验为基础》，《人口研究》2009年第4期。

夏传玲：《老年人日常照顾的角色介入模型》，《社会》2007年第3期。

肖水源：《〈社会支持评定量表〉的理论基础及研究应用》，《临床精神医学杂志》1994年第2期。

熊吉峰、章姗：《失能老人家庭照护者社会支持研究》，《学理论》2012年第1期。

徐丽萍、王小林、尚晓援、郭平：《中国老年人失能相对成本估计》，《中国人口科学》2011年第2期。

徐祖荣：《人口老龄化与城市社区照顾模式探析》，《长江论坛》（社会问题研究）2007年第4期。

杨团、李振刚、石远成：《融入社区健康服务的中国农村老年人照护服务研究》，《湖南社会科学》2009年第1期。

杨胜利、李正龙：《政府应加大对失能低收入老人的养老服务——基于上海市的分析》，《上海市社会主义学院学报》2011年第1期。

杨丽、崔颖、檀丁、方鹏骞：《农村老年人口健康状况和卫生服务利用研究》，《现代预防医学》2008年第35卷第6期。

姚远：《老年残障对我国家庭养老功能变化的影响》，《人口研究》2009年第2期。

叶军：《农村养老社区照顾模式探析》，《中国农业大学学报》（社会科学版）2005年第1期。

尹德挺、陆杰华：《中国高龄老人日常生活自理能力的个体因素和区域因素分析——HLM模型在老年健康领域中的应用》，《人口研究》2007年第2期。

尹德挺：《国内外老年人日常生活自理能力研究进展》，《中国老年学杂志》2008年5月第28卷。

尹德挺：《中国老年健康研究评述以及展望》，《西北人口》2006年第5期。

尹银：《无围墙敬老院：优势、问题及建议——基于北京市汽南社区试点的观察和思考》，《人口与发展》2009年第2期。

俞卫、刘柏惠：《我国老年照料服务体系构建及需求量预测——以上海为例》，《人口学刊》，2012年第4期。

于戈、杨刚：《加拿大的长期照护》，《社会福利》2009年第5期。

袁小波：《农村高龄老人的照料需求与照料供给分析》，《西北人口》2007年第6期。

战捷：《高龄老人临终前完全需要他人照料状况研究》，《中国人口科学》2004年增刊。

张瞳、赵富才：《失能老人主要居家照顾者的照顾评价、社会支持与心理健康的关系》，《中国健康心理学杂志》2011年第19卷第5期。

张明园、朱紫青、陈佩俊：《老年人日常生活能力与某些疾病关系的社区调查》，《中华医学杂志》1998年第1期。

张卫国：《山东：转型中国的缩影》，《商周刊》2010年第8期。

张文娟、李树苗、胡平：《农村老年人日常生活自理能力的性别差异》，《人口与经济》2003年第4期。

张震：《子女生活照料对老年人健康的影响：促进还是选择》，《中国人口科学》2004年增刊。

张勘、董伟：《上海城市社区失能老人长期照料的现况和政策建议》，《中国卫生政策研究》2009年第9期。

张国琴、王玉环：《失能老年人社会支持与心理健康状况的相关性》，《中国老年学杂志》2011年6月第31卷。

张恺悌：《失能老人问题出路何在》，《中国社会工作》2011年第11期。

张晓霞、崔岐恩、钱海娟：《社会支持研究简述》，《学园》2010年9月上期。

郑晓瑛：《中国老年人口健康评价指标研究》，《北京大学学报》（哲社版）2000年第4期。

郑晓瑛：《疾病和失能对老年人口健康预期寿命的影响》，《中国人口科学》2001年第4期。

郑晓瑛：《再论人口健康》，《人口研究》2003年第4期。

郑晓瑛、宋新明、陈功：《论中国人口健康研究的优先领域》，《人口研究》2006年第6期。

周沛：《社会照顾：社会转型过程中不可忽视的社区工作模式》，《南京大学学报》2002年第5期。

周云：《对老年人照料提供者的社会支持》，《南方人口》2003年第1期。

周海旺、寿莉莉：《支持老年照顾者，应对高龄社会的老年照护挑战》，《重庆工学院学报》2007年第7期。

周林刚、冯建华：《社会支持理论——一个文献的回顾》，《广西师范学院学报》（哲学社会科学版）2003年第3期。

余央央、封进：《我国老年健康的动态变化及对健康老龄化的含义》，《世界经济文汇》2017年第3期。

世界卫生组织网站：http://www.who.int/social_determinants/zh/index.html。

英文文献

Thomas, S. P., and Hrudey, S. E, *Risk of Death in Canada. What We Know an dHow We Know It*. Edmonton, AB: University of Alberta Press. 1997.

G. Esping-Andersen, *The Three Worlds of Welfare Capitalism*, Princeton: Princeton U. Press, 1990.

Kane,R. A. and R. L. Kan, *Long Term-Care: Principles, Programs and Policies*,New York: Springer, 1987.

Walker A J, Pratt C C and Oppy N C, "Informal care giving to aging family members: a critical review", *Family Relations*, Vol. 44, No. 4, 1995.

Rowe J W and Kahn R L, "Successful aging", *Gerontologist*，Vol. 37, No. 4, 1997.

Phelan E A, Anderson L A, Lacroix A, et al, "Older adults' views of "successful aging"—how do they compare with researchers'definitions", *Journal of the American Geriatrics Society*，Vol.52, No.24 ,2004.

A. Reimat., "Welfare Regimes and Long-term Care for Elderly People in Europe",

IMPALLA - ESPAnet Joint Conference，2009.

D. Wanless, "Securing Good Care for Older People: Taking a Long-term View", *Personal Social Services Research Unit*，University of Kent，2006.

WHO, "Active Ageing-A Policy Framework". http://www.Who.int/topics/ageing/en/,2012.

Sarwari,A, Fredman,L, Langenberg,P, et al, "Prospective study on the relation between living arrangement and change in functional health status of elderly women", *American Journal of Epidemiology*. Vol. 147,1998.

Rantanen T，Avlund K, Suominen H, et al, "Muscle strength as a predictor of onset of ADL dependence in people aged 75 years", *Aging Clin Exp Res*，Vol.14,2002.

Hamman RF, Mulgrew CL, Baxter J, et al, "Methods and prevalence of ADL limitations in Hispanic and non Hispanic white subjects in rural Colorado:the San Luis Valley Health and Aging Study", *Ann Epidemiol*，Vol.9, No.4, 1999.

Li CY, Wu SC, Wen SW, "Longest held occupation in a lifetime and risk of disability in activities of daily living",*Occup Environ Med*，Vol.57, 2000.

Egleston,B, Rudberg,M, Brody,J., "Prior living arrangements and nursing home resident admission ADL characteristics a study of two states", *Journal of Gerontology Psychological Sciences & Social Science*. Vol.54, 1999.

O'Brien, M.T, "Multiple sclerosis: The role of social support and disability", *Clinical Nursing Research*,Vol.2, No.1, (1993).

Sato S, Demura S, Kobayashi H,et al, "Characteristics of ADL ability on partially dependent older adults: comparison among different ambulatory activities levels",*Appl Human Sci*，Vol.18,No.5, 1999.

Staicovici S, "Respite Care for All Family Caregivers:The Lifespan Respite Care Act", *Journal of Contemporary Health Law and Policy*,Vol.20,2003.

Glaser, J. K., & Glaser, R, "Chronic stress and age-related increases in the proinflammatory cytokine IL-6", *Proceedings of the National Academy of Sciences*, Vol. 100, No.15, 2003.

Reynolds, K., Henderson, M., Schulman, A. and Hanson, L. C, "Needs of the dying in nursing homes", *Journal of Preventive Medicine*,Vol.5,No.6, 2002.

Levine, E. G., andTarg, E, "Spiritual correlates of functional well-being in women with breast cancer",Integrative CancerTherapies, Vol.1, No.2, 2002.

Allard, R, Dionne, A., and Potvin, D, "Factors associated with length of survival among 1081 terminally ill cancer patients", *Journal of Palliative Care*, Vol.11,No.3, 1995.

Keyes, K. M., R. L. Utz, W. R obinson and G. Li, "What is a Cohort Effect? Comparison of Three Statistical Methods for Modeling Cohort Effects in Obesity Prevalence in the United States 1971-2006",*Social Science & Medicine*, Vol.70, No.7, 2010.

附录1

《农村失能老人照护方式及社会支持》调查问卷

访问对象：失能老人（如果失能老人不能回答，则由其照顾者代答）

_____市_____县（市、区）_____乡（镇、街道办事处）_____村（居委会）

访问时间：2012年____月____日　　电话：_____

1　失能老人基本状况：

1.1　性别　1.男；　2.女

1.2　年龄　出生于_____年____月

1.3　文化程度：1.未上过学；2.小学含私塾；3.初中；4.高中含中专；5.大专及以上

1.4　婚姻状况：1.有配偶（是否是老年再婚）；2.丧偶；3.离异；4.未婚

1.5　子女数量（包括收养的子女）：____人。其中，儿子____人。

1.6　老人的父母是否健在？　1.父母均健在；2.父亲健在；3.母亲健在；4.父母均去世

（入住养老机构的老人不填1.7和1.8题）

1.7　与老人共同居住生活（即同吃、同住）的家庭成员数（不包括自身）：____人。

1.8　与老人共同居住生活（即同吃、同住）的家庭成员有哪些？（多选题）

1. 没有；2. 配偶；3. 父母；4. 祖父母；5. 已婚子女；6. 未婚子女；7.（外）孙子女；8. 已婚姊妹兄弟；9. 其他

2　老年人日常生活自理情况

在下列日常活动中，哪些您做起来不费力？哪些做起来有困难？哪些做不了？（在相关的空格内画√）

日常活动项目		1. 不费力	2. 有些困难	3. 做不了
生活自理能力	A 吃饭			
	B 穿衣			
	C 上厕所			
	D 上下床			
	E 在室内走动			
	F 上下楼梯			
做家务能力	G 扫地			
	H 日常购物			
	I 做饭			
	J 洗衣			
	K 洗澡			
	L 使用电话			

调查员根据上表的填写以及下面的分类要求，选出老年人的失能程度：

2.1　轻度失能（A–F"做起来不费力"，但 G–L"有困难或做不了"）

2.2　中度失能（A–F 有 3 项及以上"有困难或做不了"）

2.3　完全失能（A–L 都"做不了"）

3　老年人患病及照护方式

3.1　您患有哪些老年慢性疾病？（多选题）（在"最严重的疾病"序号前画○）：

1.运动系统疾病（脑溢血、脑血栓后遗症，关节炎、股骨头坏死，颈椎、腰椎疾病，严重骨质疏松等）；2.眼部疾病（例如白内障、青光眼）；3.听力障碍；4.心脑血管疾病（例如冠心病、高血压，脑溢血、脑血栓、脑萎缩、老年痴呆等）；5.其他神经性疾病（头痛、癫痫，神经衰弱，失眠等）；6.气管炎、肺部疾病；7.肠、胃、肝、胆疾病；8.肾病；9.糖尿病；10.血液病（例如白血病、贫血等）；11.恶性肿瘤（癌症）；12.其他＿＿＿＿＿

＿＿＿＿＿＿＿

3.2 您现在的日常生活需要别人照料吗？如果需要，已经多长时间了？

1.不需要；2.不到6个月；3.7–12个月；4.1–2年；5.2–3年；6.3年以上

3.3 老人日常生活照顾和护理方式：

1.居住在家里，由家庭成员（配偶、子女、儿媳、女婿、孙子女、兄弟姐妹等）照护

2.居住在家里，由邻居、亲朋（无偿）照护

3.居住在家里，请保姆、家政服务员、钟点工等照护（有偿：A.自己及家人负担；B.政府购买服务；C.其他方式购买＿＿＿＿＿＿）

4.居住在家里，由志愿人员照护

5.晚上居住在家里，白天去社区服务中心（日间照料中心）或托老所，由那里的人员照护

费用主要由谁出：＿＿＿＿＿＿＿＿＿＿＿＿＿

6.居住在养老和护理机构（养老院、敬老院、老年公寓等），由那里的人员照护

费用主要由谁出：＿＿＿＿＿＿＿＿＿＿＿＿＿

7.其他＿＿＿＿＿＿＿＿＿＿＿＿＿＿＿＿＿＿＿

（仅入住养老机构的老人填下题） 3.4 老人的护理方式：

1.在老年公寓住了多久了＿＿＿＿＿＿＿＿＿

2.护理级别：＿＿＿＿＿＿＿＿＿＿＿＿＿＿

3.具体的护理内容：＿＿＿＿＿＿＿＿＿＿＿＿

4. 费用_____元 / 月。

5. 费用主要由谁出：_____

6. 房间主要设施：_____

7. 子女多长时间来探望您？_____

4 老年人的经济和社会活动状况

4.1 老人的穿着：1. 很好；2. 一般；3. 较差

4.2 老人的住房及内部设施：根据观察写出住房情况及内部设施

1. 很好，房间有_____

2. 一般，房间有_____

3. 较差，房间有_____

4.3 老人和老伴的年收入状况：

序号	收入项目	每月收入金额（元）
1	离退休金或养老金	
2	现期自身劳动收入	
3	个人储蓄存款利息	
4	土地使用权出租或房屋出租收益	
5	配偶提供	
6	子女提供	
7	其他亲属提供	
8	最低生活保障金	
9	县（市、区）补助	
10	乡镇（街道办事处）补助	
11	村（居）委会补助	
12	其他_____	
13	合　计	

4.4 是否需要政府救济？_____　得到过没有？____　金额____元

4.5 您（和老伴）是否有存款？若有，有_____元

4.6 您个人上年的日常消费性支出：

序号	支出项目	上年支出金额（元）
1	饮食（包括外出就餐）	
2	衣着（服装鞋帽等）	
3	居住（房租，水电，燃料，物业管理，维修）	
4	家庭设备用品	
5	家政服务（花钱请保姆、钟点工或其他人来做家务）	
6	医疗保健	
7	交通及通信支出	
8	文教娱乐及服务	
9	给子女钱	
10	给（外）孙子女钱	
11	给亲戚钱	
12	在其他人情往来上的花费	
13	其他_____	
14	合　计	

4.7　您是否欠债吗？如果欠债，主要原因：

1. 不欠债；2. 无收入或收入太少；3. 因病；4. 意外事故；5. 建或租、购房；6. 其他

4.8　您是否承包土地？承包地主要由谁来耕种或经营的？

1. 没有承包；2. 自己；3. 配偶；4. 子女；5. 孙子女；

6. 其他_____

5　老年人精神文化生活状况

5.1　您是否看电视，若看，每天看_____小时；若不看，原因是

_____

5.2　您是否听收音机，若听，每天听_____小时；若不听，原因是

_____

5.3　您是否看报纸杂志，若看，每天看____小时；若不看，原因是

_____

5.4　您在最近半年内是否锻炼身体（不包括下棋、打麻将、打扑克）？

　　1. 锻炼，每天＿＿小时；2. 不锻炼，原因是＿＿＿＿＿＿＿＿＿＿

5.5　（有子女的老人）觉得子女是否孝敬：

　　5.5.1　如果子女孝敬，主要表现：＿＿＿＿＿＿＿＿＿＿＿＿＿＿

　　5.5.2　如果子女不孝敬，主要原因是什么？1. 家庭教育不当；2. 子女道德品行差；3. 儿媳不孝；4. 当地社会风气不好；5. 子女之间攀比；6. 基层没有老年维权组织；7. 其他＿＿＿＿＿＿＿＿＿＿＿＿＿＿＿＿

5.6　您感到孤独吗？1. 不孤独；2. 孤独，主要原因是＿＿＿＿＿＿＿
＿＿＿＿＿＿＿＿＿

5.7　您居住周围（2公里以内）有没有老年活动场所（老年人活动室、老年大学、运动场地等）和健身设施？1. 无；2. 有，经常使用；3. 有，偶尔使用；4. 有，从不使用

5.8　您人当前生活中遇到的最大困难：1. 没什么困难；2. 收入低，难以负担医疗费用；3. 子女不孝顺；4. 身体有病，行动不便；5. 无人照料；6. 住房面积小或质量差；7. 缺乏健身及娱乐场所和设施；8. 人身或财产不安全或受到威胁；9. 其他＿＿＿＿＿＿＿＿＿＿＿＿＿＿＿＿＿＿

6　老年人健康、医疗、照料、保障状况

6.1　您生病时，是否及时去医院或诊所？如生病未及时治疗，其主要原因是什么（最多选两项）？

　　1. 及时去，只要有病就去看

　　2. 未及时去，因为自感病轻，没有必要

　　3. 未及时去，因为经济困难

　　4. 未及时去，因为看也不会有疗效

　　5. 未及时去，因为自己忙

　　6. 未及时去，因为家人没时间陪同

　　7. 未及时去，因为去医院不方便

8. 未及时去，因为医院等待时间长

9. 未及时去，因为医疗单位服务差

10. 未及时去，因为_____

6.2　您就医中经常遇到的最大的困难是什么？

1. 无困难；2. 没钱或严重缺钱；3. 不识字，就医不便；4. 行动不便；5. 交通不便，离医院远；6. 医院手续繁杂；7. 医院条件差；8. 其他_____

_____

6.3　您今年 1—6 月份看病总共花了多少钱？看病花的钱都是由谁来支付的？（多选题）

支出项目		支付金额（元）
看病支出总额		
谁来支付这些费用	6.3.1公费或基本医疗保险	
	6.3.2新型农村合作医疗支付	
	6.3.3商业医疗保险支付	
	6.3.4子女或亲属支付	
	6.3.5自己支付（包括借贷）	
	6.3.6其他来源	

6.4　今年 1—6 月，您是否有应报销但是未报销的医药费？

1. 无；2. 有，是_____元。

6.5　您都有什么医疗保障？（多选题）

1. 什么都没有；2. 公费医疗；3. 基本医疗保险；4. 商业医疗保险；5. 新型农村合作医疗；6. 其他_____

6.6　您都有什么样的养老保险？（多选题）

1. 什么养老保险都没有；2. 基本养老保险；3. 企业养老补贴；4. 农村社会养老保险；5. 商业养老保险

6.7　去年您所在的村委会（居委会）或乡镇（街道）派人来探望过您吗？

1. 探望过（具体情况）_____ 　　 2. 没有探望过

6.8 您所在村委会（居委会）有下列服务吗？（多选题）

1.上门做家务（如洗衣、做饭、清扫等）；2.上门护理，或上门看病；3.或陪同看病；4.老年人服务热线；5.老年饭桌或送饭；6.帮助日常购物；7.康复治疗；8.法律援助；9.帮助洗浴；10. 其他_____
_____

7　老年人维权

7.1 近一年来，您是否遭遇到严重的侵权事件？

1.未遇到过侵权事件（**跳问至7.3题**）；2.住房被子女侵占；3.离退休金或养老金被拖欠；4.离退休金或养老金被扣发；5.子女干涉自己婚姻（包括离婚、再婚）；6.子女不赡养自己；7.有关单位不按国家规定优待老年人；8.其他_____

7.2 当您感到自己的合法权益受到侵害时，通常会怎样处理？

1.自认倒霉；2.自己与侵权人协商解决；3.让别人（亲属、朋友等）调解；4.通过组织逐级向上反映；5.写信或打电话、发邮件投诉；6.运用法律途径；7.上访

7.3 您是否知道有《中华人民共和国老年人权益保障法》、《山东省老年人权益保障条例》、《山东省老年人优待规定》？

1. 都不知道；2. 只知道其中一项；3. 知道其中两项；4. 都知道

7.4 您享受过哪些老年人优待项目？（多选题）

1.没有享受过；2.游览公园、风景区减免费用；3.进入博物馆、科技馆等公共文化娱乐和体育健身场所享受优惠；4.乘公交车优先并减免费用；5.就医优先，并减免普通挂号费等费用；6.定期免费体检；7.享受高龄补贴：____年开始的，每月_____元。8.其他_____

7.5 您对各级政府制定的老年人优待政策满意吗？

1. 不知道有什么优待政策；2. 满意；3. 比较满意；4. 不太满意；5. 不满意；6. 希望增加的内容有_____

7.6 您与子女签订了《家庭养老协议》吗？有没有兑现？

1. 无子女，没有签订；2. 有子女，没有签订，原因是_____
_____3.有子女，已签订，全部兑现；4.有子女，已签订，部分兑现；

5.有子女，已签订，没有兑现

8 老年人的意愿和期望（老年人若自己不能回答，则不答此部分）

8.1 您对目前的生活状况是否满意？

1.非常满意；2.比较满意；3.一般；4.不太满意；5.很不满意

8.2 您希望的居住方式：

8.2.1 无子女的老人：1.自己居住；2.去敬老院、老年公寓等养老机构

8.2.2 （有1个子女的老人）：1.自己单独居住；2.与儿子或女儿一家同住；3.去敬老院、老年公寓等养老机构

8.2.3 （有2个或更多子女的老人）：1.自己单独居住；2.与儿子或女儿一家同住；3.在子女家轮流住；4.去敬老院、老年公寓等养老机构

8.3 您希望的生活照顾和护理方式：

1.居住在家里，由家庭成员（配偶、子女、儿媳、女婿、孙子女、兄弟姐妹等）照护

2.居住在家里，由邻居、亲朋（无偿）照护

3.居住在家里，请保姆、家政服务员、钟点工等照护（有偿：a自己负担；b政府购买服务）

4.居住在家里，由志愿人员照护

5.晚上居住在家里，白天去社区服务中心（日间照料中心）或托老所，由那里的人员照护

费用主要由谁出：_____

6.居住在养老和护理机构（养老院、敬老院、老年公寓等），由那里的人员照护

费用主要由谁出：_____

7. 其他_____

（入住养老机构的老人不填此题）

8.4　您当前最需要下列哪项服务？按照需要的程度排列出前三项：

_____

1. 上门做家务（如洗衣、做饭、清扫等）；2. 上门护理，或上门看病；

3. 陪同看病；4. 心理慰藉；5. 老年饭桌或送饭；6. 帮助日常购物；

7. 康复治疗；8. 法律援助；9. 帮助洗浴；10. 其他_____

8.5　您认为应重点采取哪些措施来强化当地的尊老敬老风气？

_____

_____

_____

_____

8.6　您认为在养老问题上，特别是在失能老人的照顾上，政府、社会、社区或其他方面应该发挥什么样的作用？

家庭：_____

_____

政府：_____

_____

社会：_____

_____

社区：_____

_____

其他：_____

_____

附录2

《农村失能老人照顾者》调查问卷

_____市_____县（市、区）_____乡（镇、街道办事处）_____村（居委会）

访问时间：<u>2012</u>年____月____日　　电话：_____

1　失能老人照顾者基本状况：

1.1　性别　1.男；2.女

1.2　年龄　出生于_____年

1.3　文化程度：1.未上过学；2.小学含私塾；3.初中；4.高中含中专；5.大专及以上

1.4　婚姻状况：1.有配偶；2.丧偶；3.离异；4.未婚

1.5　以前的职业：1.务农；2.企业；3.个体经营；4.机关事业单位；5.其它_____

1.6　共同居住生活（即同吃、同住）的家庭成员有哪些？（多选题）1.没有；2.配偶；3.父母；4.祖父母；5.已婚子女；6.未婚子女；7.（外）孙子女；8.已婚姊妹兄弟；9.其他_____

1.7　主要经济来源：_____

1.8　去年家庭收入_____

1.9　失能老人是您的：1.配偶；2.父母；3.子女；4.姊妹兄弟；

5. 其他＿＿＿＿＿＿＿＿＿＿＿＿＿

2 主要社会关系

2.1 您丈夫（妻子）的年龄：＿＿＿＿＿＿＿

2.2 您几个孩子＿＿？孩子的性别、年龄、职业：第一个孩子：
＿＿＿＿＿＿＿＿＿＿＿；第二个孩子：＿＿＿＿＿＿＿＿＿＿；
第三个孩子：＿＿＿＿＿＿＿＿＿；第四个孩子：＿＿＿＿＿
＿＿＿＿＿＿＿；

2.3 您家住得离老人家远吗？＿＿＿＿＿＿＿＿＿＿＿＿＿

您丈夫（妻子）是否还在工作：1. 不工作；2. 工作（主要从事）＿＿
＿＿＿＿＿＿＿＿＿

2.4 您丈夫（妻子）能否帮忙照顾老人？ 1. 不能；2. 能

2.5 他（她）对您照顾老人有什么看法？＿＿＿＿＿＿＿＿＿＿

3 对待老人的态度

3.1 您照顾老人多长时间了？＿＿＿＿＿＿＿＿＿＿＿＿＿＿

3.2 是什么原因促使您来照顾老人的？＿＿＿＿＿＿＿＿＿＿

3.3 目前老人的身体健康状况如何？＿＿＿＿＿＿＿＿＿＿＿

3.4 目前老人的心理健康状况如何？＿＿＿＿＿＿＿＿＿＿＿

3.5 您觉得老人在哪些方面最需要照顾？＿＿＿＿＿＿＿＿＿

3.6 您在照顾老人时遇到的最大困难是什么？＿＿＿＿＿＿＿

3.7 当您遇到困难时，通常是怎么解决的？＿＿＿＿＿＿＿＿

3.8 您对"孝道"观念的看法：＿＿＿＿＿＿＿＿＿＿＿＿＿

3.9 您觉得照顾老人对您自己的生活和工作有什么样的影响？

＿＿＿＿＿＿＿＿＿＿＿＿＿＿＿＿＿＿＿＿＿＿＿＿＿＿＿＿

＿＿＿＿＿＿＿＿＿＿＿＿＿＿＿＿＿＿＿＿＿＿＿＿＿＿＿＿

4 社会支持（养老机构的服务人员不填此题）

4.1 您在照顾老人时，曾经找谁帮过忙？

_____

4.2 有没有朋友或邻居主动来帮过您？

_____

4.3 在照顾老人时，有没有心情不好的时候？曾找谁诉说？

_____

4.4 你们镇或村有社区服务吗？您使用过社区服务吗？

_____

5 个人意愿及期望

5.1 您有没有想到，当您年龄大一些需要别人照顾时，您希望是什么样的方式？

_____

5.2 您认为应重点采取哪些措施来强化当地的尊老敬老风气？

_____

_____

5.3 您认为在养老问题上，特别是在失能老人的照顾上，家庭、政府、社会、社区或其他方面应该发挥什么样的作用？

家庭：_____

_____

政府：_____

_____

社会：_____

社区：_____

其他：_____

附录3

问卷编号：□□□

制表机关	山东省老龄工作委员会
批准机关	山东省统计局
文号	
有效期截至	
实施机构	山东省老龄工作委员会办公室
	山东省统计局
	山东省老年学学会
	山东师范大学人口·资源与环境学院
表名	山东省老年人口状况调查问卷

《山东省老年人口状况》调查问卷

尊敬的老人家：您好！

我是山东省老龄工作委员会办公室的访问员，遵照山东省老龄工作委员会的部署，正在进行"山东省老年人口状况调查"。我们有幸将您选为全省一千多万老年人的代表。通过了解您的生活状况和愿望，我们希望增强对当前我省老年人口状况的认识，为政府制定老年人口政策提供科学依据。希望能够得到您的支持。

属于您私人、家庭的单项调查资料，未经您的同意，我们不会泄露。

祝您健康长寿，万事如意！

被调查者住址：

_____市_____县（市、区）_____乡（镇、街道办事处）_____村（居委会）

本村（居委会）行政区划代码：_____

居　住　地　性　质： 1. 居委会　　2. 村委会

本村（居委会）城乡属性： 1. 城市　　　2. 镇　　　3. 农村

访问开始时间： 2008 年_____月_____日_____时_____分

访问结束时间： 2008 年_____月_____日_____时_____分

录入员签名：_____　**日期：** 2008 年_____月_____日

一　基本状况

访问员： 首先，我们想了解您的一些基本情况。

1.1 您多大年龄了（周岁）？

1. 60–64 岁　　2. 65–69 岁　　3. 70–79 岁　　4. 80–89 岁

5. 90–99 岁　　6. 100–109 岁　　7. 110 及以上

1.2 性别（访问员观察）

1. 男　　　　2. 女

1.3 请问您是否识字？能够阅读报纸，写封信吗？

1. 识字　　　2. 不识字

（注："识字"的标准：企业和事业单位职工、城镇居民识 2000 个汉字，农民识 1500 个汉字。能看懂浅显通俗的报刊、文章，能记简单的帐目，能书写简单的应用文）

1.4 您的文化程度？

1. 未上过学　　　　2. 小学（含私塾）　　3. 初中

4. 高中（含中专）　　5. 大专及以上

1.5 婚姻状况

1. 有配偶（续问 1.5.1）2. 丧偶　　3. 离异　　4. 未婚

1.5.1 是否是老年再婚？　1. 是　2. 否

1.6 子女数（包括收养的子女）：_____人。

1.6.1 其中，儿子_____人。

1.7 您的父母是否健在？

1. 父母均健在　2. 父亲健在　3. 母亲健在　4. 父母均去世

1.8 与您共同居住生活（即同吃、同住）的家庭成员数（不包括自身）：_____人。

1.9 与您共同居住生活（即同吃、同住）的家庭成员有哪些？（多选题）

1. 没有　　　2. 配偶　　　3. 父母　　　4. 祖父母

5. 已婚子女　6. 未婚子女　6.（外）孙子女　7. 已婚姊妹兄弟

8. 其他_____

二　经济收支状况

访问员：接下来，我们想了解您的一些经济收支状况。

2.1 您有固定收入吗？

1. 有固定收入　　　2. 有收入，但不固定　　　3. 没有固定收入

2.2 您有下列哪项收入？每月收入有多少？（多选题。圈选有收入项的序号，同时填写收入额）

序号	收入项目	每月收入金额（元）
2.2.1	离退休金或养老金	
2.2.2	现期自身劳动收入	
2.2.3	个人储蓄存款利息	
2.2.4	土地使用权出租或房屋出租收益	
2.2.5	配偶提供	
2.2.6	子女提供	
2.2.7	其他亲属提供	
2.2.8	最低生活保障金	
2.2.9	县（市、区）补助	
2.2.10	乡镇（街道办事处）补助	
2.2.11	村（居）委会补助	
2.2.12	其他_____	
2.2.13	合　计	

2.3 是否需要政府救济？得到过没有？

1. 需要，未得到过　　　　2. 需要，得到过

3. 不需要，未得到过　　　　4. 不需要，得到过

2.4 您（和老伴）有存款吗？

1. 没有　　2. 有，但是不够今后养老用　　　3. 有，够今后养老用

2.5 您个人上年的日常消费性支出有多少？（多选题。圈选有支出项的序号，同时填写相应的支出额。注意在夫妻或家庭共同消费里面，区分出被调查方消费份额）

序号	支出项目	上年支出金额（元）
2.5.1	饮食（包括外出就餐）	
2.5.2	衣着（服装鞋帽等）	
2.5.3	居住（房租，水电，燃料，物业管理，维修）	
2.5.4	家庭设备用品	
2.5.5	家政服务（花钱请保姆、钟点工或其他人来做家务）	
2.5.6	医疗保健	
2.5.7	交通及通讯支出	
2.5.8	文教娱乐及服务	
2.5.9	给子女钱	
2.5.10	给（外）孙子女钱	
2.5.11	给亲戚钱	
2.5.12	在其他人情往来上的花费	
2.5.13	其他_____	
2.5.14	合　计	

2.6 您在经济上给子女、（外）孙子女的支持，对您的生活造成的负担如何？

1. 无子女　　　2. 可以承受　　　3. 一般

4. 难以承受　　　5. 不在经济上支持他们

2.7 您认为自己的经济状况属于下列哪一类？

1. 经济状况良好，够养老所需　　　2. 日用有余，但不够养老所需

3. 大致够用，能够达到温饱　　4. 达到温饱有困难，无欠债

5. 无法达到温饱，有欠债

2.8 您欠债吗？如果欠债，那么欠债的主要原因是什么？

1. 不欠债　　2. 无收入或收入太少　　3. 因病

4. 意外事故　　5. 建或租、购房　　　　6. 其他

三　参与经济与社会活动状况

访问员：下面，我们想了解一下您参与经济与社会活动的情况。

3.1 您现在是否参与经济活动（即有收入的工作或劳动）？

1. 不参与（跳问 3.2 或 3.3、3.4）　　2. 偶尔参与（跳问 3.5）

3. 常年参与（跳问 3.5）

3.2 如果你是农民，您是从多大年纪开始不干农活的？

1. 60 岁以前　　2. 60–64 岁　　　　3. 65–69 岁

4. 70–74 岁　　　5. 75 及 75 岁以上

3.3 如您是市民，您多大年龄离退休的？＿＿＿＿＿ 岁。

3.4 如您是市民，您离退休前的单位属于什么性质？

1. 党政机关　　2. 事业单位　　　　3. 企业

4. 部队　　　　5. 其他＿＿＿＿＿＿

3.5 您参加经济活动最重要的原因是什么？

1. 不参与　　　2. 经济上需要　　　3. 精神寄托

4. 为社会作贡献　5. 帮助子女　　　　6. 其他＿＿＿＿＿＿

3.6 您主要参加何种经济活动？（选择经济收入最多的一项）

1. 不参与　　　2. 种植业　　　　　3. 养殖业

4. 个体加工业　5. 个体生意　　　　6. 企业劳动

7. 咨询业　　　8. 技术服务业　　　9. 其他＿＿＿＿＿＿

3.7 您是否承包土地？承包地由主要由谁来耕种或经营的？

1. 没有承包　　2. 自己　　　　　　3. 配偶

4. 子女　　　　5. 孙子女　　　　　6. 其他＿＿＿＿＿＿

3.8 您现在愿意从事有经济收入的工作吗？

1. 不愿意　　　　　2. 愿意　　　　　3. 无所谓

3.9 您现在平时主要帮助子女做什么事？

1. 无子女　　　　　　　　2. 有子女，但是基本不帮他们做事

3. 料理日常家务（例如看家、做饭、洗衣、打扫卫生、购物等）

4. 看孩子　　　　　　　　5. 照看企业、生意

6. 进行农林牧渔业等活动　7. 其他＿＿＿＿＿＿＿＿＿＿＿＿＿

3.10 您经常参与那些社会活动？

1. 不参与　　　　　　　　　　2. 对青少年和儿童进行教育

3. 研究、传播文化和科技知识　4. 提供咨询服务

5. 维护社会治安、协助调解民间纠纷　6. 兴办社会公益事业

7. 其他＿＿＿＿＿＿＿＿＿＿＿＿＿

3.11 在您参加的民间团体中，您倾注精力最大的民间团体是什么？

1. 未参加

2. 联谊组织（如同乡会、同学会等）

3. 兴趣爱好组织（如书画、集邮、钓鱼协会等）

4. 利益代表组织（如互助会、维权小组等）

5. 行业协会组织（如质量协会、律师协会、老工程师等）

6. 学术组织（如学会、研究会等）

7. 公益组织（如环境保护、儿童保护、妇女热线等）

8. 其他各种非政府组织

四　精神生活状况

访问员：下面，我们聊一聊您的精神和文化生活状况。

4.1 您看电视吗？每天看多长时间？

1. 不看，或基本不看　　　2. 1-2 小时（跳问 4.3）

3. 3-5 小时（跳问 4.3）　4. 6 小时以上（跳问 4.3）

4.2 您不看或基本不看电视的首要原因是什么？

1. 没有电视　　　　　　2. 视力不好　　3. 看不懂

4. 没有自己感兴趣的节目　　5. 无此需求　　6. 其他＿＿＿＿＿＿

4.3 您听收音机吗？每天听多长时间？

1. 不听，或基本不听　　　　2. 不常听（跳问 4.5）

3. 每天听 1 小时以上（跳问 4.5）

4.4 您不听或基本不听收音机的首要原因是什么？

1. 没有收音机　　　2. 电池消耗多，买不起　　　3. 听力不好

4. 听不懂　　　　5. 没有自己感兴趣的节目　　6. 无此需求

7. 其他＿＿＿＿＿＿＿＿＿＿

4.5 您看报刊杂志吗？

1. 不看，或基本不看　　2. 不常看（跳问 4.7）　3. 经常看（跳问 4.7）

4.6 您不看或基本不看报刊杂志的首要原因是什么？

1. 不识字　　　　　　2. 视力不好

3. 无报刊可看（包括订阅不方便、无钱订阅等）

4. 没有自己感兴趣的内容　　5. 无此需求　　　6. 其他＿＿＿＿＿

4.7 您是否上网？

1. 不上网　　　2. 偶尔上网（跳问 4.9）　　3. 经常上网（跳问 4.9）

4.8 您不上网的首要原因是什么？

1. 不识字，或不会上网　　2. 视力不好　　　3. 无电脑

4. 没有自己感兴趣的内容　　5. 无此需求　　　6. 其他＿＿＿＿

4.9 您在媒体（包括报刊杂志、电视、广播与互联网）上最喜欢看什么内容？

1. 不使用媒体　　　2. 没有喜欢的节目，随便看

3. 新闻　　　　4. 医疗保健及生活百科　　　5. 学习培训

6. 休闲娱乐（如戏曲曲艺、电视剧、钓鱼、体育等）　7. 其他＿＿＿＿

4.10 您对老年大学的需求和态度是？

1. 不了解　　　　2. 无需求

3. 有需求，已入学　　4. 有需求，未入学

4.11 如果您有对老年大学的需求，但是未入学，原因是什么？

1. 周围没有老年大学　　　2. 老年大学班额已满　　　　3. 收费太高

4. 教学质量差　　　　　　5. 没有自己喜欢的课程　　　6. 没有时间

7. 身体不好，行动不便

4.12 您是否有专业技术职务职称？

1. 没有　　　　2. 初级　　　　3. 中级　　　　4. 高级

4.13 最近半年内，您是否锻炼身体？（锻炼身体不包括下棋、打麻将、打扑克）

1. 从不锻炼　　2. 偶尔锻炼（跳问 4.15）　　3. 经常锻炼（跳问 4.15）

4.14 您从不锻炼身体的最主要的原因是什么？

1. 不喜欢　　2. 身体不好　　　　　　3. 没时间

4. 身体好，没有锻炼的必要　　　　　5. 缺少运动场所或运动器材

6. 其他＿＿＿＿＿＿＿

4.15 您每天锻炼多长时间？

1. 不锻炼　　2. 1 时以内　　3. 1–2 小时　　4. 2–4 小时　　5. 4 小时以上

4.16 您平常都是在什么地方锻炼身体？

1. 不锻炼　　　　　　2. 老年活动中心　　　　3. 商业健身场所

4. 公园或山上　　　　5. 单位活动场所　　　　6. 马路

7. 自己家里　　　　　8. 其他

4.17 您参加文化娱乐活动吗？若不参加，最重要的原因是什么？

1. 参加　　　　　　　　　　　　2. 不参加，不喜欢

3. 不参加，身体不好　　　　　　4. 不参加，没时间

5. 不参加，文化水平低，无法参加

6. 不参加，无人组织文化娱乐活动

7. 不参加，无文化娱乐活动场所　　　8. 不参加，＿＿＿＿＿＿＿

4.18 您经常参加的文化娱乐活动有哪些？（最多选两项）

1. 不参加　　　　　　2. 钓鱼　　　　　　3. 音乐戏剧舞蹈

4. 看电视、听广播　　5. 下棋、打牌、打麻将　　6. 种花、养鸟

7. 练习字画，著书立说 8. 集邮 9. 摄影

10. 手工艺品制作 11. 上网 12. 旅游，逛街逛公园

13. 其他＿＿＿＿＿＿＿＿

4.19 如果有人组织老年人开展文化娱乐活动，您愿意参加吗？

1. 不愿意 2. 愿意

4.20 您饲养宠物吗？如果饲养，是为什么？

1. 不饲养 2. 饲养，精神寄托、消除孤独寂寞

3. 饲养，消磨时间 4. 饲养，喜欢小动物

5. 饲养，这样朋友间有共同话题 6. 饲养，他人送的

7. 饲养，其他＿＿＿＿＿＿＿＿

4.21 您觉得子女对您孝敬吗？

1. 无子女 2. 不孝敬 3. 一般 4. 孝敬

5. 说不好 6. 有的孝敬，有的不孝敬

4.22 您认为子女不孝敬您的最主要原因是什么？

1. 无子女 2. 子女道德品行差 3. 儿媳不孝

4. 当地社会风气不好 5. 家庭教育不当 6. 子女之间攀比

7. 基层没有老年维权组织 8. 其他＿＿＿＿＿＿＿＿

4.23 您最喜欢子女怎样孝敬您？

1. 无子女 2. 经济上帮助 3. 生活上照料

4. 常看望、交流 5. 顺从老人的意见 6. 及时给我看病

7. 不给父母丢脸 8. 子女小家庭和睦 9. 好好工作，报效祖国

10. 其他＿＿＿＿＿＿＿＿

4.24 您感到孤独吗？如果您感到孤独，最重要的原因是什么？

1. 不孤独 2. 孤独，独居无人做伴

3. 孤独，不工作了，觉得无事可做 4. 孤独，子女探望少

5. 孤独，没有自己合适的社区活动 6. 孤独，自身性格原因

7. 孤独，＿＿＿＿＿＿＿＿ 8. 说不好

4.25 这些是您的看法与感受吗？（在相应的栏目内画圈）

项 目	1.是	2.否	3.说不清楚
4.25.1能够吃饱穿暖就已经很满足了			
4.25.2自己越来越跟不上社会的发展了			
4.25.3觉得自己现在很没用，是社会与家庭的负担			
4.25.4常常感到无依无靠			
4.25.5过去的老年人没有这一代老年人幸福			

4.26 您担心下列问题吗？（在相应的栏目内画圈）

项 目	1.毫不担心	2.不太担心	3.一般	4.比较担心	5.非常担心
4.26.1没有生活费来源					
4.26.2生病时没有钱治病					
4.26.3需要时没有人照料					
4.26.4社会不安定					
4.26.5物价上涨					

4.27 您信教吗？信什么教？

1. 不信　　　　　　 2. 信，佛教　　　　　 3. 信，道教

4. 信，基督教　　　 5. 信，天主教　　　　 6. 信，东正教

7. 信，伊斯兰教　　 8. 信，其他_____

4.28 您相信风水吗？

1. 相信　　　　　　 2. 不相信

4.29 您对您目前的生活状况满意吗？

1. 非常满意　　 2. 比较满意　　 3. 一般　　 4. 不太满意　　 5. 很不满意

4.30 您现在最大的愿望是什么？

1. 有一个健康的身体　 2. 吃得更好些　　　　 3. 住的更好些

4. 增加收入　　　　　 5. 家庭和睦美满　　　 6. 文娱生活更丰富

7. 外出旅游　　　　　 8. 充实自己老有所为　 9. 其他

五　衣食住行状况

访问员：下面，我们想了解一下您的衣食住行情况。

5.1 您的穿着情况怎样？

1. 替换衣服很少，换季有困难　　　　2. 冬棉夏单，不脏不破有穿

3. 四季衣服都有，比较讲究

5.2 您平常吃保健品吗？

1. 从不　　　　　　2. 偶尔　　　　　3. 经常

5.3 您有产权属于自己（或老伴）的房子吗？

1. 没有　　　　　2. 有

5.4 您现在居住的住房是属于谁的？

1. 自己的房产　　2. 子女的房产　　3. 亲属的房产

4. 租公房　　　　5. 租私房　　　　6. 其他_____

5.5 您现在居住的房子是不是危房？

1. 是　　　　　　2. 不是

5.6 您现在居住的房子是不是草棚？

1. 是　　　　　　2. 不是

5.7 如果您有子女，但是不与子女住在一起，您的住房比子女好吗？

1. 好　　　2. 较好　　　3. 一样　　　4. 较差　　　5. 很差

5.8 如果您有子女，并与子女共同居住，您居住的房子是正房，还是偏房？

1. 正房　　　　　2. 偏房　　　　3. 分不出来是正房，还是偏房

5.9 您的人均住房使用面积是多少？

1. 小于 10 平方米　　　2. 11—20 平方米　　　3. 21—30 平方米

4. 31—40 平方米　　　5. 41—50 平方米　　　6. 51—60 平方米

7. 61—70 平方米　　　8. 71—80 平方米　　　9. 81 平方米以上

5.10 您家中有以下家庭生活设施吗？（多选题）

1. 自来水　　　　　2. 煤气或天然气　　　3. 专用厨房

4. 室内卫生间　　　5. 暖气或土暖气

5.11 您家中有以下电器吗？（多选题）

1. 电灯　　　2. 电视机　　　　　3. 电风扇　　4. 空调

5. 洗衣机　　　6. 电话或手机、小灵通　　　7. 电冰箱　　　8. 微波炉

9. 热水器　　　10. 电暖器　　　　　　11. 电热毯 / 褥　12. 电脑

13. 跑步机、健身车、按摩椅等较昂贵的健身、保健设备

5.12 您与子女住在一起吗？

1. 无子女　　　2. 有子女，在一起居住　　3. 有子女，不在一起居住

5.13 无子女老人回答：您希望怎样居住？

1. 单独在家居住　　　2. 住在养老院或老年公寓等养老机构

5.14 如果您有子女而且与子女同住，那您是不是轮流到子女家里住？

1. 只有一个子女，不轮流

2. 有两个及以上子女，轮流到子女家里住

3. 有两个及以上子女，只住在一个子女家里，不同住的子女给的钱
　　更多一些

4. 有两个及以上子女，只住在一个子女家里，不同住的子女并不因
　　此多给钱

5.15 如果您有子女，但不与子女共同居住，主要原因是什么？（最
多选两项）

　　1. 自己有房子，不舍得丢弃或处理掉

　　2. 在原居住地有自己的社会经济活动

　　3. 不愿意离开自己熟悉的环境到一个陌生的环境中去

　　4. 不习惯子女家的生活方式

　　5. 与子女家有矛盾，或担心在子女家居住会产生矛盾

　　6. 子女家房子或经济紧张，尚不足以养老

　　7. 其他＿＿＿＿＿＿＿＿＿＿＿＿＿＿＿＿＿＿

5.16 如果您有子女，您希望与子女共同居住吗？

1. 希望与子女住在一起

2. 不希望，最好是单独在家居住，但距离儿女家较近

3. 不希望，最好是单独在家居住，与儿女家距离远近无所谓

4. 不希望，最好是住在养老院或老年公寓等养老机构

5. 其他＿＿＿＿＿＿＿＿＿＿＿＿＿

5.17 您拥有哪种专用代步工具？（选择自己认为最高级、最值钱的）

1. 没有任何代步交通工具　　2. 自行车或人力三轮车

3. 电动车　　　　　　　　　4. 电动轮椅

5. 摩托车　　　　　　　　　6. 电动三轮车或机动三轮车

7. 客货两用车　　　　　　　8. 小汽车

9. 其他＿＿＿＿＿＿＿＿＿＿＿＿＿

六　老年服务设施

访问员：下面，我们想了解一下您身边老年服务设施方面的情况。

6.1 您对敬老院或福利院、养老院、老年公寓等养老机构的总体印象如何？

1. 不了解，没印象　　2. 较差　　　3. 一般　　　4. 较好

6.2 居家养老是不是你最中意的养老方式？如果是，为什么（最多选择两项）？

1. 不是

2. 是，身边有老伴或子女照顾

3. 是，与子孙在一起可享天伦之乐

4. 是，与社区邻里熟人相处心情愉快

5. 是，请保姆照顾也能在家很好地安度晚年

6. 是，养老院花费太高

7. 是，子女不同意父母去养老院

8. 是，去养老院没面子

9. 是，养老院里都是老年人不利于身心健康

10. 是，在自己家里面生活更加自由、方便

11. 是，自己房屋不错，不舍得丢弃

12. 其他＿＿＿＿＿＿＿＿＿＿＿＿＿

6.3 进敬老院或福利院、托老所、老年公寓等养老机构养老是你最中

意的养老方式吗？如果是，为什么（最多选择两项）？

1. 不是

2. 是，自己身体多病或不能完全自理　3. 是，一人生活太孤单

4. 是，子女无能力照顾　　　　　　　5. 是，子女工作忙不想拖累子女

6. 是，与子女同住关系难处　　　　　7. 是，子女不孝顺

8. 是，在养老机构能得到更好的照顾

9. 是，养老机构有很多老年人做伴可以安度晚年

10. 其他_____

6.4 您会在什么情况下选择进养老机构？

1. 什么时候都不去　　2. 高龄时　　　　　　3. 生活不能自理后

4. 只有自己一人时　　5. 子女无法提供照顾时　6. 其他_____

6.5 您打算什么时候去养老机构居住生活？

1. 什么时候都不去　　2. 现在就想去　　　　3. 2 年以内

4. 5 年以内　　　　　5. 5 年以后　　　　　6. 不知道

6.6 如果入住养老机构，您或您家一个月能承担的最高费用为___元。

1. 不入住　　　　　　2. _____元

6.7 您最看重老年公寓哪些因素？

1. 对老年公寓没有需求　　2. 医疗　　　　　3. 活动

4. 空气质量　　　　　　　5. 环境　　　　　6. 饮食

7. 服务　　　　　　　　　8. 其他_____

6.8 您的子女是否愿意您去住养老机构？

1. 无子女　　2. 愿意　　　3. 不愿意　　4. 不知道

6.9 您周围（2 公里以内）有没有老年活动场所（例如老年人活动室、老年大学、运动场地等）和健身设施？如有，是否会经常参加与使用之？

1. 无　　2. 有，经常使用　　3. 有，偶尔使用　　4. 有，从不使用

6.10 您希望以下老年服务设施和活动场所建在哪里？（在相应的栏内画圈）

项　目	1.离家2公里以内	2.离家2-5公里以内	3.离家5公里以上	4.无所谓
6.10.1敬老院、养老院、福利院				
6.10.2老年公寓、托老所、护理院				
6.10.3老年活动场所				
6.10.4其他_____				

七　健康、医疗、照料、保障状况

访问员：健康、医疗、照料、保障状况对于老年生活十分重要，我们想了解一下您这方面的情况。

7.1 您当前生活中遇到的困难主要有哪些？

1. 没什么困难　　　　　　　2. 收入低，难以负担医疗费用

3. 子女不孝顺　　　　　　　4. 身体有病，行动不便

5. 无人照料　　　　　　　　6. 住房面积小或质量差

7. 缺乏健身及娱乐场所和设施　8. 人身或财产不安全或受到威胁

9. 其他_____

7.2 日常生活自理情况

1. 完全能够自理　　　　　　2. 基本自理，部分活动需要帮助

3. 基本生活需要帮助　　　　4. 完全不能够自理

本项调查应通过填写下面的调查表格，由访问员总结得出。在下列各项日常活动中，哪些您做起来不费力？哪些您做起来有些困难？哪些您做不了？（在相关的空格内画圈）

日常活动项目		1.不费力	2.有些困难	3.做不了
生活自理能力	1 吃饭			
	2 穿衣			
	3 上厕所			
	4 上下床			
	5 在室内走动			
	6 上下楼梯			

日常活动项目		1.不费力	2.有些困难	3.做不了
做家务能力	7 扫地			
	8 日常购物			
	9 做饭			
	10 洗衣			
	11 洗澡			
	12 使用电话			
其他身体状况参考指标	13 步行3-4里			
	14 乘坐公交车			
	15 家庭管理财务			

7.3 您患有哪些老年慢性疾病？（多选题）

1. 运动系统疾病（例如脑溢血、脑血栓后遗症，关节炎、股骨头坏死，颈椎、腰椎疾病，严重骨质疏松等）

2. 眼部疾病（例如白内障、青光眼）

3. 听力障碍

4. 心脑血管疾病（例如冠心病、高血压，脑溢血、脑血栓、脑萎缩、老年痴呆等）

5. 其他神经性疾病（头痛，癫痫，神经衰弱，失眠等）

6. 气管炎、肺部疾病

7. 肠、胃、肝、胆疾病

8. 肾病

9. 糖尿病

10. 血液病（例如白血病、贫血等）

11. 恶性肿瘤（癌症）

12. 患有其他疾病_____

7.4 您当前所患最严重的疾病是上面"7.3"中的哪一项？（填写序号）

_____。

7.5 您现在的日常生活需要别人照料吗？如果需要，已经多长时间

了？

1. 不需要　　　2. 不到 6 个月　　　3. 7–12 个月　　　4. 13–18 个月

5. 19–24 个月　　6. 25–36 个月以上　　7. 37 个月以上

7.6 您日常生活中自己干不了的事情，主要请谁来帮助解决？

1. 从不求人，或无人可求　　　　　　2. 长期请家政服务员

3. 偶尔请钟点工　　　　　　　　　　4. 家庭成员照顾

5. 邻居或者亲朋照顾　　　　　　　　6. 原工作单位

7. 住在敬老院或老年公寓，求助工作人员　　8. 其他_____

7.7 您最愿意给周围生活有困难的其他老年人提供哪种帮助？

1. 无力帮助别人　　　2. 做家务　　　3. 照料老人

4. 聊天解闷　　　　　5. 求医问药　　6. 调解纠纷

7. 其他_____

7.8 您生病时，主要由谁来照顾？

1. 配偶　　　　　　　2. 子女　　　　　　3. 儿媳

4. 闺女女婿　　　　　5.（外）孙子女　　6. 其他家庭成员

7. 邻居或者亲朋　　　8. 家政服务员（例如保姆、小时工等）

9. 村（居）委会或社区服务工作人员　　10. 养老机构

11. 志愿人员　　　　12. 无人照顾　　　13. 其他

7.9 您生病时，是否及时去医院或诊所？如生病未及时治疗，其主要原因是什么（最多选两项）？

1. 及时去，只要有病就去看　　2. 未及时去，因为自感病轻，没有必要

3. 未及时去，因为经济困难　　4. 未及时去，因为看也不会有疗效

5. 未及时去，因为自己忙　　　6. 未及时去，因为家人没时间陪同

7. 未及时去，因为去医院不方便　8. 未及时去，因为医院等待时间长

9. 未及时去，因为医疗单位服务差　10. 未及时去，因为_____

7.10 您在就医或治病时，喜欢选择下面哪些形式？

1. 中医　　2. 西医　　3. 中西医结合　　4. 偏方

5. 气功　　6. 巫医　　7. 其他_____

7.11 您就医中经常遇到的最大的困难是什么？

1. 无困难　　　　　　　　2. 没钱或严重缺钱

3. 不识字，就医不便　　　4. 行动不便

5. 交通不便，离医院远　　6. 医院手续繁杂

7. 医院条件差　　　　　　8. 其他＿＿＿＿＿＿＿＿＿

7.12 您今年1-6月份看病总共花了多少钱？看病花的钱都是由谁来支付的？（多选题）

	支出项目	支付金额（元）
	看病支出总额	
谁来支付这些费用	7.12.1公费或基本医疗保险	
	7.12.2新型农村合作医疗支付	
	7.12.3商业医疗保险支付	
	7.12.4子女或亲属支付	
	7.12.5自己支付（包括借贷）	
	7.12.6其他来源＿＿＿＿＿＿	

7.13 今年1-6月，您应报销但是未报销的医药费有多少钱？＿＿＿＿＿＿元。

7.14 您都有什么医疗保障？（多选题）

1. 什么都没有　　　2. 公费医疗　　　　3. 基本医疗保险

4. 商业医疗保险　　5. 新型农村合作医疗　6. 其他＿＿＿＿＿＿

7.15 您都有什么样的养老保险？（多选题）

1. 什么养老保险都没有　2. 基本养老保险　　3. 企业养老补贴

4. 农村社会养老保险　　5. 商业养老保险

7.16 您购买了哪些商业保险？（多选题）

1. 没有购买　　　　2. 人寿险　　　　　3. 医疗保险

4. 意外伤害险　　　5. 养老险　　　　　6. 其他＿＿＿＿＿＿

7.17 以您个人的经历来看，为了让老年生活更有经济保障，如果做下面四种选择，哪种是您的第一选择？其次选择哪个？哪个是第三？第四选哪个？

选　项	选择次序
7.17.1 参加社会养老保险	第_____选择
7.17.2 买商业保险	第_____选择
7.17.3 钱都花在子女身上，老了靠子女	第_____选择
7.17.4 自己储蓄养老	第_____选择

7.18 去年您所在的村委会（居委会）或乡镇（街道）派人来探望过您吗？

1. 探望过　　　　　　　2. 没有探望过

7.19 您所在村委会（居委会）有下列服务吗？（与7.20结合起来访谈）

1. 上门做家务（如洗衣、做饭、清扫等）

2. 上门护理，或上门看病

3. 或陪同看病　　　4. 老年人服务热线　　　5. 老年饭桌或送饭

6. 帮助日常购物　　　7. 康复治疗　　　　　8. 法律援助

9. 帮助洗浴　　　　　10. 其他_____

7.20 您最需要7.19中的哪项服务？

1. 都不需要　　　　　　2. _____

7.21 您认为老年人急需那些老年产品？

1. 老年服装鞋帽　　　　　　　　　　　2. 老年食品

3. 老年书报光盘等文化产品　　　　　　4. 老年旅游产品

5. 助听、助看、助行、助浴、助康复用品　　6. 其他_____

八　维权情况

访问员：我们还想了解现在老年人合法权益方面的一些情况。

8.1 近一年来，您遭遇到的最严重的侵权事件是什么？

1. 未遇到过侵权事件　　　　　　　　2. 住房被子女侵占

3. 离退休金或养老金被拖欠　　　　　4. 离退休金或养老金被扣发

5. 子女干涉自己婚姻（包括离婚、再婚）　6. 子女不赡养自己

7. 有关单位不按国家规定优待老年人　　8. 其他

8.2 当您感到自己的合法权益受到侵害时，你通常会怎样处理？

1. 自认倒霉　　　　　　　　2. 自己与侵权人协商解决

3. 让别人（亲属、朋友等）调解　　4. 通过组织逐级向上反映

5. 写信或打电话、发邮件投诉　　6. 运用法律途径

7. 上访

8.3 您知道不知道有《中华人民共和国老年人权益保障法》、《山东省老年人权益保障条例》、《山东省老年人优待规定》？

1. 都不知道　　2. 只知道其中一项　　3. 知道其中两项　　4. 都知道

8.4 您享受过哪些老年人优待项目？（多选题）

1. 没有享受过　　　　　　　2. 游览公园、风景区减免费用

3. 进入博物馆、科技馆等公共文化娱乐和体育健身场所享受优惠

4. 乘公交车优先并减免费用　　5. 就医优先，并减免普通挂号费等费用

6. 定期免费体检　　　　　　7. 享受高龄补贴

8. 其他＿＿＿＿＿＿＿＿＿＿＿＿＿＿＿＿

8.5 您对各级政府制定的老年人优待政策满意吗？

1. 不知道有什么优待政策　　2. 满意　　　3. 比较满意

4. 不太满意　　　　　　5. 不满意　　6. 希望增加的内容有

8.6 您认为应重点采取哪些措施来强化当地的尊老敬老风气？

1. 加强敬老教育宣传　　　　　2. 依法惩治不孝子女

3. 开展表彰孝子孝女等敬老活动　　4. 党员干部带头敬老

5. 对部分老年人加强教育

6. 建立老年维权组织，发挥村居两委等基层组织作用

7. 其他＿＿＿＿＿＿＿＿＿＿＿＿＿＿＿

8.7 您认为有必要与子女签订《家庭养老协议》吗？

1. 无子女　　2. 有必要　　3. 没有必要

8.8 您与子女签订了《家庭养老协议》吗？有没有兑现？

1. 无子女，没有签订　　　　2. 有子女，没有签订

3. 有子女，已签订，全部兑现　　4. 有子女，已签订，部分兑现

5. 有子女，已签订，没有兑现

8.9 没有与子女签订《家庭养老协议》的最重要的原因是什么?

1. 无子女　　　　　　　　　2. 经济上与身体上不需要子女照顾

3. 儿女孝顺，没有必要　　　4. 怕影响与子女的感情

5. 其他＿＿＿＿＿＿＿＿＿＿＿＿

后　　记

坦白地说，这本书是在我主持的国家社会科学基金项目"农村失能老人照护方式及社会支持研究"（批准号 10CRK010）研究报告的基础上，经过数据补充、更新和深加工而完成的。课题结题后，我陆续从研究报告里面整理出几篇论文，分别在《人口与发展》、《齐鲁学刊》、《中国人口报》等报刊发表。因此本书在写作过程中，有的内容来自于已经发表的论文。

我想把这本书送给另一个世界的姥姥和父亲——曾经的失能老人，近几年先后离开了我。姥姥身体一直很好，只是有点耳背，晚年在农村独居。姥姥生育了八个孩子，四女外嫁、三子进城，只有一个儿子在同村居住，相距仅百米，但是姥姥在一个冬日的清晨起身去炉边弄炉火的时候，歪倒在地上没有起来，下午才被发现。父亲是退休工人，生育了五个孩子，退休后身体一直很好，几乎没生过病，在农村老家独居，因为喜欢那里的环境和自由。1997 年春节期间父亲因为腰疼查出来癌症晚期住院治疗，短短三个月，一个完全健康的老人先后经历了轻度失能、中度失能、完全失能直至去世。尽管其时我们兄妹五个轮流在医院看护，父亲还是离开了我们。好长时间我都为没能早一些时候劝导着把父亲接到身边陪伴、为不能及时发现父亲的病情而深深自责。我自 1999 年北京师范大学研究生毕业来到山东社会科学院开始，就一直从事人口老龄化的研究工作，对于一名主持多项国家和省部级课题、发表多篇关于养老和照护学术论文的我来说，自己身边至亲的养老和照护问题都没能做好，内心的伤痛和愧疚无以言表。我曾经犹豫要不要把自己的故事写在这里，之所以决定保留，是因为考虑到一本著作，不仅仅是作者某项研究的收获，更是一段时期的科研总结和心路历程纪念。

对当今绝大多数农村失能老人而言，经济供养、家庭照护资源（子女）都不是问题，但是对老人健康状况的精准感知、贴身陪伴、悉心呵护、（意外去世的）风险化解等问题确是实实在在的难题。当代中国的农村老年人普遍存在受教育程度低、收入低、勤于劳作、思想传统守旧等特点，即使身体有恙，也会忍痛不言，除非确实难以忍受才会说出来，而这个时候往往已经错过了最佳治疗时机，正如本书第五章所分析的："农村老年人一旦失能就比较严重，甚至存活的时间不是很长"。而独居老人意外猝死更是无论国内外、无论城乡都难以解决的棘手问题。我一直有一个观点，高龄、失能老人都不适宜独居，最好是有人陪伴居住，或者家人，或者入住正规养老机构。其实失能老人的照护问题是一件非常复杂的事情，远非一本书或几本文章就能解决的，而是需要综合家庭、社会、政府的力量，为失能老人构建一个庞大的照护体系，无论是接受居家照护的老人，还是接受社区照护和机构照护的老人，都能够在相应的、全方位、多层次社会支持系统的庇护之下安度晚年。希望这本书的出版，特别是其中对于农村失能老人照护需求、照护方式的实地调研、深入访谈和梳理分析能够引起更多学者走进农村，对众多生活在乡村的失能老人这一最弱势的群体进行更加翔实的研究，为他们带去希冀、支持和帮助！

因为研究人口老龄化问题，我多次走近老年人身边倾听他们的感受和需求。农村失能老人的顽强、隐忍和宽容令我久久不能释怀。当代农村老年人大多是建国前出生的，即使20世纪50年代"婴儿潮"时期出生的也已年过七十，他们目睹了中国从物质极度贫乏、社会极度动荡的时期，走向经济快速发展、社会长足进步和社会保障制度日益健全的新时代，对于当前的生活，他们都有着极大的满足感和宽容心，当然也期待着养老保障和长期照护制度的更加完善！

这个国家课题立项、调研和研究报告写作是在山东社会科学院完成的。感谢山东社会科学院的专家和老师们给予我的帮助和支持！2019年因为工作原因，我从山东社会科学院调到山东建筑大学。在承担社会工作专业教学工作的同时，我进一步补充了资料、更新了一些数据，完成了本书的撰写工作。感谢山东建筑大学和法学院给予我一定的科研启动经费和出版经费，该书才得以在中国社会科学出版社出版。

感谢中国社会科学出版社的大力支持！从内容到封面设计，很多同志付出了辛勤的劳动，在此致以深深的谢意！

最后感谢我的丈夫和儿子！丈夫援藏三年，为西藏的经济社会发展做出了贡献，他的无私、无畏、奉献和执着时时激励着我。感谢儿子在他爸爸援藏期间表现出的坚强、勤奋和努力！感谢儿子给予我的陪伴！

高利平

2020 年 6 月于济南